Amélie Schenk
Galsan Tschinag

Im Land der zornigen Winde

Unionsverlag
Zürich

Die Originalausgabe erschien 1997
im Verlag Im Waldgut, Frauenfeld.

Auf Internet
Aktuelle Informationen
Dokumente über Autorinnen und Autoren
Materialien zu Büchern
www.unionsverlag.ch

Unionsverlag Taschenbuch 154

Rieterstrasse 18, CH-8059 Zürich
Telefon 0041-1 281 14 00, Fax 0041-1 281 14 40

Umschlaggestaltung: Heinz Unternährer, Zürich
Umschlagfoto: Amélie Schenk
Druck und Bindung: Clausen & Bosse, Leck
ISBN 3-293-20154-7

Die äußersten Zahlen geben die aktuelle Auflage
und deren Erscheinungsjahr an:

1 2 3 4 5 - 02 01 00 99

Alles, was ich zu sagen habe, erzähle ich dir. Du bist für mich das Abendland, die nicht-nomadische Welt. Ich weiß, du bist angeschlagen in deinen Grundfesten, irrst umher, bist auf der Suche nach einer neuen Erde, nach einem Halt, den dir bislang keiner hat geben können. Ich weiß auch, du wirst, trotz ständigem Zeitdruck, nun endlich einmal Zeit haben und mir zuhören, schon aus innerer Not heraus. Und unterbrich mich nicht, denn einen Nomaden im Redefluß unterbrechen, heißt ihn bezwingen, ihn eindämmen und letztlich erdrosseln. Und was wäre die Welt ohne ihre Erzähler?

Ich, der ich für die Welt Galsan Tschinag heiße, genauer: der Galsan des Tschinag, bin in den Tälern und auf den Bergen des Hohen Altai, im äußersten Westen der Mongolei, *Irgit Schynykbaj-oglu Dshuruk-uwaa* – Fellbaby, Sohn des Reichen Schynyk aus dem Stamme Irgit.

Komme ich nach Europa, überfliege ich jedesmal sieben Sonnenstunden. Sie sind die Schwelle, die ich überschreiten muß, wenn ich aus der Urgesellschaft, in der mein Volk immer noch lebt, herauskomme in den Auslauf des 20. Jahrhunderts. So schwebe ich eine Zeitlang in den Weiten des Himmelsblau und des Wolkenweiß, lasse die Erdenschwere hinter mir. So sitze ich einen Tag lang im Himmel und kann gut nachdenken. Mir ist, ich brauche den langen Flug und das lange Warten, um den Wechsel der Welten überhaupt bewältigen zu können. Ja, umrüsten muß ich mich jedes Mal, bevor ich meine Füße auf die Gleise einer anderen Welt setze, meine Seele den Pulsschlägen eines anderen Zeitalters angleiche.

Die Leute sind ratlos, gar bestürzt, wenn sie mich sagen hören: Jetzt bin ich fünfzig Jahre alt. Im Grunde aber lebe ich seit 1550 Jahren. Denn in der Tat muß ich jedes Mal, wenn ich die Welten wechsle, so viel Zeit überbrücken.

Und ich glaube, das geschieht auf einen Wink der guten Geister. Denn unmöglich kann ich dies und all das, was mir bisher geglückt ist, im Alleingang erreicht haben. Ich bin ein Mensch, der eigentlich zu gering geschaffen ist: Verfüge über eine ziemlich durchschnittliche Intelligenz, über eine für jegliches Unternehmen ungünstige, eher abweisende als gewinnende äußere Erscheinung, über eine für die Nomadenwelt zu schwache und an vielen Stellen angeschlagene Gesundheit, ja einen schlaffen Leib, bin schwer von Begriff und neige zu Gefräßigkeit und Faulheit.

Die anfänglichen Spuren meines Erdenlebens sind verwischt. Die Zeugen, die darüber etwas hätten aussagen können, sind gegangen. So wird niemand mehr imstande sein, den Monat und den Tag zu nennen, an dem ich geboren wurde. Es ist wohl in den 40er Jahren geschehen. Eines aber weiß ich: Bin an einem Sonntag im europäischen Sinn ins Leben getreten. Wie sonst hätte mir der Weg zu so vielen Sonnentagen des Lebens freigelegen?

Und dieses Leben ist von Anfang an ein Märchen gewesen. Mein Vater bekam inmitten eines Lebens, wo andere mit vierzehn heirateten, mit erst siebenunddreißig Jahren meine Mutter zur Frau. Und diese brachte mich auch erst mit siebenunddreißig Jahren auf die Welt, in einer Jurte in den Schwarzen Bergen. Von den vier Kindern, die sie zuletzt gebar, blieb als einziges ich am Leben. Ich blieb und gedieh selbst dann, als ich einmal in einen Kessel mit siedender Milch stürzte und mir die Haut des ganzen Rumpfes verbrühte.

Vater war so närrisch in mich verliebt, daß er mich jeden Morgen aus dem Bett hob und aus der Jurte hinaus bis zu der Stelle trug, die mir würdig genug erschien, darauf zu pullern. Dieses Spektakel dauerte so lange, bis der alternde Vater unter dem Gewicht des heranwachsenden Sohnes eines Morgens zusammenbrach. Und wenn ich erst an Mutter denke! Sie war bereit, mich so lange zu stillen, bis mir die ersten Milchzähne ausfielen, und gab mir auch später noch ihre Brüste, so oft ich danach verlangte, selbst in einem Alter, in dem ich schon so manches Liebesgedicht verfaßt hatte.

Nun, ich wurde verhätschelt, blieb aber doch ein anständiges Wesen: Hatte meine Großmutter, die bereit war, allein für mich zu leben, es aber dann doch nicht verhindern konnte, heimgehen zu müssen. Und hatte ich nicht geschworen und beschlossen, mit ihr zusammen eine eigene Jurte zu bewohnen, eigene Herden zu besitzen und so meinetwegen auch zu einem *Baj*, einem Fürsten, zu werden? Ich blieb bei diesem Vorsatz. Zwar wurde mir später der Kopf gründlich und mit vielem vollgestopft, so mit einer Ideologie, die allwisserisch meinte, Besitz sei etwas Schlechtes und Wahrheit dürfe man nur dann als solche anerkennen, wenn sie dem Besitzlosen nütze. Und heute? Da bleibe ich erst recht bei meinen alten Ideen. Ein Großteil der Mitmenschen wirft angesichts eines neuen Gottes, der Geld heißt, all seine Heiligtümer über Bord und maskiert sich, als gelehrige Untertanen neuer Herrscher.

Ein Märchen ist es auch gewesen, als vor reichlich drei Jahrzehnten an einem stinkig trüben Herbstmorgen ein Nomadenkind der Tuwa in der preußischen Hauptstadt Berlin ankam und in das sächsische Leipzig weitergeleitet wurde, um dort zu studieren. Nur war das Kind weder der Sprache des Landes noch der Schrift des Kontinents mächtig, allein es war erfüllt vom Willen, alles zu lernen, was zu lernen war. Ein Lomonossow, dessen Biografie es gelesen hatte, war ihm der Leuchtstern: Jener, der Bauernsohn im kalten Norden Rußlands, hatte sich inmitten des Winters zu Fuß auf den Weg gemacht, um die Reichsstadt St. Petersburg zu erreichen und dort sich das Wissen anzueignen. Dieses, das Hirtenkind aus dem Mongolischen Altai irgendwo hinter dem Ural, war zur Zeit des warmen Herbstes mit der Eisenbahn gereist. Und das Hirtenkind wähnte sich unter einem günstigeren Stern als jener Bauernjunge. Das mußte irgendwie stimmen. Denn dem Nomadenjungen hatte der Staat einen Studienplatz zugesprochen, während dem anderen nicht einmal der eigene Vater den Segen erteilt hatte. Gemeinsam war beiden nicht nur der Lernwille, sondern auch die Tatsache: Jeder der beiden stellte das berühmte unbeschriebene Blatt Papier dar, und jeder war im Besitz eines ausgeruhten Kopfes. Der aus dem russischen Bauerngeschlecht der nordischen Kühle war zwar schriftkundig, aber bei weitem nicht überbelastet. Wohingegen der Nomadenkopf von Stille und Weiten umweht war. Und zudem, wenn auch schriftunkundig, war er ein offenstehendes, leeres Archiv, aber vor kurzem geprägt und auf lange Sicht erweckt von nächtelangen und melodietollen Epen und Schamanengesängen.

Und so ging das Märchen weiter. Ich werde es dir erzählen. Und immer, sobald wir Zeit haben, werde ich dich in Stücken damit unterhalten. In diesem Märchen, das mein Leben sein soll, bin ich der Junge gewesen, der von Anfang an gewußt haben muß, eines Tages werde ich doch zum König! So will es das Märchen doch?

Ich glaube an Geister. Dies wohl, weil ich einer bin, der an das Glück gewöhnt, ja mit diesem verwandt ist. So sehr ich mein Leben als eine Fortsetzung des der Väter und deren Väter und der Mütter und deren Mütter betrachte, so darf ich es auch als eine glückliche Verkörperung edler Taten und guter Wünsche eines Volkes begreifen, das die Liebe zur eigenen Erde und die Sehnsüchte nach der unbekannten Ferne in einer Brust durch Zeiten und Welten getragen haben muß.

Und dennoch: Ich bin eine Bestellung der Zeit.

Ich muß der Schwanengesang eines Volkes sein, das nun bald aus der Geschichte gehen wird.

Komm, setz dich zu mir. Schau dir die Hütte meiner Eltern an. Sie steht seit über dreißig Jahren an dieser Stelle, und solange meine Eltern lebten, war das für mich mein Zuhause. Vorher hatten sie eine Jurte. Dann war es so, daß sie alt geworden waren und nicht mehr umherziehen wollten. Da mein älterer Bruder hier Russischlehrer war und im Ort zu leben hatte, blieben sie in seiner Nähe. Daß er, Bruder Gagaa, sich um die beiden kümmern sollte, das war schon vorher, vor vielen Jahren festgelegt, als ich die zehnte Klasse hinter mir hatte. Und als ich dann von Zuhause wegging, gab es eine große Beratung der ganzen Sippe, und die Eltern haben in Gegenwart aller ihrer Kinder gesagt, ich solle ohne Bedenken gehen, wohin es mich treibt, und Gagaa sei derjenige, der sich um die beiden kümmern würde. Er sei ihr und ich sei des Volkes Kind. Ich sollte mich um den großen Stamm kümmern. Wenn einer von uns beiden erkrankt oder stirbt, hat mein Vater gesagt, so brauchst du nicht zu kommen, dein Bruder ist da. So ist es dann auch geschehen, ich kam weder zu Vaters noch zu Mutters Tod. Erst später, als sie schon zu zwei Hügeln geworden waren, kam ich vorbei und hatte mit Erde zu tun, die nach Sonne und Gras und vielem mehr roch.

In dieser Hütte haben die Eltern fast zwanzig Jahre zusammengelebt, mein Vater bis zu seinem Tod im Jahre 1978 und meine Mutter bis zu ihrem Tod im Jahre 1993. Da drüben ist Vaters Bett und hier ist das der Mutter. In verschiedenen Jahren, zu verschiedenen Zeiten bin ich hierher, in diese Hütte zurückgekommen. Die viereckige Hütte hat etwas Rundes für mich, ist wie Vaters Jurte, in der ich irgendwann geboren wurde.

Mein größeres Zuhause ist der Altai. In Ölgij, der Bezirksstadt wo ich immerhin sechs Schuljahre zu verbringen hatte, habe ich mich keine Stunde zu Hause gefühlt. Das ist eine mir fremde Welt. Mit ihr verbindet mich eigentlich nichts. Bin immer froh, wenn ich sie so schnell wie nur möglich verlassen darf. Erst an dem *owoo*, an dem wir gestern Halt gemacht haben, an diesem Eingang zum Hochaltai, da fühle ich mich an der Schwelle ins eigene Land.

Mit Hochaltai meinen wir die fünf großen Flüsse und die Flußtäler und die hohen Berge, das sind dreiunddreißig Schneegipfel. Dann noch sehr, sehr viele schneelose Berge und die Steppen; und dazwischen drei große Seen, die wir alle Meere nennen. Aber wenn ich an das Zuhause im engeren Sinne denke, dann denke ich natürlich an diese Hütte.

Wir sagen nicht Heimat. Wir sagen wörtlich «Fall-Erde» – *düschgen dsher* und «Wasch-Wasser» – *dshungan sug*. Damit meinen wir die Erde, auf die man aus dem Mutterleib gefallen ist, und das Wasser, mit dem man gewaschen wurde. Wenn wir eigenes Land sagen, denken wir an die Erde und das Wasser und die Luft darüber, den Himmel. Der Himmel ist unser Vater, die Erde unsere Mutter. Und der Hochaltai ist meine große Jurte, im Gegensatz zu meiner kleinen, elterlichen. Diese ist zeitweilig, während die andere, die große, ewig ist.

All die hochgestochenen Begriffe wie Heimat, Vaterland gibt es auch in unseren Sprachen. Bei den Mongolen heißt es übrigens Mutterland. Heimat ist ein großes Wort. Die Menschen hier in diesen Bergen haben eine gewisse Scheu, so große Wörter in den Mund zu nehmen. Wir nennen all das ganz konkret: Erde, Wasser, Luft, Wind. Und wenn wir an einen Fluß herangehen, nachdem wir lange fort waren, nach ein paar Monaten, gar nach einem oder mehreren Jahren, dann tauchen wir als erstes die Hand ins Wasser und benetzen damit die Stirn. Gehen wir von hier weg, dann nehmen wir einen kleinen Stein und eine Prise Erde mit. Altaisteine und Altaisand haben mich über die Erdkugel begleitet. Ich habe sie immer bei mir, wo ich auch bin. Denn wenn man auf diese Weise Sichtbares, Greifbares bei sich hat und darunter die Heimat versteht, dann, glaube ich, fiele es einem leichter, die Erde, ja den Planeten als Ganzes überhaupt als Heimat der Menschheit zu begreifen. Meine Heimat ist zwar sehr klein, aber je weiter ich mich von ihr entferne, um so größer wird mein Heimatbegriff. Wenn ich in Ulaanbaatar sitze, dann denke ich an den Hochaltai als meine Heimat, und wenn ich nach Europa fahre, dann denke ich an die Mongolei als meine Heimat, und wenn ich vielleicht nach Amerika fahren würde, dann wäre es sicher Eurasien, und wenn ich als Astronaut im Kosmos umherflöge, dann würde ich mich, das weiß ich, nach der Erde als meiner Heimat sehnen.

Auch in Afrika werde ich einen Teil der Mutter Erde vorfinden, und im Himmel darüber werde ich einen Teil von Vater Himmel sehen. Darum gibt es für mich keine fremde Erde und keine eigene, keinen fremden Himmel und keinen eigenen. Himmel ist immer Vater, Erde ist immer Mutter. Ehrfurcht habe ich vor jedem Fleck Erde und vor jedem Tupfen Himmel.

Hier ist nun einmal der Altai, das ist gerade die Ecke, wo ich geboren wurde. Damit bin ich natürlich besonders verwachsen. Das ist für mich die Erde an sich. Nur um meine eigene Ecke zu lieben, muß ich keine fremde verdammen. Es gibt in dem Sinne keine eigene und keine fremde Ecke, weil ich sehe, die Erde ist einheitlich, ist ein Körper. Und wenn ich jetzt aus Liebe zur Mongolei, sagen wir, die Philippinen hassen oder sie gar zerstören würde, so ist das, wie wenn ich mir aus Liebe zu meiner Hand die Fußzehen abhacken würde. Aber werde ich das tun?

So geht es mir auch mit anderen Menschen. Ich liebe meine Stammesgenossen, meine Sippe, meine Verwandten, aber aus Liebe zu ihnen würde ich nie einen Fremden verachten oder ihm gar Schaden zufügen. Das sind genauso unsere Brüder und Schwestern, nur kenne ich sie im Augenblick nicht so gut. Ich weiß, verschiedene Linien führen zu allen Menschen. Noch weiß ich nicht, welche Fäden von mir zu dir laufen. Aber wenn ich rede, wenn du redest, wenn wir unsere Worte zusammenrücken, unsere Erfahrungen zusammenlegen und nachforschen, dann werden wir es wissen.

Du sagst manchmal, der Stein ist schön. Steine sind für uns weder schön noch häßlich. Steine *sind.* Und dieser eine Stein hier, der ist etwas Besonderes wegen der Flechten darauf. Der daneben ist es wegen der Farben. Aber beide sind unnachgiebig, unbestechlich, sind eben das, was nur Steine sein können. So stehen wir auch zu den Bergen. Jeder Berg ist für uns vor allem und einfach Berg. Er ist weder schön noch häßlich. Als Berg ist er immer groß. Und wir sagen ja zu ihm Großvater. Voriges Jahr hatte ich Gäste. Zehn Leute kamen zu mir, und ein Hirte lud uns zu sich ein und schlachtete einen Hammel, denn er wollte uns ein Essen geben. Vorher hatte ich ihm geschildert, was für eine weite Reise die Leute auf sich genommen hatten, um hierherzukommen. Seine Frage war nun: «Weshalb?» Meine Antwort: «Um die Berge zu beschauen, unsere Berge sind so schön.» Das konnte er nicht verstehen.

Saß lange so da, dachte nach, und sagte dann mehr für sich als zu uns: «Komische Menschen, die kommen, um sich Berge anzuschauen!»

Unser Verhältnis zur Natur ist einfach anders. Ein Berg ist ein Berg, und wenn ich auf diesem Berg sitze, dann bin ich Stein und ruhe. Eine weitere Aufgabe habe ich nicht. Und wenn ich dann über die Steppe gehe, dann bin ich Gras, ich fühle, wie ich wachse oder verdorre, dufte oder raschle. Und wenn ich durch einen Fluß gehe, dann bin ich Wasser, ich fließe. Diesen Gedanken kann ich auf andere Dinge auch übertragen. Mal bin ich Gletscher, mal Baum, mal Luft, immer bin ich Teil der Erde und des Himmels und dessen, was dazwischen ist.

Wir hatten ja angefangen über die Berge, die Flüsse, die Luft zu sprechen. All das zusammen ist der Altai, und wir nehmen ihn zunächst einmal als einen Farbkörper wahr. Dieser ist blauweiß. Die erste Grundfarbe ist blau: Der Himmel ist blau, und auch die Berge sehen aus der Ferne alle blau aus. Selbst der Schieferstein, aus dem der Altai zur einen Hälfte besteht, leuchtet blau. Dann nimm die vielen Gewässer, alle sind blau. Und dazu das blendende Weiß, das kommt vor allem von den Gletschern; und auch die Wolken, die Jurten, die Schafherden leuchten weiß. Im Sommer kommt noch das Grün dazu. Die Felsen sind meistens rot, können aber häufig auch grün schimmern. Und die Steine haben die verschiedensten Farben. Dies alles zusammen wird von den Tieren belebt. Sind die Schafherden weiß, so sind die Yakherden schwarzbunt, die Pferdeherden braunbunt und die Kamelherden rotbunt. Sobald wir auf den Altai hinausschauen, erfassen wir diese Farben sofort, denn wir sind Menschen, die auf Farben sehr schnell ansprechen. Unsere Trachten sind kräftig in den Farben. Wir lieben keine Zwischenfarben, wir tragen Kontrastfarben und sind bestrebt, uns schön anzuziehen. Und schön ist es für uns immer mit vielen Farben. Einfarbigkeit können wir nicht leiden, uns steht der Sinn nach Buntheit. Grau, das in Ostdeutschland so geliebt wurde, das mögen wir nicht. In der DDR waren die meisten, die etwas auf sich hielten, in graue Anzüge gekleidet, graue Mäntel, graue Handschuhe, graue Schuhe. Das war die Farbe der DDR. Daran hat sich später der ganze sozialistische Osten angesteckt. Und so ist es in unseren Städten heute immer noch. Das Parlamentsgebäude in Ulaanbaatar ist ein recht schönes, stabiles Haus. Aber es ist so aschgrau, und das ist etwas, was wir überhaupt nicht begreifen können. Jede andere Farbe würden wir annehmen, aber Schwarz und Grau bitte nicht. Auch die demokratisch ummaskierte Elite scheint sich für Grau entschieden zu haben, und dies wahrscheinlich bewußt, um sich vom Nomadischen abzusetzen.

Dann empfinden wir unseren Altai als einen Körper von Tönen. Die Flüsse, das sind sehr schnell fließende und vielerorts herabstürzende Höhenflüsse. Da hörst du ein solches Gedonner und Getöse von diesen Wassern. Dann ist da der Wind, den hörst du ständig. Und denk nur an die Tiere. Und doch ist alles in sich ruhend, weit und still, aber eine Totenstille herrscht dennoch nicht. Ständig hörst du die große Natur als eine nie endende Symphonie. Die Berge sind spitz, oft sturzsteil. Die Bergsteppen sind da als Weiden, sind weit und hoch. Vom Sehen, vom Hören nehmen wir ihn wahr, unseren Altai. Dann aber auch vom Geruch her. Der Gletscher hat einen ganz starken, seltsamen Geruch. Es ist Altwassergeruch. Da liegt Schnee von Jahrmillionen. Und wenn der Schnee solange liegen bleibt als Eisschnee und sich diese Gerüche von verschiedenen Jahrhunderten und Jahrtausenden dort gehalten haben, dann empfindest du das dort oben. Kommt hinzu die Würze vom Steppengras, von solch starkduftenden Kräutern wie Wermut, Salbei, kaltem Beifuß, dann riechst du die Urkraft der Berge. Unkraut gibt es für uns nicht. Das sind alles Pflanzen, die die Erde braucht und die auch wir brauchen. Dann riechst du die Wälder, die immer noch da sind, wenn auch kleiner geworden, die Tiere, die alle anders, aber alle so gut riechen, daß wir viele Bezeichnungen dafür haben, niemals aber vom Stinken reden. Für euch stinken sie vielleicht. Aber Stinken kommt von Menschen, Tiere stinken niemals. Der Tuwa ist ein Mensch, der auf den Geruch sehr viel Wert legt und die Welt und den nächsten Menschen durch die Nase wahrnimmt.

Wenn der Tuwa einen Wald in der Ferne sieht, sieht er vor allem den Wald, der seinen Ahnen Schatten gespendet hat. Er sieht darin auch den Wald, der seinen Kindern und Kindeskindern weiterhin Schatten spenden wird. Er freut sich darüber, daß dieser Wald immer noch so dasteht wie schon zu Zeiten der Ahnen. Und er hofft und ist bei dieser Hoffnung froh, daß diese Wälder noch so stehen werden zu Zeiten der Kinder und Kindeskinder. Ein Städter, so kommt es mir vor, sähe in dem Wald vor allem das Holz, er wäre glücklich, wenn er die Bäume schlagen und die Balken herübertragen könnte und schließlich diese Balken geschichtet vor sich sehen würde. Und wie würde er sich freuen, wenn er daraus Bretter machen könnte! Überglücklich aber wäre er erst, wenn er diese Bretter zu Stühlen und Tischen verarbeitet sähe. Und am allerbesten würde er sich fühlen, wenn er von diesem Wald ein Stück abgetrennt und einen Zaun ringsum gezogen hat und wenn er denken dürfte: Das ist nun *mein* Wald. Wir freuen uns, wenn wir von *unserem* Wald reden können.

Bei uns gibt es nicht mehr viele Bäume. Wir hatten große Lärchenwälder. Dann kamen, vor sechzig oder siebzig Jahren, die Kasachen, und sie haben die Bäume geschlagen. Heute haben wir ganz, ganz wenig Wald. Eine Statistik aus dem Jahre 1950 besagt, daß ein Prozent unseres Bezirkes bewaldet sei. Inzwischen wird dieser Prozentsatz höchstens noch 0,001 betragen. Wir haben eine eigenwillige Beziehung zu den Bäumen. Denn in jedem von ihnen sehen wir einen Bruder. Wir sprechen von den Bruderbäumen. Ganz besonders wichtig ist für uns die Lärche. Für den Wald sagt man *arga*, das ist auch die Lärche. Die steht schlechthin für den Baum, für den Wald. Der Tuwa sägt keinen lebenden Baum ab, er darf das Holz nur nehmen, wenn ein Baum tot ist, am Boden liegt. Damals haben wir nur Reisig gesammelt oder umgefallene Bäume fortgeschleppt. Wurde dennoch ein fester Baumstamm gebraucht, hat man sich bei ihm, dem Bruder, entschuldigt, bevor man die Säge an ihn legte. Dies ist eine feierliche Handlung wie beim Schlachten eines Tieres.

Dann kam die Zeit der Kasachen, die Zeit der Kommunisten. Ich war dabei, als wir Schüler der ersten bis vierten Klasse Bäume schlugen. Auf einem roten Tuch waren weiße Papierbuchstaben aufgeklebt, und der kämpferische Satz lautete: «Wir haben keine Furcht vor dir, Natur. Wir werden dir den Reichtum entreißen!» Dann sind wir mit Äxten und mit Sägen ausgerückt und haben angefangen, die jungen Lärchen zu fällen. In diesem großen Flußtal, an der Mündung von den drei Flüssen Haraaty, Homdu und Ak Hem gab es viel Wald, noch vor zwanzig Jahren. Da konnte man nach den Kamelen, nach den Pferden und Yaks tagelang suchen, wenn Tiere verloren gingen. Heute gibt es hier fast keine Bäume mehr, die paar Hundert, oder vielleicht die letzten paar Dutzend Bäume stehen noch, aber selbst diesen letzten alten Lärchen ist unten das Holz bereits abgeschlagen worden. Der Baum steht zwar noch, ist aber schon saftlos, und so sprechen wir von *Baum-borz. Borz* ist ja das Trockenfleisch. Diese toten Bäume kann man, wenn es sein muß, auch fällen. Das sind keine Lebewesen mehr, das ist nur stehendes Holz.

Zu der Espe haben wir eine besondere Beziehung, da sie der Fäulnis entgegensteht. Das haben bereits die Menschen in grauer Vorzeit entdeckt. Wenn man in einen Heuschober nur einen Espenzweig reinsteckt, der nicht einmal länger als zwei Handspannen zu sein braucht, wird das gelagerte Heu nicht verfaulen. Es kann regnen, ringsum naß sein, neblig werden, das Heu wird durch diesen einen Espenzweig frisch bleiben.

Neulich haben Wissenschaftler bei Ausgrabungen von Gräbern der alten Türken Espenholz und Espenzweige gefunden. Die Espe heißt auf tuwinisch *terek*. Wir sprechen von *gök terek. Gök* ist eigentlich das Wort für blau, steht aber gelegentlich auch für grün. Wir sagen gök und meinen damit auch das erste Gras. Kurz gesprochen: *Gök terek* ist die Bezeichnung gewesen für diejenigen, die die Espe irgendwie verehrten. Aus dem Wort *gök terek* ist im Laufe der Jahrhunderte *gök türek* geworden. Damit sind die Blauen Türken gemeint, die von den turksprachigen Völkern so verherrlicht werden wie etwa die Großmogulen von den Mongolen. Die Turkologen und Mongolisten streiten sich ja heute darüber, woher *gök türek* käme. Für mich ist die Sache einfach: die junge Espe, das Espengrün. Schade, daß unter den Wissenschaftlern, die etwas zu sagen haben, kein Tuwa ist. Wenigstens ein Rätsel der Sprachwissenschaft könnte er schnell lösen.

Was aber heißt Altai? Das kommt von *ala*, bunt, und *dag*, Berg, Bunte Berge also. Dies aber auf Tuwa. Im Kasachischen und Kirgisischen heißt es Alatau. Der Altai ist eine der längsten Gebirgsketten der Erde überhaupt, durchläuft Territorien von fünf Staaten der Erde, und allein in der Mongolei ist er nahezu 3000 km lang. Allzu verständlich, daß wir unseren Altai als das Höchste verehren. Wir haben ja kein Wort für Gott. Der Spruch, den wir jeden Tag zigmal aussprechen, lautet: *Ej baj Aldajym*! Oh, mein reicher Altai! Und das sage ich auch, selbst wenn ich viele tausend Kilometer vom Altai entfernt bin, unbewußt immer, wenn ich den Himmel oder das Höchste herbeirufen will. Auch in anderen Gebirgen, die anders, die Hangaj, Hentij heißen, oder in der berühmten ostmongolischen Steppe, vor allem aber in der Verlorenheit am anderen Ende der nomadischen Welt bete ich: *Ej baj Aldajym*! Damit meint man nicht die Berge, die Felsen, sondern das ganze Universum.

Berge erwecken Ehrfurcht. Sie sind erhaben, streben himmelwärts. Wer auf einem Berg steht, ist dem Himmel näher. Daher heißt es immer: Wenn du frühmorgens aufstehst, dann geh auf die Berge. Das siehst du auch heutzutage noch bei den Nomaden. Sie erheben sich frühmorgens, gehen auf die Berge mit dem Fernglas in der Hand, setzen sich und betrachten mitunter sehr lange, zunächst ohne, dann mit, dann wieder ohne Fernglas die ganze Umgebung. Dies geschieht zunächst aus praktischen Gründen: Wo ist das Pferd? Wo sind die Kühe? Wo sind die Nachbarn? Wer zieht weg, wer kommt in die Gegend? Dann aber gehen die Betrachtungen weiter, in die eigene Tiefe. Das ist jeden Morgen eine Reise in sich selbst. Man bringt Ordnung in seine innere Welt. So kommt man zu der großen Ruhe, die man jeden Tag braucht. Denn erst wer eine ganz bestimmte Zeit auf dem Berg so zugebracht hat, der ist wieder aufgefüllt mit dem notwendigen inneren Frieden. So ist ein jeder Berg ein erster Schritt zum Himmel, zum Himmlischen, zum zeitlos Ewigen.

Viele Orte sind mit Legenden und historischen Begebenheiten verbunden. Auch zu dieser Stelle hier, dem Kamelhals, gibt es eine uralte Legende. Es ist die von Sardakban, dem Tuwa-Weltschöpfer. Sardakban ist ein Riese in Gestalt eines Menschen. Er hat die Welt, den Hochaltai erschaffen. Und als er das Wasser noch hinzufügen wollte, entzog er den Gletschern das Wasser für die großen Seen und hob entlang des dort unten verlaufenden Flußtales einen Graben aus. Und gerade an dieser Stelle hier, wo wir sitzen, machte er Halt und wollte sich ein bißchen ausruhen und schlafen. Vorher aber hat er eine Schaufel mit Sand, die er mitführte, einfach fallengelassen, daraus ist dieser Berg vor uns, der eigentliche Kamelhals entstanden. Aus einer Schaufel Sand nur! Von dort oben sieht man, daß das alles Sand ist. Und die Stelle, wo er gegraben hat, werden wir unterwegs sehen, dort liegt der Gelbe See. Und während er so schlief, füllte sich diese Stelle mit Wasser, brach aus und durchschlug die Bergfestung und bildete schließlich eine Flußschlinge.

Hörst du das Eis zerspringen? Siehst du, wie die Schollen den Fluß hinuntertreiben? Im Herbst und Frühjahr, da gibt es große Detonationen überall im Hohen Altai, besonders im April, wenn das Eis schmilzt und in großen Brocken abbricht. Im November, wenn die Flüsse zufrieren, dann gibt es auch oft ein Getöse, das kommt vom Zusammenprall sich übereinanderschiebender Eisschollen. Die riesigen Eisblöcke, die wir gestern dort oben sahen, sind vom letzten November. Das Flußwasser, dem plötzlich sein Bett zu eng wird, schiebt die tonnenschweren Eisstücke wie Holzspäne übereinander und wirft sie manchmal hoch auf die Uferwiese. Der Volksmund spricht dann vom Röhren des Flußbullen, wenn nachts das Eis kracht. Man meint, ein jedes größere Gewässer berge in sich einen Bullen, der immer dann röhrt, wenn er anfängt, sich mit Eis zu panzern oder sich zurückzieht und das Eis so zum Bersten bringt.

Der Nomade, glaube ich, ist ein großer Erzähler, denn bei uns wird noch alles erzählt. Jeder Tag beginnt mit einer Erzählung in der Jurte. Aber erzählen bedeutet nicht, einfach daraufloszureden, sondern daß man zwischendurch auch Schweigepausen einlegt, die sehr wichtig sind, besonders bei andächtigen Anlässen. Grundsätzlich gilt: Wenn die Nomaden reden, dann sagen sie auch etwas Sinnvolles, und sie reden sowieso nur, wenn sie tatsächlich etwas zu sagen haben. Und dabei gibt es so manche abstrakten Begriffe noch nicht, auch nicht die nichtssagenden Füllwörter. Die Nomadensprachen sind so bilderreich, daß alles, was gesagt wird, von den Zuhörern auch verstanden und aufgenommen wird. Ihr habt eine elegante, nichtssagende Redeweise, könnt stundenlang mit sehr vielen Wörtern plaudern, aber es bleibt nicht viel hängen. Das siehst du auch in der europäischen Poesie. Das ist ja zerhackte Prosa, überhaupt arm an Bildern. Die Poesie der Nomaden ist sehr kräftig, bilderreich und sofort verständlich. Weshalb ich hier auf die Poesie komme, hat folgenden Sinn: In der Jurte lebt die Poesie immer noch. Wenn die alte Mutter frühmorgens aufsteht und ihr Feuer anzünden muß, dann beschwört sie das Feuer in Stabreimversen, und so geht das den ganzen Tag weiter. Wenn sie also ihren Tee gekocht hat und die ersten Tropfen dem Himmel, der Erde, den Bergen und den Geistern opfert und verspritzt, dazu spricht sie das in Versen. Und es endet damit, daß sie sich bei den Geistern bedankt für den Tag in Frieden und daß sie für sich und ihre Kinder eine gute Nacht mit guten Träumen wünscht, ebenso eine Nacht in Frieden für die Herden. Und alles geschieht in Versen. Mit der echten Erzählung und der Poesie sind die Nomaden noch gut in der Übung.

Bei euch haben die Menschen einander so wenig mitzuteilen, und wenn sie etwas sagen, dann sind das nur Bruchstücke. Ich höre den Reden der Leute bei euch aufmerksam zu und muß immer wieder feststellen, daß sie die Sätze nicht beenden. Nicht, daß sie nur schlechte

Erzähler wären, sie sind auch und in erster Linie sehr schlechte Zuhörer geworden. Wenn ich so verschiedene Interviews gebe, dann muß ich für meine Sätze immer kämpfen. Ich will etwas erzählen, ich hebe an, und ich mache das andächtig, mit Zwischenpausen, wie es sich gehört, aber die Journalisten, die mir die Fragen gestellt haben, die laufen mir immer dazwischen, die stolpern dahinein. So muß ich immer sagen: Warten Sie mal, ich bin noch nicht fertig, ich muß erst zu Ende kommen. Mit einem Wort, den Menschen fehlt die Geduld. Und ungeduldig sind sie, weil sie meinen, sie hätten wenig Zeit. Wir dagegen meinen, daß wir unendlich viel Zeit haben, weil wir uns immer sagen, als der Himmel die Zeit erschuf, hat er davon genug geschaffen.

Tuwinisch ist eine freie, großzügige Sprache, kommt mir vor, die keinen Zwängen ausgesetzt ist. Heißt es nicht, daß man uns bei der Erschaffung der Welt vergaß und keine Sprache gab? Da kam der Igel mit dem weisen Rat – alle Sprachen waren ja bereits auf die Völker verteilt –, von jeder nun ein wenig abzuzweigen, so daß die Tuwa doch noch zu einer Sprache kämen. So geschah es. Denn man kann einerseits die einzelnen Wörter wie heilige Wesen pflegen, andererseits kannst du mit jedem Wort jederzeit in jede Richtung hin zielen. Du bist auf Tuwinisch Amel, einer merkt, wir sind uns eng verbunden, sogleich macht dieser aus Galsan oder Dshuruk, was ich immer bin, ein Kamel. Also sind du und ich nun Amel und Kamel. Aber nicht einfach nur das: Die Endung für Mehrzahl geht auf *ottar* (Gräser) und *suglar* (Wasser). So also: *Amel, Kamel ottar* oder *Amel, Kamel suglar*. Leute, die dieses Gesetz nicht kennen, beginnen dann zu suchen, stellen Theorien auf, schreiben logische Abhandlungen. Was in unseren Augen nur komisch wirkt. Denn sie rätseln: Die Gräser und Wasser in uns …?

Die Nomaden sind friedliche Leute, die versuchen, soweit es geht, miteinander auszukommen. Das laute Reden ist im allgemeinen nicht beliebt. Wenn man sich Schwiegertöchter aussucht, dann gibt es einige wichtige Kriterien. Wie schaut sie aus? Wie blickt sie auf? Wie bewegt sie sich? Menschen, die friedlich, von oben nach unten still hinblicken, die werden für besser gehalten als solche, die so aufdringlich und forsch hinaufblicken. Also, der Blick ist sehr wichtig. Geschätzt wird auch eine weiche, leise Stimme. Und eine runde, fließende Bewegung. Eine lautredende Frau ist im allgemeinen verpönt, ebenso eine, die sich eckig bewegt. Diese Eigenschaften betreffen Männer genauso. Den Kindern sagt man: Versuch langsam und leise zu reden! Versuch wenig zu reden! Der Mensch kann nie zu wenig reden, heißt es. Die Gefahr, daß man zuviel redet, die bestehe jederzeit. Und das Reden besteht dann meist aus bejahenden Sätzen und Worten. Vom Mund kommt die Zukunft, heißt es. Wer ständig Schlechtes redet, dessen Zukunft geht auch in diese Richtung. Wer eine bejahende, zufriedene Redeweise hat, der darf auch eine Zukunft in diese Richtung erwarten. Kurz: die positive Einstellung zur Sache. Dann gibt es ganz bestimmte Tage, an denen man überhaupt nichts Negatives reden soll. Das sind zum Beispiel die ersten Tage des neuen Jahres, genauer die Tage, solange gefeiert wird. Da soll man Schlechtes überhaupt nicht in den Mund nehmen. Fragen werden bewußt so gestellt, daß darauf nur bejahende, zufriedene Antworten fallen.

Das betrifft dann auch den Tadel. Auch hierzulande wird kritisiert. Aber die Kritik sieht ein wenig anders aus als in eurer Kultur. Der Deutsche tut sehr direkt, glaubt sich im Recht, alles kritisieren zu dürfen. So klingt es in unseren Ohren zumindest. Derjenige, der die Kritik ausspricht, scheint da immer recht zu behalten. Diese Art von Kritik verletzt. Für uns seid ihr ein bißchen kritiksüchtig – entschuldige! Bist du mit einem Deutschen unterwegs, mußt du dir bewußt sein, daß er dich sich immer unterwerfen will. Sein Wille ist oberstes Gebot. Er scheint erst dann Ruhe zu finden, wenn er andere kritisiert und so am Ende geknickt hat und dann über alle selber hinausragt. Das fällt dem Deutschen selber wahrscheinlich gar nicht auf. Aber es ist in der Tat so, und weil wir uns in solchen Dingen sehr empfindlich zeigen, spüren wir das genau, wenn wir ein belehrendes Wort hören. Auch uns gefällt vieles nicht. Aber wir greifen nicht gleich nach einem Stein. Und wenn wir ihn auch in der Hand halten, dann versuchen wir eine Weile abzuwarten, ehe wir ihn nach jemandem werfen. Schweigen, sein Gegenüber darauf aufmerksam machen, ist eine wirksame Kritik.

Wir versuchen auch, die Direktheit, die einen Zusammenstoß herbeirufen könnte, weitgehend zu vermeiden. Wenn meine eigenen Kinder mir gegenüber etwas falsch machen, rede ich von einer Familie, in der die Kinder artig und gut sind. Ich sage: Die Schenks haben ja prächtige Kinder, die haben so eine wohlwollende Art, die sind so nett zueinander und hilfsbereit zu anderen Menschen. Mensch, der Junge hat mir geholfen, der hat mit mir so lieb gesprochen, und in dem Kerl steckt soviel Wärme. So ungefähr. Dann wird mein Sohn, den meine unausgesprochene Kritik betrifft, dem diese Eigenschaften fehlen, der wird verstehen, woher der Wind weht. Damit hat zwischen uns kein Zusammenstoß stattgefunden.

Angenommen, es gibt einen Todesfall. Niemals wird direkt gesagt: Dein Mann ist gestorben! So darf man mit einem Menschen nicht verfahren. Da fängt man sehr weit an, man philosophiert über das Werden und Sterben. Das ist meistens die Aufgabe eines älteren Menschen. Die Welt ist ständig im Fluß, der Mensch ist im Kommen und Gehen, es ist eine Welt des Werdens und Sterbens, und wo an einem Tag ein Mensch stirbt, da kommen zwei neue Menschen an, wo es Tod gibt, gibt es Geburt, und umgekehrt ist der Tod unvermeidlich, wo geboren wird. Es ist das große Gesetz der Natur. Das muß man kennen. Und vom großen Wind des Werdens und Sterbens wird, früher oder später, ein jeder getroffen. So die Einleitung. Nun, meine Liebe, mußt du zeigen, daß du eine kluge Frau bist, denn es gibt im Leben eines jeden Menschen Momente, wo man sich tapfer verhalten, Weisheit zeigen muß, und wo man sich zusammennehmen, die Zähne zusammenbeißen und die Hände zu Fäusten ballen muß. Nun, liebes Mädchen, ich werde dir etwas Schweres mitteilen müssen... Längst bist du aufmerksam geworden, längst bist du auf das Schwerste gefaßt. Nun darf er die Mitteilung anbringen.

«Wasser kostbar, Holz kostbar, Worte kostbar...», so fängt ein Gedicht von mir an. Kostbares Wasser wird bei uns mit der Träne verglichen. Tränen sind immer etwas Wesentliches, das findest du überall bei den Nomaden. Worte sind kostbar, sie werden nicht vergeudet. Worte verweisen nicht auf etwas Dahinterstehendes, Worte wirken unmittelbar, haben Wirkkraft, Zauberkraft, werden durchaus materiell verstanden wie Schleudersteine, wie Brennholz.

Die Menschen haben ein inniges Verhältnis zur Sprache, wie überhaupt zu allen Dingen. Sie haben sich noch nicht davon entfernt. Und es gibt in dem Sinne kein häßliches Wort. Jedes Wort ist gut genug, wo es hinpaßt. Dazu gehören auch solche Wörter, wie man sie im Deutschen nur sehr schwer benutzen würde. Die Scham, der Penis, der Arsch, der Hintern, ficken, stinken, all diese Wörter. Scham heißt *göd*. Und wenn man eine Frau etwas aufziehen will, dann kann man sagen: Du *gök göd*, du Blaumöse! Die Möse wird immer als blau empfunden. Der Arsch dagegen immer als schwarz: *hara gyda*. Das sagt man auch im übertragenen Sinne zu einem Menschen, der eine Kette von Unglücksfällen hinter sich herzieht. Dann sagt man: *hara gydalyg*, der hat einen schwarzen Arsch, oder er ist ein schwarzärschiger Mensch. Oder wenn es nichts Gutes mehr für eine Familie gegeben hat, seit dieses eine Kind geboren wurde, dann nennt man es schwarzärschig. Dagegen setzt man das weißärschige: *ak gydalyg*. Das heißt: Seit der Geburt dieses Kindes geht es uns gut. *Gyda* ist das neutrale Wort für Arsch, wenn ich *hyjma* sage, dann empfindet keiner etwas Schlechtes, man hört so etwas wie Ärschlein, Ärschel, und ich kann es noch liebevoller sagen: *hyypy*. Wenn ich *hyypy* sage, so denke ich als Tuwa an einen zarten kleinen Arsch, also an den von einem Kleinkind. Das muß der Pöter sein, von dem deine Großmutter immer so liebevoll gesprochen hat.

Noch etwas Interessantes. Die tuwinische Bezeichnung für Chinese, Chinesin oder China ist *gydad*. Vergleiche mal! Man sagt *gydang hys*! oder *gydang!* oder *hys!* jeweils ein Wort weglassend. Und das heißt wörtlich: Kneife deinen Arsch zusammen! Also: Sei dir deiner Grenzen bewußt! Sei nicht so frech! Reiß dich zusammen! Halt's Maul! Stille! Aber das klingt gar nicht so grob. Ich kann auch von mir sagen: Ach, ich habe Angst, dazu will ich mich nicht äußern. Da sage ich: *gydam gysajm!* – Da will ich meinen Arsch zusammenkneifen!

Siger ist ficken. *Jeng sik!* heißt: Ficke deine Mutter! Das kann man in der Aufregung sagen, wenn sich zwei Menschen streiten. Oder man kann es ganz einfach liebevoll sagen: *Jesin sigimer!* Der seine Mutter ficken möge! Das sagt man zu einem Kind, das sehr aufgeweckt ist und das etwas Unerwartetes bringt. Das kommt nicht ärgerlich heraus, besonders bei kleinen Kindern. Im Gegenteil, es kommt als Ausdruck der Anerkennung, denn man ist erfreut, erstaunt.

Noch etwas mit Arsch. *Gydam dyngnasyn!* sagt man. Wörtlich: Mein Arsch möge es hören! Das gebraucht man, wenn einer etwas sehr Freches sagt und man keine Lust hat, sich so etwas anzuhören. Ich will mir so etwas nicht anhören müssen, aber mein Arsch vielleicht. So in dem Sinne. Nun eine andere Wendung: *Hyjma dshydyg deesch gesip dshashar arga dshok.* Wörtlich: Den Arsch kann man nicht wegschneiden, auch wenn er stinkt. Dies sagt man, wenn ein Kind, ein Verwandter mißraten ist. Oder wenn irgendeine eigene Sache sehr mißlich geraten oder einem einfach unangenehm ist. Dagegen kannst du nichts tun, es ist nun einmal so, das mußt du einfach so hinnehmen.

Dann gibt es noch etwas, das dich verwundern wird. Es kann nämlich geschehen, daß einer vor Schreck häßliche Sachen ausruft, die Beherrschung verliert. Das siehst du bei Nomadenvölkern sehr oft, ganz gleich, ob das nun Kasachen, Mongolen oder Tuwa sind. Das ist eine Krankheit, die heißt bei uns *belingneer* und bei den Mongolen *uulgamtsch*. Pürwü, die große Schamanin, litt darunter. Sie war sehr schreckhaft, selbst wenn sie schamante. Bekam sie einen Schreck, rief sie häßliche Sachen aus: *Ok gödek*! Oh, Möschen! Hoppla! oder *Ok godak!* Oh, Penis! Hoppla! Es gibt Menschen, die bestimmte Sachen nicht ertragen können. Ein jüngerer Bruder der Schamanin, Bigir hieß er – der starb früh, mit siebenunddreißig Jahren –, war bekannt dafür, daß er *belingneer* hatte. Und dessen jüngerer Bruder Dagwa, der erst vor wenigen Jahren gestorben ist, der war auch dafür bekannt. Diese Menschen kannst du auf sehr einfache Weise dazu bringen, daß sie Sachen nachmachen. Wenn du dich über sie lustig machen willst, machst du einfach irgendeine ruckartige Bewegung. Sie erschrecken und machen nach, was du ihnen vorführst. Ich habe mit alten Männern und Frauen experimentiert. Habe Twist getanzt, und sie haben mitgetwistet. Du kannst Fremdsprachen mit ihnen betreiben. Schwere deutsche Wörter und Sätze sagen, und sobald du dazu eine ruckartige Bewegung ausführst, sie damit aufschreckst, machen sie alles mit. Du kannst rennen, hüpfen, springen. So einen alten, kranken, hinkenden Menschen kannst du derart auf Trab halten. Er wird nichts dagegen tun können und am Ende nur zusammenbrechen. Das ist eine Krankheit, die mit den Hirnfunktionen zusammenhängen muß. Viele Völker haben ja Krankheiten, die andere gar nicht kennen. Dazu dann noch eine weitere Krankheit: *hej,* Luft, die ihr gar nicht habt. Wenn wir eine Zeitlang, drei, vier Tage lang keine warme Brühe zu uns nehmen, dann bekommen wir *hej*. Der Bauch bläht sich auf, und dann bekommen wir am Ende sogar überall Schwellungen. Die Finger quellen auf, und das Gesicht wird schließlich aufgedunsen. Wenn wir dann endlich eine Suppe bekommen – das ist meistens Hammelbrühe – müssen wir rülpsen. *Hej* tritt sofort auf, sobald die Hammelbrühe fehlt.

Schimpfwörter kennen wir natürlich auch, aber es sind andere, die ihr gar nicht benutzen würdet. Obwohl, in meines Vaters Jurte wurde nicht geschimpft. Wenn wir als kleine Kinder ein ganz harmloses Schimpfwort gebraucht hatten, da mußten wir uns eine ganze Geschichte anhören. Da wußten wir, das geht nicht.

Nur: Du olle Ziege! Du dumme Kuh! das kennen wir nicht. Dafür *mola*, das heißt Totengrab. Dieses Schimpfwort sagt man zu Kasachen, wenn man sagen will, es ist ein schlechter Mensch, ein toter Kerl. Auf Tiere schimpft man auch. Da nennt man Tierkrankheiten. *Dschoksaga* ist eine Hirnkrankheit bei Schafen. Das Hirn bekommt eine Wasserblase, und die muß herausoperiert werden. Wenn also jemand so unwillig ist und nicht mehr hört, was man ihm sagt, dann sagt man: Hör doch auf, du *dschoksaga*, Hirnkranker. Schimpfwörter gibt es natürlich, aber solche, die sich auf Tiernamen beziehen, die gibt es in all den Sprachen nicht. Was es gibt, ist Hund. Aber dies kann auch liebevoll gemeint sein. Zu Kleinkindern sagt man: Mein Hündchen. Was macht euer Hundejüngchen? So fragt man liebevoll nach dem Nachwuchs. Der ist ein Hund, kann man auch sagen. Und das bedeutet, er ist ein ganz listiger Kerl. Aber so, daß man zu einem Mann Kamel sagt, oder Gaul, oder zu einer Frau Kuh oder Ziege, das gibt es in der Stammeskultur nicht, wo die Menschen von und mit diesen Tieren leben. Das Kuriose ist, du kannst es so oder so sagen. Du kannst es auch sehr liebevoll sagen. Wenn ich es sehr eng, vertraut mit dir meine, dann kann ich zu dir sagen: Du, meine Dirne, komm! Du, mein Nüttchen, gib mir dein Guschel! Damit meine ich nicht die Dirne, die Nutte, die in deiner Sprache zu Hause ist.

Alle Nomadenvölker verwenden Umschreibungen. Wichtige, höherstehende, für heilig gehaltene Dinge nennt man nicht beim Namen. In meinem Roman ‹Der blaue Himmel› geht es um den Namen des

Himmels, *deeri* ist dafür der große, schwere Name. Den darf man nicht nennen. Nur in einem sehr kritischen Zustand darf man das schwere Wort aussprechen, dann ist es aber schon eine Herbeibeschwörung. Auch bei den Geistern, die der Schamane ruft, ist es so: *dshiwesi gelir.* Das ist, wörtlich übersetzt: Ihre oder seine Sachen kommen. *Dshiweler* ist das umschreibende Wort für die Geister. Der Wolf wird bei uns auch nicht genannt. Wir sagen zu ihm: Großvater, *eshej.* Und jeder versteht, was damit gemeint ist. Kein Mensch sagt *bör*, Wolf. Weil er gefährlich ist. Das Erhabene und das Gefährliche werden nicht direkt genannt. Große Berge auch nicht, man sagt *haarakan.* Flüsse genausowenig. Homdu heißt unser großer Fluß. Kein Mensch sagt Homdu. Mutter sagen wir, oder die große oder die mütterliche Schwester.

Als die ersten Europäer zu den nordamerikanischen Indianern kamen, stellte man fest, daß sie keinen Gott kennen. Die haben nicht darüber gesprochen. Die hatten keinen Namen dafür. Und dann hat man gesagt: Nun, das sind Heiden, die kennen keinen Gott, deswegen kann man sie ruhig umbringen, sie sind ja die Gottlosen. Erst später fand man heraus, sie haben das Höchste nicht benannt, einfach weil es ihnen zu heilig war. Ein Christ nimmt aber seinen Gott ständig in den Mund. Ja, er kann mordend Gott sagen, mein Gott! Aber es ist dann ihr Gott, der solches erträgt. Das ist typisch für den Abendländer, er redet dauernd über eine Sache, die er damit auch fortwährend befleckt. Und mit dem Schwert in der Hand verbreitet er so seinen Glauben.

Weißt du, manchmal kommt es mir vor, ich denke inmitten Europas anders. Ich versuche zu denken, dann aber ist es, als wenn meine Längen irgendwie gestört sind und ich komme nicht bis zum Ende. Da muß ich zurück in die Steppe kommen, mich auf die Erde setzen, am besten auf der Erde liegen, den Himmel über mir sehen und diese große Ruhe um mich herum, diese vielen Schwingungen auf mich wirken lassen, und wenn ich dann nochmal versuche zu überlegen, komme ich vielleicht an ein Ende.

Ich bin überhaupt sehr widersprüchlich. Das merke ich jeden Tag an mir selber. Gut, daß ich mir dessen bewußt bin. In meiner Haut stecken mehrere Menschen. Und so unterschiedliche. Ich bin der Dichter. Nehme verschiedene Rollen an, und aus jeder Rolle heraus erzeuge ich mich jedes Mal als einen ganz anderen Menschen. Das merke ich. Meine besondere Gabe ist, daß ich mich selber wie ein Außenstehender ganz schonungslos betrachten kann. Diesmal hatte ich in Deutschland einundzwanzig Lesungen, in der Schweiz fünf, und jedes Mal habe ich mich selber beobachtet. Bin jedes Mal anders gewesen, kein Abend hat dem anderen geglichen, obwohl ich im Grunde immer nur über das eine redete. Wahrscheinlich bin ich ein launischer Mensch, der abhängig ist von dem Tag, von der Stunde, von dem Publikum, von dem Raum, der mich gerade umgibt.

Du siehst in mir das Deutsche einerseits, mit meiner Pünktlichkeit, Korrektheit beispielsweise, dann aber auch das Tuwinische – du nennst mich ja oft das Naturkind, das wild denkt und die Dinge geradeheraus beim Namen nennt, so daß es dir manchmal unbequem wird. Wie nun bin ich wirklich?

Gut finde ich, daß ich mich immer wieder gänzlich ausschalten kann. Obwohl ich im Alltag ein eher panisch als ruhig veranlagter Mensch bin, kann ich in entscheidenden Augenblicken, vor den Lesungen meinetwegen, ganz und gar ruhig bleiben. Da kenne ich kein Lampenfieber.

Dies kommt wohl daher, daß ich keine Erwartungen habe, keinen Plan vorher aufstelle, ja, daß ich ganz leer dastehe, jedesmal ein leeres Gefäß, ein unbeschriebenes Blatt bin. Ich lasse es einfach auf mich zukommen und sehe zu, wie ich damit fertig werde. Kann mich verausgaben, oft restlos, bis ich zusammenbreche. Aber genau da merke ich, daß ich wieder aufgefüllt werde, und je entleerter ich bin, desto schneller und besser. Von Leere bis zur Leere, wenn du es so willst. Ein trockener Schwamm, der alles aufsaugt, aber sich gleichzeitig wieder auspreßt. Will ich mal der Tuwa sein, dann kann ich das Europäische in mir einfach wegschieben, und umgekehrt. Aber das sind bei mir keine sich einander ausschließenden Momente, das sind vielmehr Elemente, die nebeneinander existieren und sich eigentlich ergänzen.

Als ich das erste Mal nach Europa kam, gab es für mich, das Kind der Steppe, keinen Kulturschock. Und dies aus dem einfachen Grunde, ich war gewillt, alles aufzunehmen. Ich bin ja nicht aus lauter Liebe zu euch dorthin gekommen. Mein Motiv war: Ich wollte die Faschisten sehen. Ich kannte Deutschland und die Deutschen nur von russischen Kriegsfilmen und -romanen, und da hatte ich ein ganz bestimmtes Bild von den Menschen. Ich hatte dieses vereinfachte, feststehende Gefühl: wir sind Leute, die reden; die Deutschen aber sind Menschen, die brüllen. Von der Leinwand herunter wurde ja Deutsch nur gebrüllt. Einiges davon habe ich schon am ersten Tage im Unterricht wiedergegeben, und damit habe ich den Lehrern einen heiligen, beinah tödlichen Schreck eingejagt. Ich wurde gefragt, ob ich Deutsch könne. Habe gesagt, so ein bißchen. Noch wurde mir übersetzt, eine Dolmetscherin saß da. Und da hat man natürlich wissen wollen, was genau. Prompt bin ich aufgesprungen und habe mit ausgestrecktem rechten Arm heruntergeleiert: Heil Hitler! Hände hoch! Schiessen! Halt! Schnell, schnell! Los, los! Russenschwein! usf. Brocken aus dem Kriegsdeutsch russischer Schöpfungen... Der Lehrer sagte schnell: Gut, gut... Dann fragte er ganz erschrocken, woher ich das alles kenne. Ich gab zu verstehen: Kino, Filme.

Ich war also gleich von Anfang an ein Sonderfall. Es stellte sich heraus, daß ich nicht einmal das lateinische Alphabet konnte. Man mußte mit mir anfangen wie mit einem Schulanfänger, mit den einzelnen Buchstaben.

In dieser Anfangszeit in der neuen Welt habe ich mir immer eingebildet: Das ist die große Welt. Meine mongolische Heimat habe ich in den ersten Tagen und Monaten als klein empfunden. Dabei habe ich mich immer gewundert, weshalb diese große Welt dennoch so klein und eng war. Alles war ja voller Menschen und mit Häusern zugebaut. Da gab es ja kaum Platz. Wenn man von der Mongolei, vom Hochaltai in die Innenstadt von Leipzig kommt, dann ist alles so beengt, man kann sich da nicht einmal ordentlich umdrehen. So empfand ich das.

Habe Deutschland ganz zu allererst mit der Nase aufgenommen, damals, als ich auf dem Ostbahnhof in Berlin am 28. August 1962 als achtzehnjähriges Nomadenkind ankam. Es hat richtig gestunken. Ich wußte nicht, wonach. Das war bestimmt nicht allein nach Benzin. Nach Chemie vielleicht? Nun, es hat nach zivilisierter Welt gerochen. Entsetzlich! Das zweite war: Ich habe gesehen, alles, alles war so grau. Es war ein grauer, grauer Tag. Und das kann nur derjenige verstehen, der eine Fahrt mit der Eisenbahn durch Ostberlin selbst gemacht hat. Zu beiden Seiten die trostlosen Häuser. Und überall die Kriegswunden.

Dann habe ich Europa mit den Ohren wahrgenommen. Alles so laut, höllisch laut. Es hat einen richtig angezischt von allen Seiten. Ja, so war das. Aber die Menschen waren freundlich, fürsorglich, das kann ich mit gutem Gewissen sagen. Wir wurden wirklich sehr gut aufgenommen. Und da war bereits meine erste Unsicherheit: Wo sind die Faschisten? Keine Spur von denen! Das waren Leute, die sich um uns sehr wohl kümmerten. Dabei fiel mir freilich auf, man redete laut. Der deutsche Mensch, der schreit, der brüllt doch ein wenig. Das wird er so schnell sicherlich nicht ablegen können. Und in seinen Bewegungen war er eckig und zackig. Das erschreckte mich, der ich rund erzogen und bestrebt war, in mir zu ruhen und zu fließen. Und erst die Hast; nicht nur die fahrenden Autos sind schnell. Es ist ein Rennen, selbst im Stehen. In einem jeden Körper wohnt die Lust zum Arbeiten, zum Schaffen – so empfand ich es damals. Und ich war davon aber auch hell begeistert.

Das Sonderbarste aber war, ich wußte nicht, wo Norden, wo Süden, wo Osten, wo Westen ist. Den Himmel sah man nicht. Wenn du das Leipzig der 60er Jahre gesehen hast, dann weißt du Bescheid. In der Nähe von

Espenhain und Bitterfeld, das war ja damals ein Ding. Das Seltsame ist, ich blieb dort sechs Jahre, und ich habe bis zum Ende nicht erfahren können, wo welche Himmelsrichtung war. Und bis jetzt wüßte ich nicht, wo Süden und wo Norden sind. Mein erster Gedanke war, als ich sozusagen zu mir kam: Es ist ein himmelloses Land!

Schließlich – ich war schon länger dort – fing ich an, die Leute zu beobachten. Diese freundlichen, lauten Menschen, die haben sehr, sehr viel geredet und geraucht. Manchmal gab es Feste. Aber gesungen wurde kaum. Bei uns wird ja auf Festen nur gesungen und kaum geredet. Viel reden ist verpönt. Der nächste Eindruck war nun also, es sind liederlose Menschen.

Dann fehlten mir die Haustiere, ich vermißte sie sehr. Gut war: das Sprachinstitut war unweit des Zoos. Meine liebste Beschäftigung war ein Zoobesuch. Da habe ich mich nicht so sehr um die Affen oder um die vielen Vögel, die Schlangen und anderen Tiere gekümmert, sondern ich habe mir immer die Tiere angeschaut, die ich von zu Hause her kannte. Da waren die Yaks, da waren die Pferde, die zweihöckrigen Kamele, und ich habe mir diese lange, lange angeschaut, die waren mir wie ein Teil von meinem Zuhause. Und wenn ich von so einem Zoobesuch zurückkam, war ich erleichtert und hatte wohl um einiges weniger Heimweh.

Nun, das war der Nomadenjunge in mir, das war ich selbst. Und dann war in mir noch der Student, das Produkt der Gesellschaft, und dieser hatte sich zum Ziel gesetzt, das fremde Land Deutschland, den fremden Kontinent Europa sich zu erschließen, sich bei dem anzubiedern. Dieser war ständig im Streit mit dem Nomadenjungen. Der Nomadenjunge lebte so, wie er immer gelebt hat: er schlürfte, er schmatzte, und er rülpste. Das gehörte bei ihm zuhause einfach zum Dasein. Denn da wurde behauptet, daß man essen und trinken soll mit all seinen Sinnen, also sollte man nicht nur essen mit den Augen, mit der Zunge, mit der Haut, weil man die heiße Teeschale halten mußte, sondern auch mit der Nase und mit den Ohren. Man sollte schon etwas zu hören bekommen. Aß da einer leise, fielen über den kleine, kritische Bemerkungen: Der ißt ja still, ißt wie ein Dieb! Also verlangte der Student, dieser Mensch des Staates, vom Nomadenjungen, daß er sich aufgeben und sich in einen anderen verwandeln sollte. Denn für den Staatsmenschen war ja Deutschwerden, sich an der neuen Welt anstecken das Ziel; das war Selbstzweck.

Was mir dann auch in Deutschland auffiel: alles war genormt, geregelt. Die Bäume waren geschnitten, die Straßen, die Plätze, die Häuser, alles, was man mit den Augen fassen konnte, hatte so geometrische Formen und Figuren. Und so schien mir auch das Leben vorgeformt, ausgeschildert. Zu den Grundvokabeln, die ich ganz zu Anfang lernte, gehörten «nicht» und «verboten» auf den Schildern, die mich umgaben. Deutschland war ein Land des Verbots.

Und die glatten, geraden Asphaltstraßen waren hart, hart, und meine Füße waren gewöhnt an die immer ein wenig nachgebenden Naturwege. Wenn ich nun lange auf dem Asphalt ging, dann war das sehr ermüdend, und ich hatte bald Schmerzen in den Füßen. Mir war danach, die Schuhe auszuziehen und auf die bloße Erde zu treten. Aber natürlich ging das alles nicht. Jeden Tag ging ich entlang des kleinen Flusses Pleiße. So klein wie er war, schien er damals mehr Öl und Schaum als Wasser zu führen. Und wie das gestunken hat! Und erst die Luft! Man hatte uns ans Herz gelegt, das Hemd jeden Tag zu wechseln. Ich hatte bestimmt vier, fünf Hemden, alle weiß, schneeweiß. Aber diese wurden nicht von innen so sehr, als vielmehr von außen schmutzig. Das lag an der Leipziger Luft.

Aber der Staatsmensch in mir wollte immer das Gute sehen, das Vorbildliche an diesem hochentwickelten, sozialistischen deutschen Land. Nur der Nomadenjunge war irritiert von dem schmutzigen, stinkigen Fluß und von der kohlestaubhaltigen Luft. Und so lebte er im Widerstreit mit sich selber, war ein Gespaltener: Zwei Seelen wohnten auch in seiner Brust.

Aber dies und anderes behielt ich natürlich für mich. Denn die mongolische Botschaft sagte uns auch, als wir ankamen, wie wir Briefe zu schreiben hätten. Bei Ankunft wurden wir von einem Botschaftsmenschen empfangen und zunächst nach Berlin-Karlshorst gefahren. Dort lagen, wie ich später erfuhr, die Botschaften des sozialistischen Asiens. Und dort gab es die erste große Versammlung, die Stunden dauerte. Da hat man uns ans Herz gelegt, daß dies ein besonderes Land sei, an der

Trennwand zwischen Weltsozialismus und Weltkapitalismus, und daß der Klassenfeind sehr nah stehe. Daher sollten wir wachsam sein. Was wir in unseren Briefen schreiben und nicht schreiben sollten, das gab man uns vor. Von oberflächlichen Beobachtungen, von Schwierigkeiten und Heimweh durften wir nichts erwähnen, man sagte uns, daß die Briefe in diesem hochentwickelten Land durch Strahlungen und dank sonstiger feiner Technik durchschaut werden könnten. Wenn wir Unfreundliches über Land und Leute schreiben würden, würde man das sofort merken und uns nach Hause schicken. Also waren wir von Anfang an verpflichtet, nur Gutes und Helles zu schreiben. Wahrscheinlich hätte ich dies ohnehin getan, denn meine Eltern machten sich meinetwegen Sorgen. Ich bin ein Mensch, der von Schwierigkeiten und von Leiden nicht gerne redet, aber von Erfolgen und Freuden um so ausführlicher. Also habe ich hellstrahlende Briefe geschrieben. Daß sie sich nie Sorgen über mich machen sollten, daß mein Leben hierzulande gut sei und daß die Menschen sich zu uns immer freundlich und fürsorglich verhielten, wie Brüder und Schwestern.

Wenn ich Heimweh hatte, ging ich in den Park, in den Wald. Rosenthal war ja in der Nähe. Das war ein ziemlich großer Wald. Habe mich in den Wald gesetzt, da standen überall Bänke, und dort habe ich meistens Deutsch gelernt, habe gelesen und was auswendigzulernen war, habe ich dort in mich eingehämmert. Dort konnte ich auch laut sein, manchmal hüpfen und umherspringen, hin und wieder nach den Pferden schauen, das heißt bei uns das kleine Geschäft verrichten. Und das hat mir so gut getan.

Schlimm und schwer waren die Feiertage. An normalen Unterrichtstagen hatte man ja keine Zeit. Den ganzen Tag hast du Unterricht, und dann gingen wir dreimal essen in die Mensa. So war man beschäftigt, war immer abgelenkt. Aber am Wochenende, am Sonntag vor allem, da war man irgendwie einsam, man hat gefühlt, daß einem etwas Wesentliches fehlte. Und ganz, ganz schlimm, ja fast unerträglich schwer war es an Feiertagen, wenn alle Geschäfte zu waren, wenn überhaupt kein Mensch auf der Straße zu sehen war. Andere Studenten hatten schon Bekannte, sie gingen zu Leuten, und nun war man fast ganz allein in dem großen Studentenwohnheim. Da hat man so eine Leere in sich gefühlt.

Dann war da noch eine zweite Sache, die auf uns Mongolen sehr lastete. Wir Asiaten stellten so wenig dar im Vergleich zu den Lateinamerikanern, zu den Kubanern vor allem, überhaupt zu den Arabern, und natürlich ganz besonders zu den Schwarzen. Denn das war ja die große Entdeckungszeit der Schwarzen durch die Frauen dazulande; und von den blonden und blondierten Damen verschiedenster Altersstufen wurden die jungen Männer aus Afrika und Lateinamerika bis zum Wahnsinn begehrt. Also standen Frauen nach diesen Schlange, und der Pförtner des Studentenwohnheims kämpfte gegen sie an. Das ausländerfreundliche, liebestolle Weibervolk kam irgendwie rein, kletterte durchs Fenster oder hinten über den Zaun, oder sie krochen unter dem Laden vor dem Pförtner hindurch zu diesen begehrten jungen Männern. Nur wir waren für diese abenteuerlustigen Weiber nicht da, nicht existent. Das hat man irgendwie zu spüren bekommen, und das löste in einem ein trauriges Gefühl aus; man war, wenn auch erst als künftiger Mann im Tiefsten seines Wesens irgendwie beleidigt und beschädigt.

Ich fand das seltsam. Ich hatte mich damals längst verliebt, hatte schon viele Liebesgedichte geschrieben, aber das Körperliche in der Liebe hatte ich noch nicht erlebt. War noch unschuldig. Und das war etwas schrecklich Belastendes für mich gewesen. Mein Minderwertigkeitskomplex wurde dadurch nur noch größer. Und da kamen angehende Männer von achtzehn, neunzehn Jahren zusammen und schwärmten von Weibern. Und irgendwann wurde auch ich gefragt: Hast du's erlebt? Und um überhaupt diese Frage zu bestehen – wohl aus Scham – gab ich schamlos an: Ja, natürlich!

Es gab auch mongolische Mädchen, ja, aber auch deren Sinn stand längst nicht mehr nach uns, denn nebenan lebten Fremdausschauende. Das war eben die große Zeitmode, überall. Das erzählen auch andere Studenten, die damals in Moskau, in Budapest, in Sofia studierten. Eine Legende ging im Osten um. Manch eines von unseren Mädchen gab mit ihren Erlebnissen an: Es soll zum Sterben schön gewesen sein! Man wurde noch kleiner als man ohnehin war.

Was soll ich hier groß verschweigen, daß man als Nomade in einer fremden Zivilisation auch in dieser Intimsphäre seine liebe Not hatte?

Auch ich hatte meine bestimmten tragikomischen Erlebnisse, das war um 1964 herum. Da hatten wir unser erstes langes Praktikum als Germanistikstudenten in Weimar, und es dauerte insgesamt eineinhalb Monate. Ich war untergebracht mit einigen Studenten im Hause der Frau von Stein, in dem niedrigen gelben Haus. Ich schlief in einem Bett in diesem Haus, und ich mußte mir, da mir die Geschichte weitgehend bekannt war, so manchmal vorstellen, daß der große, von uns allen verehrte Dichter Johann Wolfgang von Goethe in einem dieser Betten, vielleicht in dem Bett, in dem ich schlief, mit jener um neun Jahre älteren Dame Charlotte von Stein gelegen hätte. Und in dem Augenblick glaubte ich manchmal, das Bett knarren und neben mir Leute stöhnen zu hören. Vielleicht war das so, vielleicht waren die Geister da geblieben und, da ich an sie glaubte, konnte ich die von ihnen erzeugten Geräusche tatsächlich hören?

Unabhängig davon beobachtete ich natürlich um mich herum, wie meine Kommilitonen ein tolles Liebesleben führten. Die Mädchen aus dem klassischen Weimar schienen auch keine Ausnahme unter ihren Gattungsgenossinnen in der ganzen DDR darzustellen, waren scharf auf junge Ausländer, je dunkler die Haut, desto toller die Begierde, die darauf zielte, mochte man meinen. Überall, wo wir Studenten waren, da kamen uns die Mädchen hinterhergeschlichen. Und da gab es verschiedene, oft grausige Erlebnisse. Mein bester Freund hieß Hassan und kam aus Syrien. Der ist mir bis auf den heutigen Tag ein naher Mensch geblieben, jetzt lebt er mit seiner sächsischen Frau in Leipzig. Dieser hatte die tollsten Liebeserlebnisse, dafür war er ja ein gutausschauender, volljähriger Mann, hatte einen angenehmen Umgang mit Leuten, vielleicht deswegen, vielleicht hatte er auch andere Geheimnisse, die mir unbekannt waren. Auf jeden Fall war dieser der erfolgreichste Liebhaber von uns allen, und von ihm erfuhren wir so manches. Er fragte mich einmal: «Möchtest du auch ein Mädchen haben? Da sind ja so viele, die nach Männern dürsten.» Ich sagte: «Warum nicht?» Dann brachte er zwei Mädchen mit. Ich sollte mir eines von diesen beiden aussuchen, nur wußte ich nicht, wie man so etwas machte. Ich saß da und erzählte, und inmitten dieses Gespräches fragte mich eines der beiden: «Bist du Chinemese?» Das sollte wahrscheinlich heißen: Bist du Chinese? Da ich so allergisch gegen alles war, was China und Chinesen betraf, war für mich das Spiel schon zu Ende. Ich hatte keine Lust mehr. Mit diesen dummen Mädchen zumindest nicht.

Aber der natürliche Trieb in mir arbeitete wohl. Einmal sagte ich zu Hassan: «Es gibt doch so ein Pulver, das man den Bullen und den Kühen gibt und von dem beide Lust bekommen und schnell ein Kalb zeugen. Weißt du, wo man solches bekommen kann?» Darauf lachte jener so zweideutig und bejahte meine Frage.

Da mein Schwager Tierarzt war und auch bei den hochwertigen Zuchtbullen immer mit solchen Pulvern gearbeitet hat, wußte ich in dieser Hinsicht ziemlich Bescheid. Also wollte ich dieses Wunderpulver haben und einem der Mädchen, die kamen und für mich in Frage kommen würden, etwas davon in den Tee schütten. Nun sagte Hassan: «Dieses Mittel gibt es, und es heißt Stehaufpulver.» Er wollte mit dem Ovidiu aus Rumänien und mit mir zusammen – wir bildeten immer so ein Dreieck – zur Apotheke gehen und danach fragen. Ich stellte mich an, da war eine ziemlich lange Schlange, und die zwei hinter mir. Als ich endlich dran war, sagte ich kleinlaut: «Haben Sie bitte Stehaufpulver?» – «Wie bitte?» war die Gegenfrage. Und ich wiederholte etwas lauter, indem ich mich zu der Kassiererin hinüberbeugte. Wieder die Gegenfrage: «Wozu brauchen Sie das? Haben Sie keinen Wecker?» Ich wußte nicht, wie ich da antworten sollte. Da kam mir die Dame entgegen: «Lassen Sie sich von ihren Kommilitonen wecken!» In dem Augenblick hörte ich ein lautes Prusten, und die zwei Burschen rannten laut kichernd aus der Tür. Da erst wurde mir klar, daß sie mich an der Nase herumgeführt hatten. Die haben mich dann eine Zeitlang Stehaufpulver genannt. Nun, die hatten so ihren Spaß mit mir. Das wurde dann natürlich überall herumerzählt, sogar die Lehrer, die unser Praktikum leiteten, hatten davon erfahren. Und es gab überall, wo ich hinkam, kleine, aber lieb gemeinte Sticheleien. Ich war der dumme Nomade. Die konnten sich über mich lustig machen. Nie war ich über so etwas verstimmt, habe wahrscheinlich am lautesten mitgelacht.

Dann kamen wir in den letzten zwei, drei Tagen unseres Praktikums in das berühmte historische Hotel, das Thomas Mann in seinem Roman ‹Lotte in Weimar› beschreibt. Ich war mit dem Kongolesen Benza zusammen in einem Zimmer untergebracht. Das war ein sehr gut ausschauender junger Mann, ein Athlet, ein Riese im Vergleich zu mir. Der war überhaupt der erfolgreichste Frauenheld an der ganzen Uni. Schon am Herder-Institut hat er sich als außergewöhnliches Talent in der Sache erwiesen. So manche Lehrerin war, glaube ich, zu ihm besonders freundlich. Nun war ich also mit diesem in einem Zimmer, und am letzten Tag kamen drei junge Frauen zu uns, das heißt natürlich zu ihm. Und Benza holte mich raus und sagte: «Ich muß mit diesen Damen etwas arbeiten, die möchten das unbedingt. Kannst du bitte ein bis zwei Stunden draußen bleiben?» Ich ging durch die Stadt und wartete, schaute aber immer wieder auf die Uhr. Und die Zeit verging und verging nicht, und als es endlich soweit war, kam ich, klopfte, nichts. Ich lauschte, da drinnen wurde gearbeitet. Dann ging ich wieder weg, aber es wurde so spät, daß wir von unserem Lehrer, dem Praktikumsleiter, gemahnt wurden, unser Gepäck schon herauszutragen. Ich will meinen Koffer haben, aber da ist die Tür immer noch verschlossen. Ich klopfe wie ein Wilder, und der Benza macht nicht auf. Da werde ich wütend und fange an zu schreien: «Benza, mach endlich auf!» Da kommt er keuchend an die Tür und sagt leise durch das Schlüsselloch: «Galsan, Mensch, warte doch ein bißchen, ich bin gleich fertig!» Ich stehe da, gehe nicht weg, und nach einer Weile geht die Tür auf, und ich stürme wütend hinein, natürlich riecht das nach einem ganzen Stall in dem engen Zimmer. Da sitzen die drei Frauen immer noch, und Benza steht ganz schweißüberströmt und, wie mir schien, schwankend da. Und ich darf nun nicht nur meinen Koffer nehmen, sondern muß auch einen Teil seines Gepäcks mittragen. Ich werde von ihm darum gebeten. Später erzählte er mir, daß er habe schwer arbeiten müssen, um hintereinander die drei abzufertigen. Und das muß in der Tat schwer gewesen sein. Die anderen zwei hätten jeweils im Klo gewartet, solange er im Bett mit der einen gewerkt hat.

Was mich betraf, ich konnte das Verhalten dieser deutschen Frauen natürlich gar nicht begreifen, denn die Schwarzen waren mir schon vom Geruch her überhaupt nicht zusagend. Ich habe diese Tage mit dem Benza, der ein feiner Kerl war und mit dem ich sehr gut stand, schwer ertragen, einfach weil ich geruchsempfindlich bin, und dieser besondere

Geruch, der von einem Schwarzen auf einen Gelben einwirkt, das ist etwas so sonderbar Störendes, möchte ich fast sagen, etwas Völkerfeindliches. Da ich nun beim Geruch bin, möchte ich dazu auch sagen, daß ihr Weißen auch nicht gerade duftet für unsere asiatisch-nomadischen Nasen. Ich glaube, ich sagte damals zu dir in Dsaamar: Wonach riechst du, sag? Zwiebelig. Ja, so riecht ihr Weißen für uns, zwiebelig!

So oder so machten mich die ersten Erlebnisse in Ostdeutschland anfangs glauben, der Europäer sei mir in jeder Hinsicht überlegen. Man muß ihn als Vorbild nehmen. Die Geschichte des 20. Jahrhunderts ist ja eine Geschichte, die von Europäern geschrieben, genauer von Europäern andern Völkern diktiert wurde. So war uns das eingebleut worden, und in Leipzig arbeiteten sie dann wohl bewußt daran weiter. Die Lehrer, die mir das Alphabet und dann die ersten deutschen Vokabeln und Sätze beigebracht haben, die haben mir auch ganz bewußt das deutsche Benehmen beigebracht. In meiner Muttersprache gibt es ja so etwas wie Dankeschön nicht; die Floskeln des sogenannten guten Benehmens fehlen da. Der Lehrer reichte mir ein Buch oder ein Heft herüber, und ich nahm es einfach wortlos in Empfang. Das heißt danke, hieß es daraufhin. Gut! Aber wenig später hab ich es wieder vergessen, und der Lehrer mußte es mit mir weiter üben, und dies so lange, bis ich eines Tages auch während des Unterrichts mehrmals danke sagen konnte. In den Sprachen der Nomaden gibt es natürlich das Wort danke, aber das sagt man einem Menschen gegenüber nur einmal, und zwar wenn man zu Besuch ist, dann immer zum Schluß. Wenn man also Leute besucht, dann gibt man nicht als erstes ein Geschenk; nein, zum Schluß, wenn man geht. Und nun erst bedankt man sich in bildreichen, kräftigen Worten. Nicht jedesmal dieses verhackte danke! danke! danke! Man kann da zwei Stunden lang miteinander sitzen und essen, aber kein Mensch sagt zum anderen danke. Du kannst Fleisch für ihn abschneiden, du kannst ihm Messer, Abwischtuch, ja alles reichen, du kannst ihm Schnaps einschenken. Er sagt nie danke. Aber wenn er dann aufsteht und nach Hause gehen will, dann holt er sein Geschenk raus, gibt es dir und bedankt sich mit sehr herzlichen, ausgesuchten Worten bei dir. Und wenn man sich einmal derart bei einem Menschen bedankt hat, dann ist man ganz einfach verpflichtet ihm gegenüber ein Leben lang. Das ist so feierlich. Was ich damit sagen will: Warum sind sie so? Ich empfand es damals als kleinlich.

Die Leute haben sich natürlich sehr darum gekümmert, daß ich mit allem zurecht kam, was mich umgab. So war das auch mit der Toilette. Wasserklosett kannte ich ja nicht. Ich habe es erstmals in meinem Leben in Leipzig gesehen. Nicht in Ulaanbaatar, nein, da habe ich am Stadtrand in einer Jurte gewohnt. Das waren damals ja nur ein paar Monate gewesen, lediglich ein Zwischenaufenthalt auf dem Weg nach Leipzig. Ich bin also fast direkt aus der Jurte nach Mitteleuropa gekommen. Ich hätte ja tagelang rätseln können, was mit so einem Porzellangeschirr gemeint sein könnte. Ich dachte mir, es sei gut zum Kartoffeln oder Fleisch waschen. Ich konnte nicht wissen, daß man da hinein seine Geschäfte macht. Das hat man wohl meinem Gesicht abgelesen, denn nun zeigte man mir es ganz genau, wie ich damit zu verfahren hatte.

Man hatte seine Erfahrung mit Leuten aus sogenannten unterentwickelten Ländern wohl. Das Gute aber war, daß ich mich nie als unterentwickelt empfunden habe (lacht!). Das empfinde ich auch heute nicht so. Die Leute, die mit uns zu tun hatten, die haben ja alle fest daran geglaubt, daß sie alle auf einer höheren Stufe der Zivilisation standen, und wir irgendwo da unten. War es so oder war es nicht so? Aber es war richtig, daß sie uns in den Lebensalltag einer anderen Kultur schon sehr tatkräftig einweihten.

Ja, dann mit dem Besteck essen. Das ist für den Nomaden eine sehr schwierige Aufgabe. Bei uns ißt man ja nicht mit Gabel und Messer, da hat ein jeder seinen Dolch in der Scheide, und diesen muß man herausholen, wenn man vor sich Fleisch sieht. Mit der linken Hand hält man das Fleischstück und mit der rechten schneidet man da oben etwas ab, und dann läßt man die dünne Scheibe in den Mund gleiten. Nun liegt das Fleisch oder das, was man zu essen hat, auf dem Teller, und man bekommt Lust, es mit der Hand anzufassen, aber das darf man nicht. Da wird einem alles vorgegeben, da kommt ein so gutgelaunter deutscher Mensch, lacht dich an und sagt: Die Gabel nimmst du in die Linke, und mit der Rechten schneidest du das Stück. Glaubst du, daß das so schnell gelingt? Da ist eine harte Übung von mehreren Tagen notwendig.

Das Besteck mußte der Student in der DDR selber mitbringen, jeder trug es in seiner Tasche. Wenn ich im Zimmer allein war, habe ich wieder und wieder geübt damit, in der linken Hand die Gabel, in der rechten das Messer, dann ein Stück Brot, und das nun abgeschnitten. Anfangs drückte ich wahrscheinlich zu fest, die Gabel rutschte aus, das ganze flog weg. Unmöglich! Mit zwei Händen so essen, das gibt es nicht, dachte ich. Dann habe ich die Gabel in die Rechte genommen, das Messer wurde in den ersten Stunden der ersten Versuche nicht benutzt, und man hat alles nur mit der Gabel gemacht. Da wollte man das Stück Fleisch mit der Hand anfassen. Und die Studenten, die schon länger da waren, flüsterten mir zu: «Faß das doch nicht mit der Hand an, das macht man nicht!» Da hat man versucht, mit der Gabel das Stück aufzuspießen und mit den Zähnen davon abzubeißen. Auf den Gedanken, daß man alles mit dem komisch stumpfen Blech, das ein Messer sein soll, kleinschneiden kann, kam man einfach nicht. Über den Teller schneiden, das gibt es bei uns nicht.

Nur mit der Zeit bekam ich es irgendwie in den Griff. Als ich es gut beherrschte, war ich in der Phase, daß ich meine Kunst jedem gerne zeigen wollte. So habe ich angefangen, alles mit Besteck zu essen. Also ging ich sogar mit Besteck an Stollen heran. Bis ein Wohlgesinnter mich darauf aufmerksam machten mußte. Aber inzwischen waren Stollen dreier Weihnachten schon mit Messer und Gabel verzehrt. Nach zweiunddreißig Jahren, also erst gestern, habe ich erfahren, daß man Kartoffeln nicht mit dem Messer schneiden darf. Ich habe bis jetzt in den besten Lokalen, bei den vornehmsten Leuten wie selbstverständlich Kartoffeln gemessert.

Und dann die ersten Bananen und Tomaten, die ich aß. Als ich erstmals in Deutschland war, gab es in der Mensa einmal in der Woche eine Banane. Zuerst habe ich nicht gewußt, was das war. Die gab es jedesmal zum Abendessen. Da es verpackt war, hat man es also ins Internat mitgenommen. Und am Abend habe ich allein gegessen und dieses Ding einfach so, wie es war. Das hat fürchterlich geschmeckt, das heißt überhaupt nicht geschmeckt. Habe nur zwei Fingerbreit davon gewaltsam heruntergewürgt und den Rest liegengelassen. Zu der Zeit habe ich mit einem Chilenen, der war über vierzig und war damit für meine Begriffe ein schon alter Mann, zusammen gewohnt. Und der kam hinzu und sah, wie ich die Banane hatte stehen lassen. Er lachte nur und zeigte mir, wie das Ding zu schälen sei. Ich aß den Rest, aber auch dann hat mir die Frucht gar nicht geschmeckt. Ich gab ihm fortan immer alle meine Bananen, die hat er dann gegessen.

Ähnlich war es mit Tomaten. Die Leute aßen Tomaten, und ich wollte mitmachen, aber es war so glitschig, uuuhhh! Da hatte ich meine Hemmungen. Genauso war es mit rohen Eiern. Das mußten wir einfach essen lernen. Das waren Sachen, die ich früher nie gesehen hatte. Ein jedes Ding hat mich jedes Mal eine gehörige Überwindung gekostet.

Dann, als wir unser erstes Stipendium bekommen hatten, sind wir zum Leipziger Hauptbahnhof gegangen, das war nicht weit vom Internat, und haben uns dort in die Gaststätte gesetzt und wollten irgend etwas bestellen. Wir verstanden nicht, was da auf der Karte stand. Also haben wir beschlossen, das Teuerste zu bestellen, da wir dahinter das Beste witterten. Dann kam so ein kleines Häufchen rohes Fleisch und ein Ei. Wir wußten überhaupt nicht, was damit anfangen. Wir haben eine Zeitlang gewartet, denn wir dachten, der Rest würde noch kommen. Es kam kein Rest. Wir saßen aber davor und hantierten an unserem Bier. Da sahen wir zum Glück in einer entfernten Ecke endlich einen Mann, der das gleiche bestellt hatte. Da stand ich auf und schlenderte an ihm vorbei, machte Anstalten, als würde ich nach den Pferden schauen, dann kam ich zurück und sah, wie er damit umging. Es war Tatarka. Dann taten wir es dem guten Manne nach, aber es wollte uns überhaupt nicht schmecken, es kostete uns so große Überwindung, dieses Zeug runterzubekommen, andererseits wollten wir es nicht stehenlassen, das war ja unser gutes Geld. Die Nomaden essen grundsätzlich nichts Rohes, von uns denkt man in Europa, daß wir vielleicht Fresser von rohem Fleisch wären, das ist nicht so. Diese verschiedenen Legenden mit dem rohen Fleisch, die stimmen überhaupt nicht. Es ist sogar so, daß wir selbst die Milch nie roh trinken. Alles muß gekocht sein.

Von einem Schlafanzug wußte ich damals natürlich auch nichts. Wenn ich nach Hause kam, habe ich meinen guten Anzug, um ihn zu schonen, ausgezogen, und saß dann in Unterhemd und Unterhose in meinem Zimmer im Internat und habe bis zum Abend gearbeitet. Einmal kam mein Lehrer, und ich muß ganz blaugefroren dagesessen haben, aber das konnte ich ja, von zuhause an Kälte gewöhnt, recht gut ertragen, das machte mir damals nichts aus. Er sah mich also in Unterwäsche dasitzen. Und so fragte er mich: «Haben Sie keinen Schlafanzug?» Er hat ein bißchen Russisch gesprochen, dann im Wörterbuch nachgeschaut. Und ich wunderte mich: Anzug, das ist etwas zum Anziehen. Ich habe einen Anzug, aber Schlafanzug, was ist das? war meine Frage. Der sagte: «Kommen Sie mit!» Und er nahm mich mit und kaufte mir einen Schlafanzug. Ja, dieser Mensch hat sich damals wirklich um mich gekümmert.

Ich kam ja mit einer vorgefaßten Meinung. Jeder mongolische Jugendliche wurde mit dieser vorgefaßten Meinung von den Behörden in Ulaanbaatar nach Deutschland geschickt. Das sei das große absolute Vorbild, und ihr lernt von diesen Menschen die Kultur, das Wissen. Und ich habe mir zunächst nur folgendes gedacht: So sieht also das Wissen, die Kultur aus. Das mußt du nun lernen. Aber das ist schwer, schwer zu lernen. Und dann hat man versucht, alles, aber auch alles so zu lernen, wie es nur möglich war.

Zunächst hat man sich nur gewundert. Zum Kritisieren war man nicht da. Daran dachte man nicht. Man hat nur so gestaunt. Weshalb dies? Das Kritische kam nach und nach. Erst nachdem man eine Weile mitgemacht hatte und zur Besinnung gekommen war.

Einiges war schon eigenartig in Deutschland, dachte ich damals. So die Portionen in der Mensa, die waren mickrig. In den ersten Tagen wurden wir nie richtig satt. Wir waren an die großen mongolischen Fleischtöpfe gewöhnt. Die Mongolei war ja immer ein sattes Land. Du kannst alles über uns erzählen, aber den Hunger hat dieses Land in der Geschichte nie gekannt. Er ist bekannt geworden erstmals vor vier, fünf Jahren mit dem anbrechenden Kapitalismus. Wir haben ja in so großen Mengen jedes Mal gegessen und dazu reichlich von unserem Milchtee getrunken. Nun aßen wir in der Mensa dreimal am Tag, und die ganze Monatsverpflegung kostete nur fünfundsiebzig Ostmark. Aber konnte man dafür mehr verlangen? Das war doch nur eine Notration für meinen nomadischen Magen. Zu Mittag gab es nichts zu trinken, und wer etwas trinken wollte, sollte extra zahlen. Und da dachten wir, das sei normal so. Also litten wir unter Durst in den ersten Tagen. Bis wir selber Geschirr, Tauchsieder und Tee kauften und unser studentisches Leben begann.

Zu Hause waren wir auch diesbezüglich gut vorbreitet worden, ehe wir abreisten. Da wurde gesagt: Paßt nur auf, jetzt geht ihr zur Scheidelinie zweier Weltfronten! Die DDR ist zwar ein sozialistisches Land, aber es gibt dort sehr viele feindliche Elemente. Daß ihr nicht mißbraucht und in die Spionagetätigkeit des Weltimperialismus hineingezogen werdet! Seid wachsam! Und nun wurde das auch noch von den Lehrern behauptet, bestätigt sozusagen: Leider haben wir hier bei uns einen sehr bösen Nachbarn. Leider gibt es unter unseren Menschen falsch Denkende. Paßt nur auf! Gut, daß ihr aus einem sozialistischen Land kommt. Wir werden euch unterstützen, ihr seid ja unsere Klassenbrüder und -schwestern, aber der Westen ist böse, böse.

Da waren wir natürlich ordentlich aufgeschreckt, ja sogar alarmiert. Und schon arbeitete so ein Instinkt in uns dagegen. Das andere Deutschland war gleich Feindesland, obwohl wir noch nichts davon gesehen hatten. Und dann wurde ja jeden Montag, kurz vor dem Spielfilm um 19.30 Uhr, Karl Eduard von Schnitzler gesendet: der Schwarze Kanal im DDR-Fernsehen. Da wurde der Westen schlecht gemacht. Der schwarze deutsche Adler kam zu Anfang dieser Sendung hochgeflogen, stürzte vom Bildschirm auf den Zuschauer herab, und das sollte so gefährlich und eindeutig wirken. Und sofort dachten wir: Dieser Westen muß ja böse, böse sein! Wir waren wie in einer Art Dunkelkammer eingeschlossen, da durfte man nichts sehen, und nur durch Schlüssellöcher gucken, das war erlaubt. Und nur nach und nach kam man darauf, daß drüben auch Menschen leben müßten. Später schaute man ja Westfernsehen, und da tauchte die große, erschreckende Frage auf: Aber die Sachen sind ja schön?

Daß da etwas irgendwo nicht stimmte, merkte ich. Aber da war ich schon ein gebildeter Mensch mit eigenen Ansichten. Ich wurde ja von meinen Lehrern als ein sehr fleißiger, freundlicher, aufgeschlossener Student in meinen Charakteristikum bezeichnet. Jedes Jahr wurde für jeden von uns eine Charakteristik an die Botschaft unseres Landes geschickt. Da ich dann ab dem zweiten Jahr Chef der mongolischen

Studenten in der DDR wurde, kamen die Charakteristiken zu mir, denn ich mußte in der Botschaft, hinter verschlossenen Türen all diese Berichte übersetzen. So habe ich auch den Meinigen gesehen. Da stand einmal für mich: Mitunter ein sehr schwieriger Fall. Sehr schwer, ihn von etwas zu überzeugen, in ihm ist so ein widerstrebender Geist, haben die Lehrer geschrieben. Die hatten mich richtig erkannt.

Ende des zweiten Jahres war ich bei einer deutschen Familie eingeladen, bei Taubes, zunächstmal gelegentlich, dann immer öfter bei ihnen in Markkleeberg bei Leipzig. Ich lernte die Familie so kennen. Die Frau brauchte eine Übersetzung aus dem Mongolischen. Das war nur eine halbe Seite. Aber dennoch brauchte sie einen mongolischen Studenten. Ich habe mich also hingesetzt und das Ganze in zehn Minuten erledigt. Als Honorar gab sie mir 20 Mark. Dann hat sie mich gefragt, ob sie nochmals kommen könnte, wenn sie solche Texte hätte. Ich habe gesagt: Ja, gerne. Und dann kam sie immer öfter. Und da hat sie bei mir wohl entdeckt, daß ich ein ernsthafter Mensch bin, so ein kleiner Strebling. Hat gefragt, ob ich ihr Unterricht geben könnte. Das ging dann sehr schnell, innerhalb weniger Wochen. Ich hatte einen Lehrauftrag vom Rektor. Da gab ich in der Woche sechs Stunden Mongolischunterricht, und für jede Stunde bekam ich zehn Mark ohne Steuern. Das war gutes Geld für mich, 240 Mark im Monat. Hin und wieder hat die Frau etwas mehr Stunden aufgeschrieben, das war ihr ja egal, so bekam ich manchmal 300 Mark im Monat als Lehrbeauftragter. Dann hatte ich auch mein Leistungsstipendium und bekam noch ein Zusatzgeld als Chef der mongolischen Studenten von zehn Prozent obendrein. Und dann hatte ich mein Stipendium, 280 Mark, alles zusammengenommen sehr viel Geld. Und so reich wie in meinen Studentenjahren habe ich dann niemals mehr in meinem Leben gelebt, auch heute nicht. Das waren damals immerhin 600 bis 700 Mark, und die Sachen in der DDR kosteten ja nur Pfennige sozusagen. Zehn Mark war viel Geld.

Als ich dann von der Frau nach Hause eingeladen wurde, sah ich erstmals eine deutsche Familie. Und sie kam mir unheimlich reich vor. Nie im Leben hätte ich gedacht, daß eine Jurte so reich sein könnte. Ich sah in diesem Taubehaus immer eine deutsche Jurte. Ich dachte: Mensch, so was Reiches, so was Vornehmes, die haben ja alles, haben sogar ein Klavier! Ein Klavier habe ich nur einmal während eines Konzerts gesehen und habe seitdem gedacht, das sei etwas, was sich nur ein Theater leisten kann. Und dann hatten sie noch einen Trabant, ein Auto! Das war ja etwas Unerhörtes. Ich bin dann mit ihnen in diesem Auto gefahren. Und ich schrieb nach Hause: Habe eine Familie kennengelernt, bin sogar mit ihrem Privatauto gefahren! Später habe ich der Frau zufällig erzählt, daß irgend etwas bei uns anders sei als bei den Mongolen. Die verblüffende Frage: Wieso bei euch? Die Antwort: Ich bin Tuwa. Was ist das? So ein kleines Volk. Der Mann ist ein belesener Mensch, ein Wissenschaftlertyp, der hat am nächsten Tag in der Bücherei in allen Büchern nachgeschaut und wußte natürlich sofort bestens Bescheid.

Dann haben die beiden sich beraten und sofort beschlossen, daß sie bei mir Tuwa lernt. Nun stellten wir das Mongolische ein und machten dafür Tuwa, dafür aber nun intensiver. Sie kann inzwischen einigermaßen lesen und sprechen in der Sprache. Im darauffolgenden Sommer nahm ich sie mit in meine Heimat, sie hatte mich darum gebeten. Sie war der erste deutsche Mensch dort. Und so sah sie sich vieles an. Ich arbeitete den ganzen Sommer. Wir kamen und fingen an, die mündlichen Überlieferungen, denen wir begegneten, einfach aufzunehmen, und dann das ganze aufs Papier zu setzen. Das war ja alles so denkbar primitiv im Osten damals. Erst gab es kein Tonband, dann bekamen wir doch eins, aber es war zwölf Kilo schwer, also ein Monstrum. Aber mehr haben wir aufgeschrieben, und das war eine Arbeit, die natürlich ich machen mußte. Ich verstand die Sprache und konnte überdies Deutsch. Frau Doktor hat mich angeleitet, hat zugeschaut, wie ich arbeitete und nur Wünsche geäußert: Jetzt machen wird das, dann machen wir jenes! Dann machten wir noch zwei Sommer weiter. Und so kam eine reichliche Menge von Materialien zustande, und die habe ich später noch im wesentlichen rohübersetzt, Wort für Wort übertragen. Das hat sie dann alles bearbeitet, wissenschaftlich ausgewertet.

Das war gut für mich, muß ich sagen. Ich erfuhr erst durch dieses Arbeiten, was für eine Kultur wir hatten. Hatte ich doch bis jetzt immer gedacht, auch ausgesprochen: Ich bin ein Kulturloser. Und vor wenigen Jahren habe ich bei mir eine Tagebuchaufzeichnung aus dem Jahr 1966 wiedergefunden. Da heißt es wörtlich: «Ich verfluche mein Mongolentum!» Zu dieser Selbstkritik war ich gezwungen, als ich einen Gleichaltrigen Klavier spielen sah. Da war ich so niedergeschlagen und habe es so wahrgenommen: Der kann sogar auf dem Klavier spielen, und du, du kannst das nicht. Dann habe ich mir vorgenommen – überhaupt habe ich mir während des Studiums viel vorgenommen – auch Klavierspielen zu lernen, aber von der Zeit her kam ich nicht dazu. Ich habe Klaviersonaten von Schubert als Platte und dazu auch ein Klavierlehrbuch gekauft, das steht bei mir immer noch zu Hause, dieses dicke Heft. Ich wollte alles lernen, beherrschen. Das ging einigermaßen, einiges gelang mir auch.

In meiner runden Kultur lebend, hatte ich gedacht, das wäre keine Kultur. Habe immer angenommen, Kultur würde dort anfangen, wo ein Klavier steht. Kultur hat nur derjenige, der nach Noten singen kann. Obwohl ich in der Zeit immer singen konnte, ich hatte ja eine Singstimme.

Dann, später fiel mir die Zwiespältigkeit der Menschen auf. Die Erwachsenen haben wie dumme Kinder mit Worten gespielt, gelogen. Jeder hat es getan. Jeder hat jeden belogen. Das siehst du bei deinen Gastgebern, das siehst du bei deinen deutschen Mitstudenten, das siehst du bei den Lehrern, die haben im Unterricht so kommunistisch dahergeredet. Und wenn ich mit diesem oder jenem Lehrer draußen war, dann haben sie mir etwas Bestimmtes gezeigt, war ich doch bei allen Lehrern so etwas wie ein Lieblingsstudent, Musterschüler oder noch besser: Vorzeige-Exemplar wohl. Wenn wir ein bißchen zusammensaßen, ein Bier tranken und ich dabei auch so schwer kommunistisch zu werden drohte, wehrten sie meine Anwandlungen freundlich ab: Galsan, schon gut, schon gut. Das machen wir nun nicht! Da habe ich mich gewundert. Aber der Westen, der Feind, der hat ja so verlockende Sachen, selbst für mich Nichtraucher so appetitliche Zigaretten, wandte ich ein. Das ist normal, die haben viel mehr als wir, und die sind auch viel weiter als wir, Galsan. Aber, pssst! (lacht!) Und wenn ich dann im Unterricht wieder davon anfangen wollte: Galsan, wir sind doch nicht in einer Kneipe! Da wußte ich Bescheid.

Der Sozialismus hat uns erzogen und davon zu überzeugen getrachtet, daß wir ein völlig kulturloses Volk sind, beschützt und beehrt. Der

Staatspreisträger, der große Schriftsteller Sengee, der leider früh starb, ist es wohl gewesen, der gesagt hat: «Außer Haß haben wir kein Erbe.» Und das war Staatspolitik damals, einem jeden jungen Menschen einzuimpfen, wir hätten überhaupt kein Erbe, und weiter hieß es, alles, was wir haben und alles, was wir haben werden, kommt nur von der großen Sowjetunion. Wir wußten in Sachen sowjetischer Kultur auf alle Fälle gut Bescheid, da waren wir zu Hause, und welche Schriftsteller vor zweihundert Jahren in Rußland gelebt haben, das wußte jeder mongolische Schüler. Aber wen wir alles hatten und was wir alles hatten, das wußte keiner. Ich habe immer angenommen, wir seien absolut kulturlos. Nur der Westen war für uns schlechthin so etwas wie der Inbegriff von Kultur. Und unter Kultur verstanden wir eine Symphonie, ein Buch, und dazu noch ein altes Buch, wenn es ging, dann natürlich Autos. Technik war für uns gleich Kultur. So verstanden wir die Sache.

Nun kam ich zu dem für mich verblüffenden Schluß, daß auch wir Kultur hatten, und zwar eine sehr große Kultur, das war vor allem die Kultur des Alltagslebens, eine vieltausendjährige Kultur. Und dann habe ich auch festgestellt, daß wir eine große Kultur der zwischenmenschlichen Beziehungen haben. Daß wir überhaupt nicht schlechter sind als die anderen Völker. Und weiter: Ich kam zu dem Schluß, daß wir Tuwa mindestens in drei Sachen unseren Beitrag zur Weltkultur geleistet haben. Das war für mich zunächst der Kehlkopfgesang, manchmal auch Obertongesang genannt, das ist ja etwas, was überhaupt bei den Tuwa zu Hause war. Und zum zweiten ist es das Schamanentum. Die Schamanen, die wir dort kennen, die wichtigsten Schamanen und die wichtigsten Schamanengesänge sind von den Tuwa. Die mongolischen Schamanen der umliegenden Gebiete, die haben vieles von den tuwinischen übernommen, die Bezeichnungen sind alle aus unserer Sprache. Ich habe auch mit eigenen Augen gesehen, daß selbst mongolische Schamanen aus der Westmongolei, wenn sie schamanten, gleich ins Tuwa überwechselten. Und das dritte ist das Erzählen von Epen. Die kannten auch andere Völker. Die Tuwa haben besonders viele davon. Das kunstvolle Vortragen von Epen ist bei ihnen bis jetzt lebendig geblieben.

Was die zwischenmenschlichen Beziehungen betrifft, glaube ich, könnte das große mächtige Europa selbst von uns, dem kleinen Tuwa-

----

volk einiges lernen. Neulich traf ich in Leipzig bei einer Lesung eine ältere Frau, und sie sprach mich an: «Sie sind doch mein Student gewesen?» Das stimmte. Sie erzählte, sie hätte mir vor mehr als dreißig Jahren Unterricht erteilt, und ich hätte damals gesagt: Die Deutschen sind schlecht. Warum? hat sie damals wissen wollen. Die lassen ihre Eltern sitzen und kümmern sich nicht um sie. Da hat die Dame versucht, mir zu erklären, mit der Industrialisierung sei das alles gar nicht so einfach, die Kinder können nicht alle in derselben Stadt oder im selben Dorf bleiben. Doch sei ich so eisern gewesen und hätte gesagt: Ja, das ist so, aber trotzdem muß man sich um die eigenen Eltern kümmern. Denn wer sich nicht um die Eltern kümmert, der kann nie ein guter Mensch sein! Natürlich ist das nicht sehr geschickt gesagt gewesen, aber so denke ich eben.

Laß uns zum *owoo* am Haaj Oruk reiten, den mein Großvater hat errichten lassen, auf dem Rücken zum Hara Höl, dem Schwarzen See. Damals gab es ein großes Fest. Und Großvater hatte etwas vor. Zu seinem Wesen gehörte es, wenn er eine Entscheidung treffen wollte, daß er immer ein bißchen Schnaps trank und sich hinlegte und, *düsch manaar* heißt es, auf Träume wartete. Das haben wir als Kinder auch gemacht. Wir legten uns hin, am besten schliefen alle für ein Weilchen, und dann erwachten wir und erzählten uns die Träume. Manchmal hat man geträumt, und der Traum hat sich bewahrheitet, manchmal ist er auch danebengegangen. Aber der Großvater war sehr überzeugt in dieser Richtung, und er hat an dem *owoo*-Festtag gesagt: «Kinder, spielt weiter, eßt weiter, ich werde auf Träume warten.» Legte sich hin und schnarchte sofort, und nach einer kleinen Weile erwachte er und richtete sich auf: «Ja nun, alles in Ordnung, der ganze *owoo* war voll von Kindern, kleine grüne Wesen haben um ihn herum gespielt. Ab jetzt werden wir fruchtbar sein, werden viele Kinder haben!» Tatsächlich sind wir heute die Sippe mit den meisten Kindern. Allein die Schamanin, von der ich dir erzählen werde, hat fünfzehn davon geboren, aber seltsamerweise war ich ihr näher als jedes ihrer Kinder.

In das Schamanentum bin ich einfach hineingeboren. Es umgab mich. Schamane heißt auf tuwa *ham*, und *hamnaar* schamanen. Das sind Grundvokabeln meines Daseins. Als mir bewußt wurde, daß ich da war, lebte ich in der nächsten Nähe einer Schamanin. Das war meine Tante, die große und spätere sehr berühmte Schamanin Pürwü, die Frau des jüngeren Bruders meines Vaters. Ich war vielleicht etwas verhätschelt. Ja, ich hatte eine Sonderstellung als das jüngste Kind aus der Jurte des Sippenältesten. Vor mir waren Zwillinge verloren gegangen. Zwei Jungen kamen zu früh auf die Erde, daher mußten sie auch schnell wieder gehen. Dann wurde ich erwartet. Nach unserer Vorstellung kommt derjenige, der sich verlaufen hat, immer wieder. Und die Schamanin hat gesagt: Diese beiden Jungen werden schnell, aber diesmal als einer zurückkommen. Und dieser eine wird einer sein, der die Sorgen und Freuden zweier in sich trägt.

Genauso sollte es zumindest sein. Man hat in mir – sagen wir so – immer ein wertvolles Stück gesehen. Vielleicht daher, vielleicht aber aus einem ganz anderen Grunde hat mir die Schamanin von Anfang an erlaubt, das zu tun, was anderen Kindern streng untersagt war. Weh einem tuwinischen Kind, wenn es einem Schamanen etwas nachmachte! Denn der Schamane ist ja ein Mensch, der eine herausragende Stellung hat, der über den Dingen steht. Aber ich durfte alles.

Laß mich da etwas präzisieren. Schamanen ist zunächst bei uns nichts weiter als Singen. Singen von Lobgesängen, die auf die Berge, die Flüsse, die Mutter Erde, den Vater Himmel gemünzt sind. Diese Gesänge sind jedem erlaubt. Aber was einem untersagt ist, das ist das Herbeibeschwören, Herbeirufen von bestimmten Geistern. Ein Schamane hat unzählig viele Geister. Er weiß nie, wieviele Geister er hat, manchmal kommen völlig neue zu ihm, manchmal bleiben bekannte Geister aus. Da waren zum Beispiel die Geister meiner Schamanentante: die sieben Tangut-Lamas. Das wird dich irritieren beim Schamanentum, wenn ich jetzt von Lamas rede. Aber das Schamanentum und der Buddhismus haben lange gegeneinander angekämpft, bis sie zu einer Kompromißlösung fanden. Der letztere hat dann die wesentlichen Züge des ersteren angenommen, ja annehmen müssen, und das Schamanentum hat seinerseits auch einen Gegenschritt in Richtung Kompromiß getan, und so wurde auch Buddhistisches von Schamanen aufgenommen. Also waren die bekanntesten und mächtigsten Geister bei meiner Tante unter anderem die sieben Lamas aus dem Tangutenland. Und die hießen *dshedi tangyd lamalarym*. Sie standen immer am Anfang der Anrufungen. Wurden diese gerufen, wurde das Publikum schnell hellhörig; das waren ja eigentlich die Gefürchtetsten, aber auch die Begehrtesten. Ihre Namen durfte man nicht in den Mund nehmen. Ich aber durfte sie nennen, durfte sie sogar herbeibeschwören.

Ja, noch etwas zum Auftritt des Schamanen, das klingt jetzt so furchtbar banal, aber die deutsche Sprache hat eben diesen Begriff dafür. Auf mongolisch würde man *böölöch* sagen, also schamanen, und auf Tuwa sage ich dazu eben *hamnaar*. Also wenn ein Schamane schamant, haben andere zu schweigen. Die Kinder dürfen ja bei der Herde spielen, und sie können dem Altai so viele Gesänge darbieten, wie sie wollen. Aber in dieser Stunde, wenn in der Jurte der Dachrauchöffnungsfilz zugezogen ist, das Feuer brennt, alles ringsum dunkel ist, wenn man nur im Feuerschein, der von innen kommt, das Wechselspiel von Licht und Schatten so deutlich ausmachen kann, und also die Jurte und die Gesichter der Menschen schon in die heilige, geheimnisvolle Stunde eingetaucht sind – weh dem, der aus dem Publikum ein Wort laut auszusprechen wagte, geschweige denn, er schamante! Ich aber durfte. Ich wußte und ich hab' es immer so empfunden, daß ich das verhätschelte, eben jüngste Kind war, so durfte ich alles. Ich durfte aus den Reihen des Publikums herausspringen, und wenn die Tante schamante, nach einem Tuch greifen und damit um mich herumfuchteln, und wenn sie herumtänzelte, ihr hinterherrennen. Es gab Leute, die mich zum ersten Mal so erlebt haben und daher wohl mich zurückdonnern wollten: «Hör auf und setz dich sofort, du frecher Bengel!» Da aber hat die Schamanende gesagt, und zwar in gewöhnlichem Redeton: «Laßt ihn doch machen, was er will! Er tut es, weil er es eben muß!» Und nachdem ich nun einmal so etwas gehört hatte, war ich natürlich nicht mehr zu bremsen.

Wie einschüchternd Schamanen wirken können, erlebte man eigentlich tagtäglich. Gerade fällt mir eine Episode ein. Es war in einer Nacht, in der Vater der schamanenden Tante die Pfeife aus Schulterblattknochen des Hammels anzündete. Da passierte eine Panne. Er mußte ihr die Pfeife mit der verkehrten Seite in die Hand gedrückt haben: Die Schamanin stieß einen Ruf aus: «Habe mir Mund und Zunge verbrannt. Was für einer bist du, der du mir die Pfeife nicht richtig reichst? Bist du etwa verkehrt herausgekommen aus deiner Mutter Leib?» Vater bat sie um Verzeihung: «Verzeiht, Ihr hohen Geister, mir, dem einfältigen, hilflosen Menschen, ich wollte's nicht. Was soll ich nun tun?» Dabei zitterte seine Stimme. Daß selbst Vater, das Oberhaupt der Sippe, sich vor ihr in einer so erbärmlichen Lage zeigte, hob die Schamanin vor unseren Augen in eine unermeßliche Höhe.

Geister sind für mich etwas real Existierendes. Die Welt ist voll von ihnen. Ich hole jetzt weit aus. Zum Glück habe ich kein Erdbeben erlebt. Habe aber Bücher darüber gelesen. Und da bin ich auf etwas aufmerksam, hellhörig geworden. Die Menschen bleiben in ihren Häusern bis zur letzten Sekunde sitzen, und dann gibt es diese schrecklichen Katastrophen. Die Katzen und Hunde jedoch, die haben die Stadt, das Dorf, das Haus längst verlassen. Das letzte große Erdbeben in der Mongolei ereignete sich 1956 in Bajanhongor. Es gab Opfer, weil Bergstürze und Steinschlag die Jurten, Menschen und Herden verschütteten. Nur das Wild war längst geflohen. Man hatte Tage vorher Seltsames beobachtet: Ganze Herden von Steinböcken und Widdern zogen von den Bergen in die Steppe hinaus. Dieses Beispiel ist bemerkenswert, denn in den Tieren existiert ein Sinn, der den Menschen heute verloren gegangen ist. Der Mensch, als er noch unter den Tieren als ihr Bruder gelebt hat, muß seinen natürlichen Sinn bestimmt gehabt haben. Und der Schamane ist in meinen Augen der Mensch, der diesen Sinn noch besitzt.

Unsere Schamanin hatte die Erdenschwere, wenn sie anfing. Man hat ihr immer die angezündete Tabakspfeife hingehalten, und sie hat geraucht und gesungen, mit dem Rücken zum Herd, hat dagesessen, und plötzlich kam dann der Augenblick, da alles umschlug: Sie verlor die Erdenschwere, und du sahst, wie sie sich den Regeln und Zwängen enthob, denen wir ausgesetzt sind. Das ist der Augenblick, in dem sie soweit ist, sich von dem gewöhnlichen, gemeinen Bewußtsein zu befreien. Da ist eine unsichtbare Linie – denn sie berauscht sich am eigenen Gesang und erhebt sich, geht über diese unsichtbare Linie und fällt hinüber in das für uns unsichtbare Land. Das ist das, was wir manchmal mit dem sechsten Sinn meinen.

Das Gesicht sieht man so gut wie gar nicht. Ein Vorhang aus schwarzen Fransen verdeckt es. Aber die Stimme, die ganze Bewegung … ja, da ist schon manches anders.

Das muß 1971 gewesen sein, ich war wieder zu Hause, und zu dieser Stunde gab es in der Sippe drei Todesfälle kurz hintereinander, zwei kleine Kinder waren verstorben und dann noch ein alter Mann, der mit uns verwandt war. Da hat die Tante gesagt, dagegen muß ich etwas unternehmen. So geht das nicht weiter. *Boodak gaar* heißt diese Zeremonie, Hindernisse legen, könnte man das wortwörtlich übersetzen.

Wir mußten bei Tageslicht Hunderte Meter von festem schwarzem Nähzwirn in der Steppe ziehen, mußten damit unsere Sippe einzäunen. Schließlich zeigte sie uns, wohin wir uns, wenn die Geister erscheinen würden, begeben sollten. Dann formte sie verschiedene Figürchen aus geknetetem Teig, die hatten menschliche Züge: Augen, Ohren, Hände, Füße. Sie hatte vor, dem bösen Geist, der nach Menschen, nach weiteren Leben verlangte, diese sieben Ersatzmenschlein zu übergeben, um seine Gier zu stillen. Zwei junge Männer bekamen den Auftrag, ihr schnell zu folgen, wenn es soweit sein sollte. Sie gab uns auch so einen bestimmten Sud. Das war Wasser mit wenig Milch und Ruß darin. Das sah weiß wie schwarz aus. Dann sollten wir mit den Mehlfigürchen hineilen und sie ihr alle übergeben, wenn sie bereits dort stehen würde. Wir wußten zwar damals nichts genaues darüber, aber wir verstanden, daß wir schnell rennen sollten, wenn es soweit war. Wir sollten vor ihr dort sein und auf sie warten. Die Strecke betrug etwa hundert, vielleicht zweihundert Meter in der offenen Steppe, ostwärts von den Jurten.

Die Verwandtschaft ist groß, mußt du wissen, das sind ja etliche hundert Menschen. Wer wollte, konnte in die Jurte kommen, in der sie nun schamante. Die Schamanin war damals schon über sechzig Jahre alt, sie konnte sich nicht mehr ohne weiteres so flink bewegen. Als der Augenblick eintrat, erhob sie sich, und wir rannten los, flitzten über die Steppe hinüber. Und dabei spürten wir sie anfangs neben uns in der Dunkelheit, darauf ging sie uns verloren. Dabei konnten wir nur an den Silhouetten der Berge erkennen, wo wir genau waren. Wir hatten zuvor weiße und schwarze Steine zur Orientierung in der Dunkelheit aufgehäuft. Auch heute kann ich schnell rennen, aber damals war ich ja noch nicht dreißig und mußte recht flink gewesen sein. Also rannte ich los, der andere neben mir, und wir kamen an: Und – die Schamanin stand schon dort! Und sie schimpfte mit uns: Wo bleibt ihr denn so lange! Schnell herüber, die *asalar* stehen dort. Gebt her!» Und in Richtung Steppe schrie sie: «Hier habt ihr euren Fraß!» Sie führte wohl aus, was sie vorhatte: so genau konnten wir das ja in der Dunkelheit nicht erkennen. Aber wie verblüfft wir waren, wir hatten gedacht, die alte Frau würde nicht so schnell dasein, obwohl sie ja zuvor mehrmals gesagt hatte, wir sollten uns sputen.

Die Tante hat uns immer versichert, sie könne in Sekundenschnelle überall hinkommen. Es war vor vielen Jahren, als meine Schwester ernstlich erkrankt war. Die lag im Bezirkskrankenhaus, das war gut 100 km weit weg im Osten. Und da schamante sie einmal. Meine Eltern saßen dort und wollten natürlich Auskunft haben: «Schau mal nach unserer Tochter, was sie macht!» Sie vermittelte die Worte an ihre Geister weiter. Aber darauf auch dieses: « Wo bist du, meine Tochter? Wo bist du, ich sehe dich nicht. Du bist ja nicht da, warum steht denn dein Bett leer?» Die Eltern wurden panisch. Die Mutter war sogar nah daran zu heulen. Das merkte sie natürlich und meinte: «Bleibt doch still, ich suche, suche weiter. Ich bin noch nicht fertig. Ich suche, suche: Ach! so weit bist du weggegangen!» Und so wurde sie fündig: Sie war verlegt worden in ein anderes Krankenhaus im nächsten Bezirk, wieder 200 km weiter, wie es sich später herausstellte.

1976 war für mich das schwerste Jahr, war die Höllenzeit in meinem bisherigen Leben, das inzwischen aus einem halben Jahrhundert besteht. Da war ich nach acht Jahren an der Universität entlassen worden, und ich bekam Berufsverbot. Dann begannen die langen Verhöre für mich. Ich wurde von den Kontrollorganen, sprich Staatssicherheit auf verschiedenen Ebenen, ständig verhört, einen ganzen Sommer lang von Morgen bis Abend. Ich wurde immer um neun Uhr, wenn alle mit der Arbeit beginnen, dahin bestellt. Die haben das bewußt so organisiert, daß ich den ganzen Tag im Korridor stand; einen Stuhl, eine Bank zum Sitzen, gab es nicht; und ich hatte nicht das Recht wegzugehen. Erst kurz vor Arbeitsschluß wurde ich jeweils reingeholt. Die Leute, die das Verhör führen sollten, haben immer so getan, als ob sie furchtbar viel zu tun hätten. Ich hörte ja, wie sie da drin saßen. Sie lasen Zeitung, unterhielten sich, rauchten, tranken Zuckertee, spielten, machten Scherze. Nun war ich endlich dran, das Tonband lief, und das Verhör konnte beginnen. Immer die gleichen Fragen, und ich gab darauf immer die gleichen Antworten. Dann wurde ich immer nach kaum zehn Minuten Verhör entlassen. Es hieß dann: Morgen früh wieder. Am nächsten Morgen geht es dann weiter.

Mir wurde das alles zuviel, dann ging ich Ende November nach Hause in den Altai, obwohl das damals für mich als Arbeitslosen eine zusätzliche finanzielle Belastung war. Aber der schamanische Rat war nun vonnöten. Also kam ich zu Hause an und sprach mit ihr. Sie hockte sich hin, und als sie den Fotoapparat sah – damals habe ich noch fotografiert –, sagte sie: «Du hast ja dieses Ding um deinen Hals. Halte das Licht meines Schattens fest. Das wirst du immer bei dir tragen. Und wenn du Hilfe brauchst, so hältst du das Bild hoch in die Richtung, wo ich lebe und schwenkst es in der Luft, und dabei rufst du laut: Pürwü, komme, komme, ich brauche dich! Und du brauchst nur fünf, sechs Mal damit zu wedeln, und ich werde schon bei dir sein. Ich werde dich ständig hören.»

Ich fragte sie, wie ich dieses Bild bei mir tragen solle. «Soll ich es in einen Folienbeutel tun oder soll ich es rahmen lassen und mit Glas mit mir herumtragen?» – «Nein doch, du wirst das nackte Bild bei dir unterbringen. Ich werde ja vom Leben auch nicht verschont. Werde alt, das Bild wird alt. Und an dem Tage, an dem ich sterbe, wird es auch auseinanderfallen. Dann kannst du es auch verbrennen.» Sie sagte auch: «Du hast den Fehler gemacht, daß du dich vor den Widernissen zu fürchten angefangen hast. So macht man das nicht. Ich bin ja noch am Leben. Und solange ich lebe, gibt es kein Messer, das dich schneiden kann. Du gehst denen also jetzt erst richtig entgegen und zeigst dich, wie du bist. Du mußt die angehen!»

Das sagte sie also. Und die Aufnahme, welche ich dort machte, ist auch sehr schön geworden. Seitdem trage ich das Bild bei mir. Und seitdem bin ich auch richtig auf die Widernisse losgegangen. Was ich konkret gemacht habe? Das waren die Jahre, in denen man von den Selbstverbrennungen südvietnamesischer Mönche gehört hat. Und ich habe gesagt, als es kein Ende nehmen wollte mit den Verhören und den Verleumdungen, also ganz offiziell: «Paßt mal auf, wenn ihr damit nicht aufhört, werde ich mit mir selber Schluß machen, und zwar werde ich mich an einem staatlichen Feiertag, wenn viele Augenzeugen aus dem Ausland da sind, mit Benzin übergießen und selbst verbrennen.» Ich habe das dann auch nach Deutschland geschrieben, an meine Freunde, und zudem überall, wo nur horchende, lauschende Ohren waren, wiederholt erzählt. Und das ist auch mein Ernst gewesen. Ein jeder, der mich so ein bißchen gekannt hat, muß das verstanden haben.

Also, der Galsan spaßt mit sowas nicht, wenn er das gesagt hat, wird er es auch tun...

Und seitdem hatte ich Ruhe. Die Verhöre waren zu Ende. Und dann habe ich mich auch nie mehr ängstlich oder vorsichtig gezeigt. Habe weiter geredet und geschrieben, weiter gekämpft also. Und seitdem geht es mir gut.

Nur einmal habe ich die Schamanin um Hilfe gebeten und herbeigerufen mit dem Bild. Das war 1978. Da war meine Frau für drei Monate in Ostdeutschland, die hat damals einen Lehrgang als Köchin mitgemacht. Ich war mit den Kindern allein, und da wurde unser jüngster Sohn sehr schwer krank. Das war eine Halsentzündung. Und das Kind konnte in der Nacht plötzlich nicht mehr atmen. Da waren die anderen Kinder, die auch noch klein waren, ich war allein mit ihnen, wir hatten kein Telefon zu Hause. Das Kind fing an vor Fieber zu fantasieren, ich wußte nicht, was tun. Und es sprang darauf aus dem Bett, fing an zu singen und hüpfte umher. Da fiel mir das Bild ein. Ich sprang auf, suchte nach dem Bild. Gesagt hatte sie, wenn ich damit nach ihr rufen würde, müsse ich dabei Schnaps in die Richtung verspritzen, in der sie wohnt; Schnaps verspritzen und dabei mit dem Bild wedeln. Nun tat ich alles so, wie sie es mir gesagt hatte. Und dabei rief ich: «Eej, Pürwü, ich brauche dich! Komm bitte schnell und hilf mir!» Minuten vergingen, das bockende Kind wurde ruhiger, so daß ich es unter die Decke drücken konnte, ein wenig später war es eingeschlafen.

Das Bild habe ich immer noch. Zuerst hat sie gesagt, ich sollte es verbrennen, wenn sie stürbe. Später, als es ihr nicht gut ging, habe ich sie gefragt: «Mutter ist heimgegangen, du bist auch so schwer krank, und wenn du jetzt nicht mehr da bist, was soll ich mit dem Bild machen? Was soll denn jetzt aus mir werden?» Darauf hat sie richtig selbstzufrieden gelacht: «Ich habe dich bis hierher begleitet, und ab jetzt wirst du imstande sein, dich um dich selber zu kümmern. Wenn du willst, kannst du das Bild weiterhin behalten!»

Gewöhnlich spricht sie von *asalar*. Beschwört sie die Geister herbei, so spricht sie von *göldshün*. Durch ihren Gesang kommen alle möglichen Geister, und sie unterhält sich mit ihnen. Es kommt vor, daß ein bestimmter Geist, nach dem sie ruft, nicht erscheint. Und das sieht richtig mitleiderregend aus; die Frau sitzt da und ruft, ruft, singt stundenlang verschiedene schöne und rührende Verse, aber kein Geist erscheint, ihr wird die Stimme heiser, die Menschen verlangen etwas zu hören, die sitzt da und zankt sich mit vielen anderen Geistern und sagt: Nein, ihr seid es nicht, du bist es nicht. Wessen Blutes, wessen Geistes bist du? Ach so, der bist du. Dich will ich nicht hören, nicht sehen, verschwinde! Den ich rufe, ist ein völlig anderer, dich brauche ich überhaupt nicht. Das letzte Mal warst du mir auch im Wege, nun verschwinde endlich! So zankt sie sich mit für uns unsichtbaren Geistern.

Mit den schwarzen und weißen Steinen hat es auch etwas auf sich. Weiß und schwarz haben ja eine große Bedeutung, denke nur an weiße, an schwarze Schamanen. Als ich klein war und mitschamante, als ich ihr jüngster Schamanenschüler war, kannst du auch sagen, da wurden wir Kinder immer beauftragt, zwei glatte runde, manchmal kopfgroße, manchmal faustgroße Steine, also einen weißen aus der westlichen Himmelsrichtung und einen schwarzen aus der östlichen Himmelsrichtung vorzubereiten für den Abend, an dem sie schamante. Und wenn ein Kind krank war, rief sie uns zu: «Schnell, schnell, einen weißen, einen schwarzen Stein hierher!» Die Steine lagen da etwas abseits der Jurtenschwelle. Nun verspritzte sie darüber etwas und sagte: «Die Steine werden zum Glühen gebracht und dann wird das Kind darüber gewaschen!»

Dazu hatte sie eine bestimmte Lösung angefertigt. Das war meistens Wacholderabsud. Wacholder wurde in Wasser lange ausgekocht, und damit wurde das Kind abgewaschen. Wenn das Wasser auf den glühenden Stein fällt, schlägt dir Dampf entgegen. Die ganze Jurte ist voll davon, und keiner sieht mehr etwas. Alles ist Dampfbad. Später, als ich von den Inhalationen etwas hörte, da wußte ich: Das war so etwas.

Und ich habe lange Jahre in meiner kommunistisch revolutionären Jugendzeit gedacht, mit diesen beiden Farben weiß und schwarz, das sei Betrug. Aber seit einiger Zeit weiß ich, daß die beiden Farben verschiedene Strahlungen in sich aufnehmen. Zum Beispiel die Sonnenstrahlung. Heutzutage trinkt man in der Mongolei die Milch von weißen Ziegen und weißen Stuten zu heilenden Zwecken. Bestimmte Sonnenstrahlungen kommen bei der weißen Farbe nicht an. Manchmal kommen bestimmte Sonnenstrahlungen bei der weißen Farbe an, die schwarze reagiert da anders. Das hat mit der Reflektion zu tun.

Weiß ist immer die gute Farbe. Schwarz die schlechte Farbe. So ist das grundsätzlich bei den Nomadenvölkern. Aber weil meine Tante eine Schamanin des schwarzen Himmels war, bedeutete für sie schwarz etwas Magisches. Das war ihre Farbe.

Das Schamanentum wird bei uns grundsätzlich als die schwarze Religion bezeichnet, während man vom Buddhismus als von der gelben Religion spricht. Unter den Schamanen gibt es eine Trennung zwischen schwarz und weiß. Schwarz ist man, wenn die Schamanenbefähigung angeboren ist. Das ist die Erbkrankheit. Weiß ist man als Schamane, wenn man die Fähigkeit, Schamane zu werden, bei seiner Geburt noch nicht gehabt hat. Wenn man als Frau zum Beispiel in eine Sippe einheiratet, in der Schamanengeister zu Hause sind, wird man als vollwertiges Mitglied in die Sippe aufgenommen und wird als Teil des großen Sippenblutes angesehen. So kommt man hinein und wird von diesem Geist angesteckt. In dem Augenblick bist du eine weiße Schamanin. Davon hat mir die andere große Schamanin Schashynbaj, die 1968 starb, erzählt. Sie war eine weiße Schamanin und sah sich von vornherein außer Konkurrenz gegenüber meiner Tante. Und sie sagte: «Ich bin im Vergleich zu deiner Tante nur eine schwache Schamanin. Bin nur eine weiße.»

Von dieser guten Frau will ich mehr erzählen. Sie verdient mehr Beachtung. Und ich fühle mich ihr verpflichtet. Eigentlich hieß sie Ajusch, das war ihr Name, als sie im Gefängnis war. Dieser Name stand in ihrem Bürgerpaß, aber im Volk wurde sie Schashynbaj genannt, also die Gläubige, die dem Himmel Ergebene, man kann auch die Heilige dazu sagen, frei übersetzt. Sie war eine schöne Frau, ein netter Mensch und war etwa sechzig Jahre alt, als sie starb. Sie hat keine Kinder geboren, hatte nur eine Adoptivtochter.

Ihr Mann hieß Döshü, das war auch ein sehr schöner, dazu noch feuriger Mensch. Er hatte einen rotbraunen Wallach mit roten, perlenähnlichen Punkten rechts und links unter der Achselhöhle, die wie kleine Pilze hervorstachen. Dieser Wallach war sehr bekannt, und der feurige, alte Mann ritt sommers wie winters mit dem schnellsten Gang des Pferdes umher. Döshü war längst über sechzig, jagte aber übers Land wie ein Zehn-, Fünfzehnjähriger. Und so stand er uns Kindern sehr nah.

Die Frau war zu allen Menschen auch gut, und sie hatte im Gegensatz zu meiner Tante alles gemacht, was die Leute von ihr haben wollten. In Leipzig liegt unter anderem auch auf Band aufgenommen ein Fluchgesang. Die Schamanen, die ich in diesem Leben getroffen habe, waren nicht zu bewegen zum Fluch. Es wurde manchmal auch verflucht. Dann hat sie auch, um mir einen Gefallen zu tun, ein Stück ihres Fluchs auf Tonband gesungen. Es wurde nicht wirklich jemand damit verflucht. Sie hat das getan, ohne Name, ohne Wohnort der Person. Der Fluch war auf den Menschen X gemünzt.

Vor einiger Zeit habe ich gehört, daß nun auch ihre Adoptivtochter eine Schamanin geworden ist. Es ist eine arme, im Gegensatz zu ihrer Pflegemutter unscheinbare Person, und der Schamanengeist kommt in der Regel immer zu vom Leben benachteiligten Menschen. Warum das so ist, weiß man nicht. Ich kann das nicht erklären. Ich kenne viele Schamanen, die mindestens sehr arm waren. Meine Tante hätte da eine Ausnahme sein können, aber durch den Blödsinn meines Onkels ist die Familie später sehr verarmt.

Die Sippe, in welche die Schamanin Schashynbaj hineinheiratete, hatte den Schamanen Bugaldaj. Dessen Sohn war Dsotsch und dieser – so sagen seine Kinder heute – sei auch so etwas wie ein Schamane gewesen. Das kann ich nicht bestätigen, ich kenne ihn als einen trinkenden, als einen etwas verkommenen, aber genialen Menschen, denn er war auch Volksdichter. In Leipzig liegt auch von ihm einiges auf Band aufgezeichnet. Wir haben uns im Sommer 1966 eine ganze Nacht lang mit ihm unterhalten. Der Mann war Offizier bei der Armee und hatte siebenmal geheiratet. Er bekam keine Kinder, deshalb. Er hat gedacht, er würde ein Leben lang kinderlos bleiben. Und das tuwinische Herz hängt ja so an den Kindern. Wenn eine Ehe kinderlos ist, dann meint man, dieses Leben sei umsonst gewesen. So hat der Mann damals wörtlich gesagt: «Ich habe meinen Vater verflucht, der ein Schamane gewesen. Ich habe immer gedacht, er wird unschuldige Menschen verflucht haben, daß sein Fluch nun auf mir lastet.» Dann hat er mit seiner siebten Frau doch noch eine Menge Kinder bekommen. Bin gut mit diesen Kindern befreundet. Und sie sind alle ebenso schurkisch-genial. Unter der Marktwirtschaft leben sie jetzt sehr gut. Es ist ja eine Zeit angebrochen für Schurken, zunächst einmal. Diese Kinder sind die Bemitteltsten von allen. Eine Frau, etwa in meinem Alter, treibt ihr schurkisches Unwesen bei den anderen Tuwa, und das seit Jahren. Sie gilt dort als Spezialistin, als Schamanin, als Priesterin, als Orakelfrau. Auf alle Fälle ist sie eine sehr gerissene Geschäftsfrau. Bei diesen Leuten kann ich nicht glauben, daß da was Echtes sein soll. Tatsache ist, daß der Großvater von diesen Schurken ein Schamane gewesen ist. In diese Sippe also hatte die Schashynbaj eingeheiratet.

Meine Tante war eine bescheidene Person, und wenn wir ihr erzählten, die Schamanin so und so oder der Schamane so und so hat dies und das gesagt, dann hat sie nur müde gelächelt, ach so, die, ach so, der? Da merkte man schon, dass sie die nicht ernst nahm. Und manchmal gab es einen schwarzen Schamanen, der hat das gesagt und der das. «Aha», sagte sie. «Hat er das tatsächlich gesagt? Da werde ich nachschauen.»

Wie man Schamane wird? Erst einmal will ich mich modern ausdrücken. Mit der kleinsten Struktur, mit der Urstruktur im Menschen muß irgend etwas sein. Da liegt eine schreckliche Krankheit zugrunde. Einer mit einem gesunden Menschenverstand wagt es nicht, sich die Schamanenbefähigung und diese Krankheit herbeizuwünschen. Und das Schreckliche und Ungerechte ist, daß er andern Menschen helfen kann, sich selbst aber niemals. Zwei der Kinder meiner Tante haben sich als künftige Schamanen offenbart, noch während sie lebte. Diesen aber konnte sie nicht helfen, und beide mußten ungerichtet sterben.

Als dreizehnjähriges Mädchen – auf eure Zeitrechnung übertragen als Elf- oder Zwölfjährige – sei sie, Pürwü, erkrankt und habe das Bewußtsein verloren, habe wie wahnsinnig Tag und Nacht gesungen, habe alles besungen, selber aber nichts davon gewußt, und irgendwann einmal sei sie auch verschwunden. Dies kommt bei allen werdenden Schamanen vor. Und dann, wenn ein Kind so anfängt zu singen und bewußtlos wird, nicht erfaßt, was in seiner Nähe so vor sich geht, dann bewacht man es, weil man befürchtet, es könnte von zu Hause weglaufen. Und trotzdem, irgendwie entkommt es dann doch. Sie sei über zehn Tage weg gewesen. Habe sich in den Bergen herumgetrieben, dann sei sie von selber zurückgekommen. Nachdem sie gepflegt worden war, wurde sie von einem Schamanen geleitet. Ihr Schamanenlehrer hieß Güshük Ham, das war ein wildfremder Mann aus einer anderen Sippe. Zeit ihres Lebens blieb sie dessen Geistern verpflichtet. Er war ihr Lehrmeister. Und mehr noch, er überließ ihr zum Schluß seine Geister.

Hier muß ich noch erwähnen: Ihr Vater war auch Schamane. Den habe ich als kleines Kind sogar noch erlebt. Das war der Dorshu Dsaering, ein dem Alkohol ergebener Mann. Sein Gesicht habe ich noch dunkel in Erinnerung. Dieser, der eigene Vater, konnte der Tochter nicht helfen, er konnte sie in seine Schamanenkunst nicht einweihen. Da hat er einen fremden Schamanen dazu bewegt, sich des Mädchens anzunehmen. Und dieses hat sich dann auch sehr bald als etwas Besonderes erwiesen. Das ist wohl auch der Grund, weswegen gerade der reichste, mächtigste Mann der Gegend, Hylbang, mein Großvater, die angehende Schamanin zu seiner Schwiegertochter auserwählte.

Die Schamanen innerhalb der Sippe bekommen im allgemeinen die Schamanengeister vererbt, das war bei ihr so. Die Erbkrankheit, die hatte sie ja schon im Blut. Zusätzlich aber übernahm sie von einem anderem, außerhalb der Sippe Stehenden, eben ihrem Lehrer, dem gefürchteten Schamanen Güshük, die Schamanengeister. Eingeführt werden in die Schamanenkunst, das ist immer etwas anderes. Die Leitung und Ausbildung muß immer von außen kommen.

Wenn meine Tante erkrankte, komisch, dann konnte sie sich nicht helfen. Dann haben wir immer andere Schamanen herbeibitten müssen, meist ausgerechnet jene, über die sie sich vorher so merkwürdig herablassend geäußert hatte. «Der Dolch kann noch so scharf sein», lautete ihre Antwort auf meine verwunderte Frage, «aber er kann der Scheide nichts antun.»

Die Schamanenkrankheit legte sich, als sie anfing zu schamanen. Fünf Jahre schamante sie ohne Trommel. Dann erst bekam sie die Trommel, das war sozusagen ihr Hochschuldiplom. Wie sie dazu kam, weiß ich nicht. Und mein Vater, der ältere Bruder ihres Mannes, hat sie in die Sippe hereingeholt. Er mochte diese seine Schwägerin sehr. Mein Vater pflegte immer, wenn er seine weichen Stunden hatte, davon zu erzählen, wie er sie abgeholt hat. Er hat einen weißen Paßgänger und einen

----

ebenso schneeweißen Yakochsen für ihre Trommel und die anderen Schamanenutensilien mitgenommen. Und als sie dann kam, hat man zum Empfang zwei weiße Filze ausgebreitet. Bei einer gewöhnlichen Braut ist es jeweils nur ein weißer Filz. Mit dem Pferd kommt sie also zu diesem weißen Filz geritten und wird darauf in Empfang genommen. Der zweite Filz galt nun im Falle der Pürwü der Schamanentrommel und ihren anderen Utensilien. Sie hatte *schawyd*, das war ein Bündel Bänder, dann war da die Schamanentracht, die Maultrommel, ja und der Spiegel natürlich. Dieser ist das wichtigste, was ein Schamane besitzen kann. Der wird nicht weggegeben. In diesen Spiegel, der normalerweise aus Edelmetall ist, blickt er hinein, und zwar immer, wenn er wahrsagen soll. Es ist sein besonderes Auge, in welchem der Röntgenblick wohnt.

Es heißt, die nachfolgenden Schamanen müssen den Spiegel finden oder er fällt für sie vom Himmel herab. Darüber kann ich nichts Genaueres sagen, hier aber soviel dazu. Stirbt der Schamane, wird er hinausgetragen und irgendwo draußen aufgebahrt. Die Sachen auch. So haben wir das mit der Tante auch gemacht. Wir durften nichts zurückbehalten, obwohl mir das irgendwie leid tat. Alles mußte an den Felsen aufgehängt werden. Und das Auffinden des Spiegels ist wohl so zu verstehen: Wenn du Schamane wirst, gehst du hinaus und suchst da, wo ein Spiegel hängen könnte. Und du findest, was du suchst: eben den Spiegel eines vorhergehenden Schamanen. Nur ist es meistens so, daß du nicht weißt, von wem der Spiegel stammt, aber du vermutest, der muß von dem oder der sein. Die Schamanenutensilien hängen da draußen und vergehen allmählich, der Spiegel allein überdauert. Nur ein Schamane darf diesen Spiegel nehmen, derjenige also, der imstande ist, mögliche böse Folgen von sich abzuwenden. Er muß ein Alphabetkundiger sein, ein Analphabet würde das erst gar nicht wagen, er wird denken: Was soll ich mit diesen Geistern, deren Sprache ich nicht beherrsche? So läßt sich das Finden eines Spiegel erklären.

Tante Pürwü starb mit zweiundachtzig Jahren. Das war am 15. Juni 1993. In hundert, ja vielleicht zweihundert Metern Entfernung von ihrem Körper haben wir alles hingelegt. Den Körper haben wir normal bestattet. Unten ein Stück weißer Filz. Der Körper wurde so zusammengekrümmt, daß er so wenig Platz wie nur möglich wegnahm – wurde also in Fötushaltung gebracht –, in einen weißen Sack gesteckt und oben mit einem weiteren Stück weißen Filzes abgedeckt. Wir haben einen seichten Graben ausgehoben, alles hineingelegt und darüber lockere Erde gehäuft. Ein leichter Hügel kam zustande, der sich in ein oder zwei Jahren wird abgesetzt haben und mit Gras überwachsen sein wird.

Drei Jahre müssen vergehen, ehe ich an den Platz ihrer Bestattung gehen darf. Dann werde ich dorthin gehen, und ich werde sogar schamanen. So war es immer, jedes Mal wurde unser Wiedersehen von Schamanengesängen bestimmt, die waren unsere Sprache.

Schamant habe ich ja auch an ihrem Sterbebett. Als sie im Sterben lag und wieder zu Bewußtsein kam, da habe ich sie gefragt: «Kannst du an der Stimme erkennen, wer ich bin?» – «Ach, du bist ja mein Kind in der großen, großen Ferne. Ja, wie geht's dir? Was machst du?» fragte sie mit brüchiger Stimme. «Ich schamane, ich singe unsere Schamanengesänge weiter», sagte ich. «Ach, wie gut, singe nur, mein Kind», entgegnete sie. Darauf habe ich ihr einige Verse aus dem Stegreif vorgesungen; und der Mensch, der im Sterben lag, sang nun auch mir einige Verse vor. Obzwar sie eine nurmehr äußerst dünne, brüchige Stimme hatte, war sie doch gut zu hören und zu verstehen. Und die Menschen in der Jurte hörten dem nun verwundert zu: Das gibt es doch nicht, soeben hat sie uns so einen Schreck eingejagt und jetzt schamant sie! Von mir aus aber kann ich das gut verstehen. Der Gesang an die Geister war für sie der Sauerstoff, den sie brauchte.

Schamanen sind Erfinder. Der Gesang kommt ganz und gar aus dem Stegreif, er ist zunächst eine sprachliche Erfindung. Und so erzeugen sich die Schamanen selber, durch die ausgeglichen schöne, wohlklingende Sprache und eine dazu passende Weise. Verse und Melodie ergeben dann zusammen den Gesang.

Ich habe als Kind selber schamant. Wenn ich eine Weile so vor mich hinsang, dann hörte ich von allen Seiten von den Felsen meine Stimme widerhallen. Das ist so ein schönes Gefühl. Und die fertigen Verse und Strophen fliegen dir zu, ja fallen dir einfach von selber auf die Zunge. Und das hat auch ein Ependichter, einer unserer großen Erzähler, Gursukmagnaj, bestätigt. Wenn er anfängt zu erzählen, erfindet er auch, obwohl die große Handlung bereits bekannt ist, aber jedes Mal erzählt er eine etwas anders verlaufende Geschichte. Und der hat einmal gesagt: «Die Worte purzeln mir auf die Zunge, fallen in den Mund herein.» Das ist die Erfindung. Und jedes Mal, so sagen wir, weil er, der Schamane, diese etwas schöner ausschauende Welt immer von neuem erzeugt, aus sich selbst heraus schöpft, da fügt er der Welt immer noch etwas hinzu. Er stellt etwa Neues her. Die Kunstwelt ist immer schöner als die reale. Häßlichkeiten werden da weggelassen, die Vorgänge vereinfacht, sagen wir überhöht, und so sieht diese künstlich geschaffene Welt schöner, durchsichtiger, überschaubarer aus. Dadurch schafft der Schamane wie auch der Dichter immer Schönheitspunkte, Schönheitsmoleküle, die der materiellen Welt hinzugefügt werden.

Damit einem die Worte auf die Zunge purzeln, braucht es besondere, ja fördernde Momente – für den Schamanen wie auch für den Dichter. Wenn der Schamane anfängt zu singen, da raucht er viel. Meine Tante hat nie geraucht im Alltag, sie hat nur Schnupftabak wie die meisten älteren Menschen benutzt, obwohl zwei ihrer Kinder rauchten und ihr Mann ein berüchtigter Kettenraucher war. Aber bevor sie so einen Abend eröffnete, hat sie sich mit dem Rücken zum Herd gesetzt, die rechte Hand immer nach hinten gehalten, und da stand einer, der die Pfeife immer wieder von neuem stopfte und anzündete. Der Tabak bestand manchmal aus Kräutern. *Erwen* heißt ein bestimmtes Kraut. Und dann kamen die verschiedenen Blumen *ganga* (Thymian) und *dshojgan*, wovon ich keine Übersetzung weiß; es sind Blumen, die mit Tabak und Wacholder vermischt werden. Was das genau ist, weiß ich nicht. Wenn einer schamant, muß es in der Jurte immer ganz finster sein. Nur bei sehr schweren Krankheiten kann es vorkommen, daß ein Schamane auch tagsüber schamanen muß. Dazu macht man oben ganz zu, denn in der Jurte muß es stockfinster sein. Dann wird viel und tüchtig gefeuert, das Feuer muß stark leuchten, es muß flammen, Schatten und Licht und die Luftbewegungen müssen sichtbar sein, und wenn sich die Menschen so bewegen, sieht man Wirbel von Hell und Dunkel. Alles trägt zum Gelingen bei. Und nicht zuletzt die ergebene, ehrwürdige Haltung des Publikums. Das merke ich übrigens auch bei meinen Lesungen, wie die Atmosphäre alles mitgestaltet. Vor einem leeren Saal kann ich nicht lesen. Eine Radiolesung fällt mir daher viel schwerer. Je zahlreicher das

Publikum, desto sicherer fühle ich mich. Eigentlich müßte es umgekehrt sein. Ich kann einem einzigen Menschen oder zwei Menschen gegenüber sehr schlecht lesen. Wenn da Hunderte sitzen, da fühle ich mich wie in meinem Element.

Die dichterische Inspiration ist der schamanischen sehr ähnlich. Man braucht ein gewisses stimulierendes Umfeld, damit man in einen Schwebezustand kommt. Dann purzeln einem die Worte in der Tat von selbst auf die Zunge.

Und ich muß sehr viel trinken, wenn ich schreibe. Meistens Milchtee, kannenweise. Und der Tee muß stark, heiß sein, und ich trinke, während ich schreibe. Andererseits ist das auch eine Sache der Gewöhnung, habe ich jetzt festgestellt. Ich bin ja jetzt nur Zug gefahren, quer durch Deutschland, und da habe ich eine Unmenge von Gedichten geschrieben. In jedem Zug zwei, drei Gedichte. So schnell und so konzentriert habe ich eigentlich nirgends geschrieben, vorher. Da fühle ich mich einfach inspiriert. Ich könnte, wenn ich später viel Zeit und auch Geld dafür habe, wahrscheinlich wenn ich in einer Schaffenskrise stecke, nach Europa kommen und jeden Tag nur Zug fahren, die weitesten Strecken.

Die aus den Menschen hervorbrechenden Gesänge kommen erst nach den Eingangsliedern, die übrigens wie auch die Endlieder feststehen. Das sind die Lieder, die der Schamane bei vollem Bewußtsein zur Einstimmung singt. Das sind die Schamanengesänge, die von Forschern auch aufgezeichnet wurden. Am Anfang braucht man solche feststehenden Gesänge, um sich in eine bestimmte Atmosphäre zu versetzen, und dann kommen plötzlich, ist erst einmal diese imaginäre Linie überschritten, von selbst die anderen Gesänge, die nicht mehr von dieser Welt sind. Diese Wahnsinnsgesänge, die hat, glaube ich, noch keiner festgehalten. Solche flattern wie Winde dahin, sind einmalig.

Und anschließend, sagen sie, wüßten sie nichts mehr von dem, was sie in der anderen Zeit, der anderen Welt vortrugen. Mein ältester Bruder ist mit dreiundzwanzig Jahren gestorben. Er war Lehrer. Meine Mutter hat sich damals, als er sehr schwer krank wurde, sofort erinnert: Ach, vor über zehn Jahren hat ja die Pürwü das schon vorausgesagt. Da war der Bruder auch einmal krank gewesen, das war auch sehr ernst. Sie hat damals schamant und im Wahnsinnszustand gesagt: «Es passiert nichts, aber was seh' ich da: Wenn du über das dreiundzwanzigste Lebensjahr hinauskommst, mein Kind, dann wirst du selbst Axthiebe überleben.» Damals war jener gerade mal zehn Jahre alt. Und meiner Mutter fiel dies nun wieder ein und so fragte sie danach: «Was hast du, liebe Schwägerin, vom dreiundzwanzigsten Lebensjahr gesagt? Wie war das gemeint?» Sie darauf: «Ha, das wird die Verrückte nur so vor sich hingequatscht haben. Nichts weiter, Schwägerin, dein Kind wird gesund.» Der Junge ist gesund geworden, dann aber, im dreiundzwanzigsten Lebensjahr, ist er doch gestorben.

Du kennst das eine meiner Gedichte mit den Zeilen: «Habe mich für drei Pferdeleben / Am unruhigen Nomadenherd / Eingerichtet.» Ein Pferd wird im allgemeinen zwanzig Jahre alt. Und mein Vater pflegte immer zu sagen, ein Mensch kann nur drei Pferde zu Ende reiten, mehr wohl kaum. Wir haben keine so großen Ansprüche, daß man etwa denkt, man würde für hundert Jahre auf die Erde kommen. Sechzig Jahre sind genug. Der mongolische Kalender basiert ja nicht auf Jahrhunderten, es ist ein Kalender auf sechzig Jahre. Man spricht bei uns auch nicht von Jahrhunderten, sondern von Jahrsechzig. Und das hat eine tiefere Bedeutung. Wer sechzig Jahre alt ist, wird als alter Mensch betrachtet. Wenn jemand mit über sechzig Jahren stirbt, ist das für uns normal. Und wir bezeichnen das nicht als Sterben, sondern als Heimgehen. Die Leute sagen, daß man bald heimgehen müßte, daß es bald Zeit sei. Für den Tod gibt es so viele umhüllende Bezeichnungen. Grundsätzlich muß man sagen, wir Tuwa haben vor dem Ende, vor dem Tod keine große Angst. Man stellt sich das nicht als ein endgültiges Ende vor, man hat die Vorstellung, daß man einfach hinüberwechselt. Bei älteren Leuten ist es sogar soweit, daß die das als ein Hinüberleben betrachten.

Man spricht davon, daß man ins Salz gegangen sei – *dustaar* –, auf Karawane sei und man könne jederzeit zurückkommen. Früher gab es große Karawanen, die das Salz gebracht haben. Das war die Salzfahrt. Da steckt womöglich eine tiefere Bedeutung dahinter, da Salz ja etwas Bitteres darstellt. Und der Tod ist auf seine Weise ja auch etwas Bitteres, das man umschreiben sollte. Man hätte ja auch sagen können, er ist nach Mehl, nach Seide, nach Geld oder Gold gefahren. Das alles macht man nicht, obwohl man inzwischen vieles weiß und kennt, was es gibt auf dieser Erde. Man ist beim Salz geblieben. Obwohl heutzutage ja niemand mehr mit einer Karawane nach Salz auszieht. Ins Salz gehen, dabei ist man stehengeblieben.

Ist nun ein Mensch gestorben, dann werden die Verwandten und die Bekannten benachrichtigt. Und meistens kommt man schon nach wenigen Stunden aus der Jurte raus. Alte Leute können auch ein oder zwei Tage in der Jurte liegenbleiben. Sobald jemand tot ist, legt man schnell den toten Körper auf einen runden weißen Filz. Das als Zeichen der Ehrerbietung gegenüber dem toten Menschen. Weißer Filz ist ja bei uns ständig so etwas wie ein Teppich. Der tote Körper wird also zusammengerollt, so gut das nur geht, und in die Stellung gebracht, wie auch ein Kind im Mutterleib liegt. Dann kommt der Körper in einen weißen Sack, der kann aus Seide, auch aus Baumwolle sein. Nun wird dieser Beutel zugenäht, aber niemals mit einem Faden aus dem Laden, sondern immer mit einem weißen Schafwollfaden, der von Hand gemacht sein muß. Sauber wird nicht genäht, es reichen Stiche, die das ganze grob zusammenheften. Schließlich wird der Leichnam aus der Jurte gebracht, aber nicht durch die Tür. Der Schamane wird bestimmen, in welche Himmelsrichtung das zu geschehen hat. Wenn er sagt in westlicher Richtung, dann hebt man die Jurte dort hoch und schiebt den toten Körper unter der Jurtenwand hindurch ins Freie. Dabei hält man eine Säge oder ein Beil oder ein Messer, etwas Gefährliches, also eine Waffe in der Hand, und zwar mit der Schneide nach außen, damit keine bösen Geister da hineinkommen. Das ist zur Abwehr. Die Richtung, in der der Körper die Jurte verlassen soll, kann ganz unterschiedlich sein. Nach Osten, nach Westen, nach Süden. Darüber entscheidet letztlich das Orakel oder ein Schamane.

Zudem hat jeder Mensch seine ihm harte oder weiche Zeit, und jeder Tod kommt zu einem ganz bestimmten Zeitpunkt. Die Astrologie ist die älteste und weitestentwickelte Wissenschaft bei den Nomadenvölkern, die sitzt bei allen noch sehr tief, bis auf den heutigen Tag. Alles wird, die guten wie auch die schlechten Tage, astrologisch eingeordnet. Also ich, als ein im Jahr des Schwarzen Pferdes Geborener, habe meine ganz besonderen Lebensrhythmen. Zu den einzelnen Wochentagen verhalte ich mich unterschiedlich. Der Mittwoch ist für mich ein sehr ungünstiger Tag; mittwochs unternehme ich also grundsätzlich nichts Wesentliches; da fange ich kein neues Buch an, fahre auch kein Auto und unterlasse dies und das. Einmal habe ich an einem Mittwoch Auto fahren müssen, da hatte ich einen Unfall, und es war eine sehr ernste Sache, allerdings bin ich glimpflich davongekommen. Seitdem fahre ich selber nie mehr mittwochs. Freitag ist mein bester Wochentag, auch Dienstag ist günstig, die anderen Tage sind normal. Wenn ich etwas unternehmen will, mache ich das entweder dienstags oder wenn es geht freitags. Auf diese Weise sitzt die Aufteilung der Tage, der Zeiten, der Stunden, der Jahreszeiten bei den Nomaden von vornherein fest. Folglich wird die Himmelsrichtung immer festgelegt, vor allem bei so wichtigen Dingen wie Geburt oder Tod.

Auf dem Weg zur Bestattung versucht man, einen Übergang über ein fließendes Wasser, so gut es geht, zu vermeiden, weil wir in dem Gewässer ständig eine mütterliche Schwester sehen. Wasser ist etwas überaus Reines für uns. Und es darf nicht durch einen toten Körper verunreinigt werden, obwohl man den Körper ja nicht durch, sondern nur über das Wasser trägt, aber dennoch: viele Lebewesen trinken von diesem Wasser. Es geschieht also aus Ehrfurcht vor dem Wasser. Wenn es aber trotzdem unvermeidbar ist, weil die Jurte auf einer Insel steht, und der Körper ja irgendwie weggebracht werden muß, dann betet man zu diesem Wasser und wirft Silberstücke hinein, oder man steht mit einer *hadak* da, sobald der Körper übers Wasser gebracht wird.

Den Körper kann man vorne auf den Sattel zu sich nehmen, auf den Schoß, oder man nimmt ein Pferd oder ein Kamel, mit meistens zwei umgekehrten Dungkörben, also mit dem Boden nach oben, die zu beiden Seiten des Tiers so befestigt sind, daß oben eine flache Fläche entsteht, in deren Mitte der Körper kommt, den man dort festbindet. So bringt man den Toten zum Ort der Bestattung.

Dort angekommen sagt der Älteste, der den Zug leitet: «Hier werden wir ein Grab machen.» Man beginnt nicht gleich mit Graben, sondern man bittet erstmal die Mutter Erde. Dazu legt man eine *hadak* hin und sagt dann: «Wir sind gezwungen, Mutter Erde, dich zu verletzten. Wir bringen ein Kind von dir zurück!» Dann gießt man um die Stelle, wo man graben will, Milch im Uhrzeigersinn aus. Alles wird ja grundsätzlich immer im Uhrzeigersinn gemacht, niemals dagegen. Selbst wenn du Gästen Tee anbietest, geschieht das im Uhrzeigersinn. Der Älteste macht dann den ersten Spatenstich, fängt dann an, die Erde aufzugraben. Das Grab darf nur so groß sein, wie der Körper Platz einnimmt. Man will der Erde nicht zu viel schaden, sie soll so wenig wie nur irgendmöglich verletzt werden. Ein seichtes Grab von höchstens einem Meter Tiefe ist ausreichend. Dahinein kommt das weiße Filzstück, und sobald der Körper drinliegt, kommt noch das zweite Filzstück darauf. So liegt der Körper zwischen zwei Filzschichten. Dann wird das Grab mit lockerer Erde zugeschüttet. So entsteht ein Haufen. Nach kurzer Zeit wird sich die Erde wieder setzen, so daß die Steppe anfängt zu genesen.

Es gibt einen nur sehr flachen Grabhügel. Das Gras wird wieder darüber wachsen. Am Kopfende liegt ein Stein, der zunächst eine Opferschale darstellt und später als Erkennungszeichen dient. Am siebten Tag gibt es eine Gedenkfeier, und zum neunundvierzigsten Tag gibt es eine abschließende Gedenkfeier, das ist das letzte, was offiziell geschieht, und an diesem Tag macht man Hunde und Kinder satt. Das geschieht im Namen des Verstorbenen, diese Wohltat allen Lebewesen gegenüber, ja man kann selbst Vögeln Getreide ausstreuen. Man opfert in die Richtung, in der der Verstorbene liegt. Du kannst Geschenke verteilen, Essen ausgeben, wildfremde Kinder, wildfremde Hunde verköstigen. Wir gehen mit Gefäßen oder einem Beutel umher und verteilen etwas. Das siehst du auch in Städten, wenn da streunende Hunde herumlaufen, dann bekommen sie etwas, und die fremden Kinder erhalten Bonbons und Kekse. Die Kinder wundern sich nicht, die wissen Bescheid. Keiner fragt, weshalb. Ein jeder Mensch denkt eine Minute lang einen hellen Gedanken für einen Menschen, den er nicht mal kennen muß.

Wohin der Tote geht, das stellen sich die Menschen unterschiedlich vor. In einer Familie können die Menschen in verschiedene Richtungen gläubig sein. Wenn die Glaubensrichtungen so unterschiedlich sind, ist das kein Grund, irgendwie in Mißstimmungen zu kommen. Bei mir war der Vater naturgläubig, für ihn existierte der personifizierte Gott gar nicht. Alles war ihm Natur. Er war ein Teil dieses Großen. Meine Mutter war mehr lamaistisch, und sie glaubte an Buddhas Lehren, sie trug auch einen Rosenkranz aus einhundertacht Perlen mit sich herum und hat jeden Abend, wenn sie dasaß, den Spruch *Om mani padme hum* so oft wie nur möglich aufgesagt. Wir Kinder sind unterschiedlich, ich bin wie der Vater naturgläubig, der drittälteste Bruder und die Schwester auch, während ich es bei den anderen Brüdern nicht so genau zu sagen weiß. Es stört mich nicht, wenn jemand mich in etwas Buddhistisches hineinzieht. Ich nehme das gelassen hin, obwohl ich selber nicht so recht daran glauben will. So verhalte ich mich natürlich heute auch zu allen anderen Gläubigen, zu den Christen, den Moslems, den Buddhisten. Eine Religion steht niemals einer anderen entgegen, das ist meine ganz persönliche Erfahrung, weil diese ja im Grunde alle dasselbe meinen.

Wenn wir einen Menschen bestatten, dann lauten unsere ersten Worte, die immer an die Mutter Erde gerichtete Abschiedsworte sind: Mutter Erde, hier kommt dein Kind zurück, nimm es jetzt wieder zu dir. Der Mensch ist ein Stück Erde, in das irgendwann ein Leben hineingekommen ist. Nun ist er leblos geworden, und Mutter Erde kann dieses Stück Erde hiermit zurückhaben. So betrachten wir uns immer als einen Klumpen Erde. Der Körper geht zur Erde, der Geist ist etwas, das zum Himmel gehört, und die Seele ist etwas, das den Raum zwischen Himmel und Erde bewohnt.

Ehe wir zum Grab meiner Eltern kommen, will ich dir erzählen, wie bei uns gestorben wird. Manchmal eben im Dreieck. Meine Mutter und die Schamanin Pürwü waren zwei Schwiegertöchter einer Sippe, einer Familie. Und die beiden hatten eine gemeinsame Freundin, die Otajag hieß und etwas jünger als die beiden war. Meine Mutter war im Jahr des Schafes geboren, die Schamanin in dem der Maus, also war meine Mutter um fünf Jahre älter als Pürwü. Die Otajag war noch ein bißchen jünger. In den letzten Jahren haben sie immer wieder davon gesprochen, daß nun die Zeit des Heimgehens sei, ehe sie noch älter werden würden und ihren Kindern womöglich zur Last fallen könnten. Wir haben lange genug gelebt, eigentlich viel länger, als wir es verdienten, wir sind dankbar, daß wir so lange leben durften, und nun möchten wir rechtzeitig wieder heimgehen. Und sie wollten es möglichst zur gleichen Zeit tun. Otajag starb am 20. April 1993, und das hörte meine Mutter noch am selben Tag, und so sagte sie richtig neidisch: «Erlöst! Ach, wie schön. Ihr Körper wird sich jetzt so schön ausruhen!»

Und am siebten Tag – das ist immer der kritische Tag nach einem Tod, denn da wird immer ein weiterer Tod erwartet – sagt sie am frühen Morgen zu meinem Bruder: «Ihr wißt, heute ist der siebte Tag nach dem

Tode von Otajag, und ich fühle mich auch nicht besonders gut. Paßt auf!» Und mein Bruder lacht und sagt: «Ach, liebe Mutter, wenn das so einfach wäre mit dem Tod, wie ihr euch das denkt. Ihr habt vor, heute zu sterben, was?» – und das sagt er eher scherzhaft, liebevoll. Die Mutter aber: «Ja, ich sage dir das, paß auf! Alle Leute, die mit mir ein letztes Wort wechseln möchten, würde ich sehen wollen!»

Wenn die alte Mutter etwas sagt, dann wird das auch gemacht. Das Wort der alten Eltern ist Befehl höchster Kategorie. Und mein Bruder schickt in alle Himmelrichtungen Menschen, und er läßt sagen, die Mutter will dich sofort sprechen, ihr geht es nicht gut. Da kommen Leute, und sie kommen nicht mit leeren Händen, kommen mit Leckerbissen, mit Getränken, und das heißt immer: mit Schnaps. Die alte Mutter kann nicht soviel vertragen, sie kostet zwar von jeder Flasche, aber das meiste überläßt sie den Gästen. Den ganzen Tag wird getrunken und gegessen, es ist wie ein Fest.

Am Abend, nachdem alle da waren, kehrt ein junger Mann mit seiner Frau ein. Er war vor zwanzig Jahren in der Jurte der Eltern geboren, Mutter hat ihm die Nabelschnur durchschnitten, so war sie seine Nabelmutter, so hatte jener die Stellung eines jüngsten Kindes dieses Herdes. Von dem Schnaps, der nun da war, kostet sie nur einen Schluck und sagt: «Macht den gut zu, ihn wird der Kleine trinken, wenn er kommt. Er wird bestimmt auf dem Postauto durchfroren hier ankommen, er soll sich damit aufwärmen.» Der Kleine, das bin ich. Darauf schlief sie ein und erwachte nicht wieder.

Wenig später wurde ich telefonisch benachrichtigt, es war schon spät am Abend. Ich wurde gefragt: «Willst du kommen?» Wir hatten ja schon vorher ausgemacht in der Familie, wenn unsere Mutter stirbt und sie uns rufen läßt, dann fahren wir zu dritt – meine Frau, die hatte ja zu ihr ein Verhältnis nicht wie zu einer Schwiegermutter, sondern wie zur eigenen Mutter, und unser jüngster Sohn, der war der Lieblingsenkel der Großmutter. Ich wollte diese beiden Menschen, die ihr so nahe gestanden haben, mitnehmen. Wir hatten weiße Seide und gute Getränke immer für sie reserviert. Aber glücklicherweise hatten wir an jenem Tag nicht so viel Bargeld zu Hause und die Preise waren gerade mal wieder erhöht worden, und für drei Leute einen Flug zu bezahlen, das war, obzwar für eure

Verhältnisse kein Geld, für uns aber schon ein ganzes Jahresgehalt. Soviel Geld hatte ich einfach nicht. So sagte ich zu meinem Bruder: «Was mach ich nur, Himmel. Wir wollten gerne zu dritt kommen, aber ich habe nicht mal für mich das Fluggeld. Aber wie war der Wille der Mutter selbst?» fragte ich darauf. «Nein, Mutter hat bis zuletzt jeden Tag gesagt: «Wenn ich sterbe, laßt doch den Kleinen nicht in Eile kommen. Er hat Arbeit. Es genügt vollkommen, wenn er zu meinem siebten Tag da wäre.» Dann sagte ich, wenn das so ist, dann bleibe ich hier. Ich komme zum siebten Tag. Und am nächsten Morgen geschieht das große Flugzeugunglück, das uns alle zehn Jahre einmal heimsucht, und zwar seit 1963. In jenem Jahr war das erste Flugzeugunglück, eine vollbesetzte Maschine stürzte ab, dann 1973, 1983 und 1993. Diese letzte Flugkatastrophe war erwartet, alle Zeitungen schrieben, es ist jetzt das zehnte Jahr, jetzt kann uns die Flugzeugkatastrophe wieder heimsuchen. Paßt auf! Man hat nicht aufgepaßt, und es passierte. Wenn die Mutter es gewünscht hätte, ich möchte meinen jüngsten Sohn unbedingt sehen, er muß mich zu Grabe tragen – was alle Leute tun, was normal bei uns ist – dann wäre die Hälfte unserer Familie zugrundegegangen, wäre das Schrecklichste mit uns passiert. Nun aber ist es nicht geschehen.

Ich kam also zum siebten Tag. Und da ging es der Schamanin nicht gut, sie war beinah am Sterben. Ich treffe sie auf dem Krankenbett, im Dämmerzustand. Ich singe ihr etwas vor, einen kleinen Schamanengesang, und sie erwidert es mit einem Gegengesang. Dann fahre ich nach drei Tagen zurück und sage zu ihr noch: «Bleib am Leben, ich komme im Juni zurück.»

Und tatsächlich komme ich Anfang Juni mit drei Gästen, und der 15. Juni rückt näher, das war der neunundvierzigste Todestag meiner Mutter. Und an diesem Tag will ich zu unserem Familien-*owoo* reiten. Ich sage den Gästen Bescheid: «Heute werden wir dorthinreiten, wollt ihr mitkommen?» Sie freuen sich natürlich, einen *owoo* zu sehen, das Zeremoniell zu erleben. Unterwegs will ich bei der Tante schnell einkehren, um sie um Rat zu fragen, was ich da oben machen, welche Gesänge und Gebete ich verrichten soll. Da komm ich an, die jüngste Tochter tritt aus der Jurte und sagt: «Geh an die andere Jurte 'ran, steig dort ab.» Ich wundere mich zwar, aber ich folge ihr. Und bei dem ersten Tee sagt sie plötzlich: «Meine Mutter ist auch gestorben.» Ich rufe aus: «Wann denn?» – «Vor einer halben Stunde. Laß die Gäste nichts davon merken, die werden sich nur Sorgen machen. Wenn du den Tee getrunken hast, geh schnell rüber. Die liegt noch so, wie sie gestorben ist.» Dann renne ich hin, der Körper ist noch warm. Und ich beteilige mich an den letzten Handlungen. Das war der neunundvierzigste Tag. Also haben sich diese drei den Tag ihres Sterbens genauso ausgesucht, wie sie es haben wollten. In dem bekannten Dreieck sind sie gegangen.

Bei uns, die wir den Tod nicht als ein abschließendes Ende, sondern als einen Übergang betrachten, ist das nichts Besonderes, sondern etwas völlig Normales. Man stirbt nicht, man lebt einfach hinüber, geht in einen anderen Zustand ein. Wir sagen für sterben *dshanar*, also heimgehen, wie wenn ich bald zurück in die Mongolei, nach Hause fahre. Die Umschreibungen sind zahlreich, und sie verweisen immer auf einen Übergang, einen Wechsel der Welten, nicht auf ein Ende. Nimm *schyn oranga baar* – ins Land der Wahrheit gehen; *soksu soluur* – den Körper wechseln, das verweist unmittelbar darauf; auch: bleiben oder liegenbleiben – *galyr*; sich langsam davonbewegen – *galgyyr*; dann verschwinden – *dshider*, gehen – *dshoruur* oder verfehlen – *asa baar*; und für Kinder sagt man verlorengehen – *yschkyndyrar*; geheimnisvoller und rätselhafter klingt dann auch: nach Tauben gehen – *göldshürgeneleer*, das abrupte Gehen heißt: hinfallen – *hoshurluur*, hinpurzeln – *dshugluur*, stürzen – *ushar* ...

Die Vorstellung ist, daß der Körper zur Mutter Erde zurückgeht, aus der er einst entstanden ist. Der Körper ist vergänglich. Wir sprechen von dreierlei, von Körper – *bod*, Seele – *sünesin* und Geist – *sabdyk*. Die Seele wandert, ist übertragbar auf einen anderen Körper, bewohnt diesen vorübergehend. Wir glauben an die Wiedergeburt, obwohl der Körper dann ganz anders ausschauen wird. Die Seele bleibt nur für eine bestimmte Zeit erdgebunden, um irgendwann – das kann in drei Tagen, in drei Jahren oder in dreihundert Jahren sein – einen neuen Körper zu beleben. Der Geist ist ewig, bleibt als Teilchen des Universums in der Heimat. Die Geister meiner Urahnen sind in meinen Gedichten eines meiner zentralen Themen. Diese Geister habe ich überall um mich herum, es ist der Wind, es ist der Sonnenstrahl, es ist die Erde, es sind die

Steine, die Bäume, die Menschen, die Tiere, alles was mich umgibt, das ist jeweils Teil der Geister meiner Urahnen.

Die Vorstellung von der Wiederkehr der Seele ist vorbuddhistisch, schamanisch. Wir stellen uns diesen Vorgang auf der Erde sehr einfach vor. Da ist in unserem Kopf eine ganz einfache, aber feste Ordnung. Ich als lebender Mensch werde sterben. Sterbend werde ich zu einem Stück Stein. Aber dieser Stein bleibt nicht auf Ewigkeit dort, er wird irgendwann zerfallen, und so werde ich zu Staub. Aus dem Staub werde ich hervorgehen als Gräser und Blumen, und da werde ich von Tieren aufgenommen, und so gerate ich wieder zum warmen Fleisch und heißen Blut. Und ein Tier ist nicht ewig, es kann wechseln zu anderen Arten. Aber dann werde ich eines Tages als Hund da sein. Der Hund ist immer das vorletzte Stadium zum Menschen. Aus dem Hund werde ich dann als Mensch wieder hervorgehen.

Und darum zählt in der tuwinischen Jurte der Hund immer als Familienmitglied, bekommt seinen Teil, seine Portion, das ist besonders bei Feiertagen so, auch jedes Mal, wenn ein Tier geschlachtet wird, da gibt es für den Hund bestimmte Teile davon. Es ist anders als bei den Buddhisten, die sagen, ich werde innerhalb von neunundvierzig Tagen wiedergeboren. Also kann es Jahrhunderte, Jahrmillionen dauern. Die zeitliche Länge spielt für uns keine Rolle. In meinen Gedichten kommt das auch zum Ausdruck: Morgen schon oder in hundert Jahren erst. Für den Körper, der jetzt diesen Lebenszustand verlassen hat, hat diese Zeitspanne keine Bedeutung.

Wir sind nur ein Teilchen der großen Natur. Menschen kommen, Menschen gehen. Das menschliche Leben ist sowieso ein Bruchstück der Weltzeit. Wir wissen, in der Natur kommt nur lebenstüchtiges Leben vor. Weniger lebenstüchtiges Leben gibt es, aber dieses muß rechtzeitig gehen. Wenn Menschen altern, ihre sechzig Jahre auf dem Buckel haben, dann können sie eines Tages schmerzlos sterben. Wenn solch ein alter Mensch plötzlich gehen muß, dann ist das eine Sache, die für ihn nicht sehr schwerwiegend ist. Er kann es ziemlich heiter und gelassen hinnehmen. Durch dieses vereinfachte Bild vom Leben besitzen die Menschen immer noch die Fähigkeit, das Leben, das ihnen gehört, zu jeder beliebigen Zeit zu beenden. Aber nicht etwa durch Selbstmord!

Hundertzwanzigjährige gibt es bei uns nicht. Mein Vater wurde vierundsiebzig Jahre alt. Er hat sein Leben von innen heraus eingestellt. Und das ist immer eine feierliche Handlung. Vater hatte eine Lungenentzündung, die in jungen Jahren nicht gut ausgeheilt war. Und als er siebzig wurde, merkte er, daß ihm das zu schaffen machte. Das Leben war nicht nur Freude dann. So sagte er eines Morgens: «Also Kinder, ich habe die Nacht überlegt. Ich habe ein schönes Leben gelebt. Es ist lang genug gewesen. Ich habe meine Kinder großwerden sehen, ich habe meine Kindeskinder gesehen. Und auch meine Urenkel gesehen. Nun möchte ich heimgehen.» So hat er die ganze Verwandtschaft kommen lassen und sich heiter verabschiedet. Es gab Essen, Trinken, eine Feier. Und nachdem ein vierundsiebzigjähriger Mensch den ganzen Tag getobt hat, wird er doch müde dann. Am Abend fragte er, sind alle denn gekommen? Ja, alle sind gekommen. Dann will ich mich also zum Schlafen hinlegen. Noch einen Wunsch hätte ich: «Gebt mir Flußwasser!» Flußwasser? Das war im Winter, es war kalt, eiskalt. Meine Mutter sagte: «Das geht doch nicht. Du hustest. Mußt du noch eiskaltes Wasser trinken?» – «Nein, nein, ich möchte trinken. Eine Schale Eiswasser.» Das trank er so selbstversunken und sagte: «Dieses Wasser wiegt drei Seen, dreiunddreißig Flüsse und dreihundertdreiunddreißig Bäche, alle vermache ich meinen Kindern. Das Wasser wird bei euch bleiben. Damit ist mir jeder Wunsch auf Erden erfüllt. Nun möchte ich nur noch schlafen. Deckt mich gut zu.» Legt sich hin und wird zugedeckt. Dann hört man nach kurzer Zeit, daß er tief schläft, schnarcht und irgendwann wird es leiser, leiser, leiser… Und es geschieht von selber.

Das ist etwas, was man vielleicht als Phänomen in heutiger Zeit bezeichnen könnte. Aber irgendwann muß das der gewöhnliche Gang der Dinge gewesen sein. So den Tod hinnehmen, das ist etwas, was unsere Ahnen beherrschten und einige wenige Alte immer noch beherrschen.

Du verstehst nicht, wie durch die Betrachtung im Spiegel die Seele verloren gehen kann, sehe ich. Die Seele ist etwas sehr Empfindliches. Es heißt daher bei uns, man soll sich nicht so oft fotografieren lassen. Es gibt viele Menschen, die vorsichtig sind, wenn man sie fotografieren möchte. Denk nur an den alten Saryg, der sich gestern von dir überhaupt zum allerersten Mal fotografieren ließ.

Und doch: kaum kommst du mit einem Fotoapparat an, da stellen sich die Nomaden hin und wollen fotografiert sein. Obwohl sie genau wissen, daß sie das Bild nie bekommen werden. Andererseits heißt es tatsächlich bis heute, man soll sich nicht so oft fotografieren lassen, denn die Seele könnte Schaden nehmen. Damit will man sagen, daß die Seele etwas ist, das abgenutzt werden kann. Weißt du, wenn du mit der Schuhsohle, egal auf Schnee, auf Sand, auf Steine immer wieder trittst, wird sie doch auch abgenutzt. Genauso ist es mit der Seele, jedesmal wenn ich mich irgendwo widerspiegele, bedeutet es, daß ich meinen Seelenabdruck hinterlasse, ich mit mir da hineintrete und meine Seele dort haften bleiben könnte, vorübergehend zumindest, und so jedesmal ein bißchen abgenutzt wird.

Ja, du hast das bessere Wort gefunden, das Wort, nach dem ich gesucht habe. So ist es, die Seele wird dünner und damit auch anfälliger, wenn man sich häufig im Spiegel betrachtet oder sich viel fotografieren läßt. Schon bist du eine andere geworden, das sehe und höre ich. Hast du nicht selber gemerkt, daß du mit der Sprache besser umgehst, seitdem du hier mit uns lebst? Vielleicht ist es jetzt an der Zeit, ausführlicher über *sünesin*, die Seele, zu sprechen. Dazu aber muß ich etwas ausholen.

Tojlu heißt in Tuwa Spiegel. Und der Spiegel hat eine ganz besondere Bedeutung, denn er war für uns etwas Verbotenes. Einen Spiegel hatte nur der Schamane. Der gewöhnliche Mensch betrachtete sich darin nicht. Wenn er es dennoch tat, bedeutete dies etwas Unheilbringendes. Denn, so meinte man, durch die Widerspiegelung des Menschen könnte es leicht geschehen, daß die Seele verlorengeht. Das Spiegelbild selbst sei Abbild des Seelenschattens, und mit jeder neuen Spiegelung nutzte sich der Schatten mehr ab, denn ein Schimmer bliebe auf immer dort zurück, und so würde der Mensch durch öfteres Widerspiegeln auch verbraucht. Neulich habe ich gelesen, daß Spiegelbilder tatsächlich in der Luft bleiben, daß davon wenigstens eine Spur zurückbleibt. Und die Kriminalisten könnten, wenn ein Mensch an einem Spiegel vorbeigegangen sei, nun darauf auch Spuren von ihm feststellen. Vielleicht haben die Schamanen gewußt, daß im Spiegelbild immer etwas haften bleibt.

Wir haben natürlich doch unser Spiegelbild gesehen. Häufig, wenn man uns Kinder nach Wasser schickte, haben wir eigens eine stille Ecke aufgesucht, damit wir uns im Wasser betrachten konnten. Als ich mich das erste Mal in so einem stillen Wasser sah, habe ich mich vor diesem Menschen gefürchtet. Denn derjenige, der sich da im Wasser spiegelte, der hatte zwei lange Seitenzöpfe und einen Stirnzopf nach vorne, und zudem so hervorstehende brennende Augen. Und gerade diese Augen waren es, vor denen ich mich gefürchtet habe. Das sollte ich sein? Der aber war mir irgendwie nicht geheuer, nicht sehr nach meinem Geschmack. Dann kam es, daß ich den immerfort sehen wollte. So bin ich wieder und wieder zu einem bestimmten Wasser gerannt und habe ihn, der ja ich war, aufs eindringlichste betrachtet. Vor allem wollte mir nicht gefallen, daß der da das Gesicht voller Sommersprossen hatte. Denn mir mißfielen die Erwachsenen, die sich über mich lustig machten und sagten: «Euer Junge gleicht ja einer schwangeren Frau.»

Später entdeckte ich, daß man sich auch in den Augen von Tieren, von Menschen spiegeln kann. Nicht in jedem Auge kann man sich sehen. Es gibt so spiegelklare Augen. Solche Augen hatte meine Cousine Dschetschek, die berühmt gewordene Melkerin, bei der wir gerade waren. Sie ist ein paar Monate älter als ich, aber wir gelten als gleichaltrig, sind beide im Jahr des Schwarzen Pferdes geboren. Wir haben die allerersten Jahre unseres Lebens fast in einer Jurte verbracht. Sie ist von all den Verwandten diejenige, die mir am nächsten steht. Vielleicht dadurch, daß wir gemeinsam an einem Ort, unter gleichen Bedingungen aufgewachsen sind. Dann kam sie mit mir auch in die erste Klasse. Aber das Mädchen lernte nur zäh. Das ist seltsam, obwohl sie bewundernswert klug und geschickt in vielem ist, und das ist ja mittlerweile allseits bestätigt worden, denn wie sonst hätte man ihr den zweithöchsten Orden der Mongolei verliehen. Sie ist zudem Deputierte des Großen Volkshurals gewesen, und die Bedingungen der Heldin der Arbeit hat sie zwei-, drei-, wenn nicht viermal erfüllt. Wäre sie eine Kasachin, sie wäre längst, längst schon Heldin geworden.

Als Tuwa-Frau ging sie natürlich mit großen Schwierigkeiten durch das Leben, aber dennoch immer bergauf, und sie hat den Gipfel des Berges, sagen wir, des Ruhmes, fast erklommen. Die konnte das. Ist erschreckend fleißig und freundlich, freigiebig, geschickt, ja hat mit einem Wort alle guten Eigenschaften, die ein Mensch je besitzen kann. So seltsam das auch klingen mag, ich wüßte jetzt keine schlechte Eigenschaft, die sie hätte. Sie ist einfach übermenschlich in meinen Augen. Das habe ich wohl sehr früh erkannt, denn ich habe die erste kindliche Zuneigung gerade zu ihr gefaßt. Ich weiß, in Europa kann man eine Cousine heiraten. Das geht bei uns nicht, denn wir sind sehr streng in Sachen Heirat. Aus dem eigenen Stamm darf man niemanden nehmen. Wir sind ja Kinder von zwei Brüdern. So war das von vornherein für uns ausgeschlossen, aber das hinderte mich nicht daran, mit ihr gut zu sein, denn ich fühle mich stark zu ihr hingezogen. Ich muß im Jahr wenigstens einmal zu ihr fahren, und wir müssen uns tüchtig austauschen, uns einander in der Nähe wissen. Einmal habe ich in ihren Augen mich selber gesehen. Und dieses Bild, das ich dort gesehen habe, war im Unterschied zu dem im Wasser ausgesprochen schön. Dieses Bild war mir so nah, möglicherweise weil es ausgerechnet im Auge der Dschetschek zu sehen war. Die hat ja so schöne Augen, ich weiß nicht, ob du dir diese Augen genau angeschaut hast. Ihre Tochter hat mir neulich gesagt, die Dschetschek hätte Tigeraugen. Und seitdem denke ich, vielleicht haben die Tiger tatsächlich derart schöne Augen. Seit ich die Kamele so einigermaßen kenne, seit unserem Umzug mit der Karawane, da weiß ich, die Dschetschek hat die Augen einer Kamelstute. Mir ist, als ob ihre Seele in den Augen säße und diese Seele mit der meinigen verwandt wäre.

Somit muß es mit dem Spiegel zwei Seiten auf sich haben. Als ich in das Wasser, das unter mir so unruhig vorbeifloß, hineinschaute, fand ich mich nicht besonders anziehend, aber in dem Augenblick, in dem ich mich in dieser bildhübschen, mir nahestehenden Dschetschek wiedersah, war ich mir mindestens gut genug.

Nach der Beschaffenheit der Seele fragst du? Die Seele könnte so etwas wie ein Ebenbild des Körpers sein. Ja, aber es gibt Dinge, die man nicht zurückbekommt. Wenn ein Geruch von dem Menschen ausgeht, verfliegt er. Genauso ist das mit der Widerspiegelung, die ist flüchtig. Jedesmal, wenn ich mich in etwas spiegle, bedeutet das: ich bleibe mir zwar erhalten, doch die Widerspiegelung kommt nie zurück, also geht von mir immer etwas ab. Es ist wie mit dem Geruch. Ich kann meinen Geruch selber empfinden, und trotzdem geht dieser unwiederbringlich von mir fort. Ich kann mich ja selber auch wahrnehmen, wenn ich übel rieche oder wenn ich dufte. Aber ich weiß, dieser Geruch, dieser Duft geht von mir und kann nicht zurückkommen. Einsammeln werde ich ihn nicht wieder können.

Wir Tuwa meinen, die Seele sei etwas Schwebendes, Leichtes. Wenn ein Kind niest, dann sagt man ganz schnell dagegen einen Spruch: *Burgan örschöö*! Also: Das Höchste möge dir beistehen. Weshalb der Spruch? Beim Niesen kann die Seele hinausfliegen. Es gibt Menschen, denen immer etwas schiefgeht, das sind die Pechvögel, und da sagen wir, denen ist die Seele entkommen. Dann greift man zu einer Zeremonie, bei der die Seele zurückgerufen wird. Das ist Aufgabe des Schamanen. Der ruft dann die Seele zurück. Im schamanischen Wortgebrauch heißt das *sünesin gygyrar*, Seele zurückrufen.

Der Lebensgeist wird immer als ein roter Faden empfunden. Wenn einer sehr krank ist und die Gefahr besteht, daß er sterben könnte, dann wird ein Ritual durchgeführt, das sich *tyn toluur* nennt. Das bedeutet: Lebensgeist wechseln. Mein Lebensgeist wird dann auf einen anderen übertragen, das kann ein Bruder, ein anderer Verwandter, ein Kind, die Mutter, der Vater sein. Für eine kurze Zeit überträgt man auf einen anderen Menschen – oder seltener auch auf ein Tier – den Lebensgeist. Dazu führt man von mir zu dem anderen Lebewesen einen roten Faden, der um den Hals oder das Handgelenk gebunden wird. Entlang dieses Fadens nun wird die Lebenskraft des einen Lebewesens auf das andere übertragen, damit dem kranken nicht der eigene Lebensfaden abreißt.

Bei einem Gesunden besteht ja vorerst keine Gefahr zu sterben. Das geschieht nur für eine kurze Zeitspanne, für eine Nacht, drei oder sieben Tage, je nachdem.

Die Seele ist etwas, das sich vom Körper ohne weiteres loslösen kann, beim Niesen, beim Schreck, bei großem Wutausbruch, und eben beim Tod. Nach dem Tod, so heißt es manchmal auch, findet die Seele keinen neuen Körper zum Bewohnen. Sie irrt umher und kehrt deshalb wieder und wieder zum Leichnam zurück. Diese Seele muß man befrieden. Da gibt es auch ein bestimmtes Ritual, damit sich die Seele endgültig vom Körper loslöst und fortgeht und nicht weiter um den alten Körper herumirrt. Man bringt sie auf den Weg, damit sie frei wird, einen neuen zu bewohnen.

Ich habe meine Schamanentante gefragt: «Wie sieht die Seele aus?» Sie hat gesagt: weiß. «Wie weiß?» habe ich weiter gebohrt. «So etwas, was nicht stehen bleibt und ständig in Bewegung ist, was fließt, was schwebt.» Und dann ist ihr etwas eingefallen, und sie hat mich gefragt: «Hast du Quecksilber gesehen?» Ich hatte bis anhin kein Quecksilber gesehen. Sie hatte das aber gesehen, ein Thermometer war runtergefallen. «Du mußt dir Quecksilber anschauen, so sieht die Seele aus.» Später, als ich es sah, hab ich begriffen, was sie damals meinte.

Seitdem stelle ich mir die Seele wie ein Fetzchen Wolke vor, das frei umherschwebt. Im Juni, Juli wirbeln doch von den vielen Espen in Ulaanbaatar unzählige Wollsamen durch die Luft. Da denke ich immer, das könnten die Seelen der vielen Hunderttausend sein, die um die Stadt herum liegen. Ich weiß, daß es nicht so zu sein braucht, aber so könnte es ja auch sein, wer weiß.

Ob meine Tante, die Schamanin, Seelen sehen konnte, weiß ich nicht. Aber sie konnte sie riechen und hören, und das weiß ich deshalb gut, weil sie einmal bei einem Toten war und ihm ein Essen gegeben hat. Das ist so Sitte bei uns. Erst wußte keiner genau, wo der Mensch lag, dann ist sie in ihrer Schamanentracht mit der Mütze auf dem Kopf und dem *schawyd* in der Hand über die Steppe gewandert, und dabei hat sie immer laut hörbar die Luft eingesogen, ja richtig gegrunzt, bis sie so an eine bestimmte Stelle kam, wo sie unter einem unerhört lauten Grunzer einen letzten großen Satz machte: «Also hier liegst du nun!» Vorher hat sie sich unentwegt mit verschiedenen Geistern unterhalten: «Wessen bist du? Ich kenne dich ja. Du aber bist mir fremd. Ach, von dem, ja deinen Vater kannte ich gut.» Und dann kam: «Ach, hier liegt er!» So winkte sie uns herbei und breitete die Sachen, die wir mitgebracht hatten, dort aus. In dem Augenblick wußte ich: Die konnte Seelen, also die Geister der Verstorbenen riechen.

Die Luft, die Erde ist voll von ihnen. Die Kraft, die heilende und reinigende Kraft von Mutter Erde kann nur von ihnen kommen, auch von den vielen Hunderttausenden, ja Millionen von Körpern, die zu unterschiedlichen Zeiten in die Erde zurückgekehrt sind. Du siehst es doch jeden Morgen hier in der Jurte, wenn der erste Tee gekocht wird. Wenn der dann verspritzt wird, da ruft man alle herbei, die Berge, den Himmel, die Erde und die Ahnen, die längst vergangen sind. Ich kann mir unmöglich denken, daß diese lebenserfahrenen Menschen etwas herbeirufen, was es nicht gibt.

Und denk nur an die Behandlungsweisen. Die nächste und verständlichste für jedermann erfolgt durch die Berührung der Mutter Erde. So auch durch Berührung der Brüder Bäume, die der Freunde Steine und Schwester Gewässer. Dann heißt es: Man soll an die frische Luft gehen, und ich glaube, das ist nicht nur allein des Sauerstoffs wegen. Jeder weiß, was Sauerstoff bewirkt; da ist viel, viel mehr im Spiel, nämlich ein gewaltiges Strömen von Energien. Wenn ich auf der Erde sitze oder liege, dann geht etwas durch mich hindurch, und ich spüre, das sind die Geister. Das sind Schwingungen, könnte ich auch sagen, und sofort klingt es naturwissenschaftlich. Aber ich bin so wenig wissenschaftlich, so spreche ich lieber, wenn einer mir die Geister nicht abnimmt, ganz einfach von Kräften, die da wirken.

Also enthalten alle Elemente, das Wasser, die Berge, die Erde, eigentlich Seelen, denn wenn Lebewesen sterben, werden sie ja wieder Steine, daraus wachsen Gräser, Blumen, eine Weile später Käfer, Insekten und so fort. Also stecken die Seelen Vergangener, Menschen wie Tiere, in diesen strömenden, klopfenden und lodernden Kräften.

Nicht nur die Seelen, auch die Wärme der Wesen: Wenn ein Körper verwest in der Erde, dann fängt es an zu arbeiten, die bekannten biologischen Vorgänge setzen ein. Diese Wärme muß in der Erde auch mitenthalten sein. Ich meine das zunächst sehr stofflich. Hier geschehen, meine ich, oft genug Verwechslungen.

Geister sind etwas quasi Materielles, das wir zwar nicht unbedingt sehen, günstigenfalls aber spüren können. Wir sagen immer, nicht alles, was da ist, können wir sehen. Wind ist da. Können wir ihn sehen? Nein. Die Sonnenstrahlen? Zwar können wir die leuchtende Sonne mit unseren Augen wahrnehmen, aber die Wärme des Sonnenfeuers können wir nicht sehen. Und mit dem Geist ist es genauso. Geister sind immer wild, jeder Geist ist so, und sie können gut oder schlecht sein. Der Schamane ist der Mensch, der weiß, wie damit umgehen, wie die Geister lenken. Der Schamane ist einer, modern gesprochen, der mit Geistern arbeitet, Geister dressiert, er ist ein Geisterdompteur.

Geister kann ich auch anders bezeichnen, als gute Energien, als die Kraft, die den Dingen innewohnt. Wenn du einen Berg nimmst, dieser Berg ist ein lebender Körper, strahlt Energien ab. Und das ist für mich der Berggeist. Wenn du eine Jurte nimmst: die ist ein Komplex von tausend Dingen – Menschen, Tiere, Feuer, all diese strahlen verschiedene Energien und Kräfte aus. Das sind die Geister. Stell dir eine Jurte vor, in der kein Feuer brennt. Die ist verlassen. Daß manch einer selbst im entgeisterten Europa das Kaminfeuer liebt, kann ich gut begreifen. Der Mensch weiß, daß dem Feuer ein Geist innewohnt. Vom offenen Feuer geht auf den Menschen etwas Angenehmes über. Das ist der Geist des Feuers. Wir meinen dasselbe und bezeichnen es anders. Habt ihr einen Namen dafür? Wenn wir sagen, das ist der Geist, der im Feuer wohnt, würden einige von euch uns wahrscheinlich belächeln. Und doch spürt ihr das Atmosphärische, das vom Feuer ausgeht.

Daß jedes Gewässer Geister hat, das ist für uns selbstverständlich. Aus dem Wasser geht ja immer reichlich gute Energie hervor. Das wird auch der letzte Dummkopf verstehen. Wenn man an einem fließenden Wasser sitzt, dann erholt man sich so wunderbar. Diese Kraft- oder Energieübertragung spürt auch ein ganz einfacher Mensch, der nichts weiter beachtet, jeder ahnt die Kraft, die im Wasser wohnt. Im Wald wohnen Waldgeister, Baumgeister. Ob ihr das begreift, bin ich mir nicht so sicher, aber die Russen verstehen das schon besser. Denn sie lieben es, bestimmte Bäume anzufassen. Es gibt aber auch Bäume, die als Energievampire gelten. Bei solchen Bäumen darf man nicht lange sitzen bleiben oder sie gar anfassen. Dann gibt es wieder Bäume, die Energie spenden. Diese Bäume muß man bei verschiedenen Krankheiten, vor allem bei Übermüdung immer anfassen. Man muß den Bäumen nahe leben. Alle Erdkörper geben uns Kraft, und das sind wiederum die Geister.

Und denk nur an den Geist einer Tierherde. Von den Tieren geht auf den Menschen immer eine sehr angenehme, da lebensfördernde Kraft aus. Grundsteinlegung, das ist ja so eine Sache. Selbst Europäer, die an Geister angeblich nicht glauben, die opfern doch in diesem Fall! Nur ist das eine andere als bei uns übliche Form des Opferns. Und es gibt bei euch auch Menschen, die selbst heute noch spüren, daß jedem Haus, jedem Denkmal ein Geist innewohnt. Nur es sich einzugestehen, das ist schon eine andere Sache, die eine kleine Portion Mut verlangt.

Also wenn wir von Geistern reden, dann denke ich immer an das deutsche Wort Geist im Sinne von Schnaps. Wie wir den Milchschnaps destillieren, das ist ja auch ein Abfangen von Geist. Zunächst siehst du nichts. Der eigentliche Sinn dieses Unternehmens besteht ja darin, daß wir einen ordentlichen Quark bekommen. Und während Quark gekocht wird, steigt Dampf auf. Und diesen Dampf fangen wir ab, damit er sich zu Wasser verflüssigt. Der Dampf aber, der darüberschwebt, das ist der Geist. Mit den unsichtbaren Geistern stelle ich mir das auch so vor, sie sind etwas Schwebendes. Etwas, das innendrin im Körperlichen wohnt, aber bei leichten Bewegungen, Erregungen und in Berührung mit anderen Körpern in einen schwebenden Zustand gerät und wie im Wind wankt und schwankt.

Der Schamane hat immer mit Geistern zu tun, er ist ja der Mensch, der hinter die Dinge sehen kann, ihnen auf den Grund kommt. Wir kleine Menschen wissen nicht, welche Geister dort wohnen. Schamanengeister sind ja für den gewöhnlichen Menschen gemeinhin unberechenbar, manchmal richtig launisch. Und deshalb nennen wir die Geister auch wild, zeigen sie sich doch in allen möglichen Stimmungen.

Unsere Sprache hat sowieso eine etwas andere, ich würde sagen urigere Aufgabe als die eurige. *Almys* und *schulmys* und *mangys* sind ja Wesen, die der Deutsche mit Teufel, Ungeheuer übersetzen würde. Aber für uns haben sie alle mitunter auch eine positive Bedeutung. Bei euch würde das vielleicht einem teuflisch schlau, teuflisch gut entsprechen. So heißt eines unserer Sprichwörter: Mitunter gibt es bei einem guten Menschen lediglich einen fleischlichen Körper und bei einem schlechten einen *mangys*-artigen. Das ist eindeutig gut gemeint, *mangys* ist ein Tüchtiger, der andere dagegen nur ein Fleischberg, der zu nicht viel taugt. Und wenn ein Mensch sehr tüchtig und sehr gescheit, ja hell im Kopf ist, dann sagt man, er ist sehr *schulmu*, also sehr aufgeweckt.

Bestimmte unsichtbare Geister sind bei uns weder eindeutig schlecht noch böswillig. Die stehen vielmehr alle für große Begabungen, für Fähigkeiten, die einem gewöhnlichen Menschen abgehen. Übermenschliche Fähigkeiten also werden alle dem *asa*, dem *goosch* oder der *schulmys* zugeschrieben. Um diese zu besitzen, heißt es, mußt du zu denen gehen. Dann helfen sie dir, das, was in ihrem Bereich liegt, zu erlernen. Wir gebrauchen also *almys, schulmys, asa, goosch* tagtäglich und benennen damit die Geistesverfassung und den Gemütszustand eines Menschen. *Almys* ist das männliche Wesen, von diesen unsichtbaren unberechenbaren Geistern, *schulmys* ist das weibliche, *asa* ist das Wort, das für alle stehen kann, ist ein übergeordneter Begriff, *goosch* ist etwas, das immer wegraffen kann.

Bak dshiwe, schlechte Dinger, sagt man bei uns. Und wieder nennt man sie nicht eigentlich, sondern umschreibt sie. Man hütet sich vor ihnen, deshalb geht man nicht gleich, nachdem jemand gestorben ist, zum Grab. Bei einigen heißt es, man dürfe erst nach zwei Jahren dorthingehen, aber bei den meisten nach drei, bei wenigen sogar erst nach fünf Jahren. Ganz selten heißt es, man dürfe nie wieder dorthingehen, wo man einen Toten gelassen hat. Der Grund: Man denkt, die Geister, die einen abgeholt haben, die lauern dort und warten dort wie Jäger, die manchmal an den Wegrändern hocken und auf das Wild warten. Man denkt, die bösen Geister warten dort zwei Jahre auf einen. Deshalb heißt es, daß man erst nach drei Jahren zurückkehren darf, dann seien sie fortgezogen.

Die *asa* sitzen immer an Kreuzungen mit sieben Wegen, seltener auch an solchen dreier Wege. Das sind ungewöhnliche Zahlen. Sieben ist für uns eine kritische, da schlechte Zahl. Wenn einer die Pferdekopfgeige spielen lernen will, dann geht er mit ihr zur Dämmerstunde zu solch einer Kreuzung, nimmt einen Pferdeschädel und markiert ihn, indem er mit Ruß ein Halfter darauf zeichnet, setzt sich rittlings darauf und spielt. Wer diese Zeremonie genau durchführt, heißt es, der lerne unverzüglich und gut. Weil eben die *asa* neben einem sitzen und einen mit ihren Fähigkeiten anstecken.

Musik ist Klang, Schwingung. Und die *asa* leben auch im Klang, schwingen auf bestimmte Art. Musik ist also ein Handwerk der *asa*. Und weil es ihr Handwerk ist, werden sie schnell aufmerksam, sobald du anfängst zu musizieren, denn damit betrittst du ihr Reich. Einmal dort, lernst du außergewöhnlich schnell. Da gibt es eine ganz bestimmte Melodie, die heißt *Erlikbejning uraasy*, nur darf man sie nicht so ohne weiteres auf der Pferdekopfgeige spielen. Die Worterklärungen verdeutlichen dies: *Erlik* ist der Herr des Totenreichs; *bej* ist auf Tuwa die Verkleinerungs- und Verinnerlichungsform wie die Endsilbe -chen im Deutschen, also Erlikchen; *uraa* bedeutet herbeirufen, herbeisingen. Mit dieser Melodie öffnest du dir die Pforten zum Herrn des Totenreichs. Wenn man nun das Spielen gut lernen will, muß man ausschließlich und gerade sie spielen. Schon sind die *asa* von allen Seiten herbeigeeilt und stehen dir bei. Genauso ist es mit der Redegewandtheit, die ja auch des Teufels sein kann, wie ihr sagen würdet. Nur meinen wir eben, es ist eine Gabe, die vom Schicksal bestimmt aus dem Jenseitigen auf den Menschen herabkommt und ihn befähigt. *Asa* und *goosh*, *almys* und *schulmys*, die werden bei uns als Boten aus der Welt jenseits des Sichtbaren verstanden, und sie können den Menschen auf Erden beistehen.

Aber zu welchem Preis? So werden bestimmte Kunstgattungen bei uns immer als Ersatz für Glück und Reichtum angesehen. Man denkt, Menschen, die gut singen, die gut musizieren können, werden kein langes Leben haben. Und genauso ist es mit langen Haaren. Lange Haare bringen immer lange Tränen, sagt man. Tränen als Kette, die Tränen hängen sich an die Haare, deshalb muß man sich rechtzeitig entscheiden, ob man lieber die schönen langen Haare behält, oder man sie immer wieder schneidet.

Asa ist etwas, was alles kann. *Asa* ist die übergeordnete Bezeichnung für alle Geisterarten. Nur nennt man sie eben nicht direkt, sondern gibt ihnen andere umschreibende, irreführende Namen. Ich wollte auch schlechte Dinge, also *asa* wirklich sehen lernen. Willst du wissen, wie? Da reitet man auf einem Schimmel gegen die einziehende Abenddämmerung solange in Richtung Westen, bis du zu einer Stelle kommst, wo Menschen begraben liegen. Dein Pferd sollte tüchtig schwitzen, heftig atmen. Angekommen, ziehst du aus dem schweißigen Pferdekörper ein Haar, und während du absteigst, streichst du dir damit über die Augenlider. Ab da solltest du schlechte Dinge sehen können. Menschen, die das können, heißen *dshiwe göör*, schlechte Sachen Sehende. Ich wollte auch *dshiwe göör* werden, aber es hat nicht geklappt. Wir hatten ein, wie wir sagen blaues Pferd, ein altes, langsames, sehr gutmütiges Wesen, das uns alle ans Reiten gewöhnt hat. Wir siedelten damals gerade unweit von Oruktug, wo der größte Friedhof der Tuwa liegt und wo übrigens der dritte Tag aus ‹Zwanzig und ein Tag› spielt. Dort habe ich es wiederholt versucht. Ich hätte alles gegeben, um Sachen sehen zu können. Jeden Abend zur Dämmerstunde bin ich wild galoppierend, das Pferd mit der Peitsche vorantreibend, bergauf bis zum Friedhof geprescht. Da, wo zwei Schädel lagen, bin ich vom Pferde runtergesprungen und habe schnell nach den Pferdehaaren gegriffen – und die ganze Handfläche war immer voll davon, denn wenn du ein schwitzendes Pferd so kräftig abstreifst, bekommst du immer ein ganzes Büschel davon zu fassen. Und rasch habe ich damit Augen und Gesicht bestrichen. Nur die Folge war: meine Augen tränten zwar sehr stark, und zwar vom Pferdeschweiß, aber gesehen habe ich nie etwas. Also mußte ich glauben, damit stimmt was nicht.

Gewöhnliche Menschen haben mitunter den eitlen Wunsch, es dem Schamanen, der ganz oben steht, gleichzutun. Irgendwie könnte das ja sogar von Nutzen sein. Denn siehst du schlechte Dinge, kannst du einen Umweg machen. Wer nicht sehen kann, der kann sich ja zu schlechten Dingen setzen oder dort gar einschlafen. Denn du mußt immer davon ausgehen, daß du ganze Tage oder manchmal auch Nächte in der Steppe wirst verbringen müssen, und da weißt du nie, was wo ist. Und wenn du vorher sehen kannst, da suchst du dir eine Stelle, wo es nichts Störendes gibt.

Es gibt Leute, die behaupten, sie würden schlechte Dinge sehen. Habe festgestellt, daß es meistens erlogen ist. Ich habe einen Cousin, der heißt Baatar. Er ist ein belesener Mensch, eine Art selbstgebackener Gelehrter, wirklich einer der besten Köpfe, aber bisher ohne Titel. Er veröffentlicht nichts. Vor Jahren, wir gingen noch in die Schule, hatte er eines Tages behauptet, er würde schlechte Dinge sehen, und das nahmen wir ihm zunächst auch ab, denn er hat unter dem einen Auge so ein kleines rotes Muttermal, was als Anzeichen dafür gelten könnte. Ich habe ihn natürlich neugierig gefragt: «Wo hast du was gesehen?» Er: «Im Internat, im Kreis.» Ins Schulinternat würden nachts immer schwarze Gestalten reinkommen, bei manchen Kindern lange stehen bleiben, und diese Kinder wurden dann immer krank, und einige starben dann auch. Und das hat uns natürlich sehr geängstigt damals. Weil wir das hörten, versuchten wir immer als erste einzuschlafen. Das war insofern gut, als einige nie einschlafen, sondern lieber noch spielen wollten. Der Internatslehrer mußte abends immer sagen: «Liebe Kinder, geht jetzt ins Bett. Jetzt aber Ruhe.» Nirgends spielen die Kinder so viel wie in einem Internat. Kaum hatten wir davon gehört, gingen wir unverzüglich und brav ins Bett und wollten natürlich einschlafen, solange das Licht noch an war. Manchmal wachtest du auf in der Nacht, dann hörtest du, wenn zwanzig Kinder um dich herum schliefen, die verschiedensten Laute, das war ein altes Haus, mit Dielenbrettern, die nicht festgenagelt waren, es knarrte viel, auch in der Nacht. Da hatte ich große Angst.

Er behauptete nur einmal, etwas gesehen zu haben. Danach hat er nicht mehr davon gesprochen, und wir haben ihn auch nie wieder danach gefragt. Ich glaube, er wollte uns Angst machen. Er kam und erzählte es uns gegen Abend. Und von dieser Stunde an hatten wir Angst. So einfach war das. Manchmal kamen die Lehrer nachts, die Bereitschaftsdienst hatten, und da bekamen wir natürlich einen heiligen Schreck, wenn plötzlich einer von denen hereinkam. Unsere Welt ist ja bevölkert von Geistern aller Arten. Und so hielten und halten wir vieles immer noch für möglich.

Der Tuwa-Nomade würde solche deutschen Wörter wie begeistert und entgeistert nicht nur mit Aug und Ohr, sondern auch mit Herz und Niere wahrnehmen und verstehen. Die Tür zum weißen Land der Seele steht für ihn immer locker angelehnt, und sie kann beim kleinsten Luftzug aufgehen.

Weltoffen, weltgewandt, weltweit, weltmännisch, in der Welt herumgekommen, Weltkultur, Weltbewußtsein, das sind einige der hochfliegenden Begriffe, die du so selbstherrlich hin und wieder gebrauchst. Als ob die Welt dir gehörte. Tatsächlich aber ist es umgekehrt, du gehörst zur Welt, so wie der Baum dort drüben, so wie der Fluß, der nur in diesem Tal an uns vorbeifließen kann, so wie der gletscherhelle Berg ein Stück Altai und damit auch nur ein Stückchen Erde dieser Welt ist.

Diese deine Weltperspektive nimmt sich von uns her anders aus. Von euch aus gesehen ist alles so selbstverständlich. Man konnte hinfahren, wohin man wollte. Für uns gab es ja den berühmten eisernen Vorhang, man durfte nirgendwo hin. Es war sogar im eigenen Lande so, daß man sich bei der Polizei anmelden mußte, wollte man zum nächsten Bezirk. Um eine Eisenbahnfahrkarte oder einen Flugschein zu bekommen, brauchte man immer eine Genehmigung. Nachträglich sehe ich in dieser Eingrenzung oder Einengung auch einen Vorteil. So waren wir geschützt vor den zerstörerischen Elementen, die von außen unser Leben mit einem Mal so unsicher machen. Damals haben wir ziemlich unter der fehlenden Information gelitten, aber das hatte eben auch seine gute Seite: Die fremden, bösen Einflüsse blieben aus, und auch jene bösen Möglichkeiten, die in uns schlummern. Das sag' ich, weil ich sehe, wie unbarmherzig ihr der Informationslawine ausgesetzt seid. Ihr werdet pro Stunde, pro Minute, ja pro Sekunde sozusagen von allen Seiten bombardiert. Daher unser Grundunterschied: Während du an der Enge leidest, leide ich an der Weite. Du suchst die Weite, ich dagegen die Enge.

Das Leben ist nicht viel mehr als ein Tag und eine Nacht. Es reicht schon, wenn man einen Tag menschenwürdig verlebt hat, und die Nacht darauf auch. Das Leben dauert, so kann man auch sagen, vierundzwanzig Stunden, alles andere ist nur bloße Wiederholung dieses einen Tages und dieser einen Nacht, und ob es nun hundert Jahre oder sechzig oder auch nur vierzig Jahre dauert, alles ist relativ. Und wenn wir sagen, als der Himmel die Zeit schuf, hat er davon genug geschaffen, dann ist das ja unsere Grundhaltung zum Leben. So meinen wir, wir hätten unendlich viel Zeit. Aber ihr wollt glauben, ihr hättet überhaupt keine Zeit. Kein Wunder, wenn die Leute einem unsichtbaren Ziel von Geburt bis Tod nachjagen: Zeit, Zeit, Termin, Termin. Das ganze Leben ist verplant, und man hat vom eigentlichen Leben so wenig. Wir dagegen leben für unsere Eltern, denn das wichtigste für uns sind unsere Eltern, die sollen geliebt, geachtet und versorgt werden. Und wir haben dann unsere Berge, unsere Erde, unsere Gewässer, unseren Himmel. Also kurz gesprochen unseren Altai. Und wenn wir diesen unseren Altai einigermaßen sauber und ganz unseren Kindern weitergeben können, wenn wir unsere Eltern immer geachtet und erfreut und sie dann gut bestattet haben, dann ist ziemlich alles getan. Das ist ein gutes Leben gewesen.

Du merkst, unser Zeitgefühl ist anders. Wir leben ja nach dem Zeitmaß der Jahreszeiten. Leben zwischen zwei Sonnen, wie wir sagen. Von Sonnenaufgang bis Sonnenuntergang, das empfinden wir als einen Tag. Die andere Hälfte des Tages, die sonnenlose Hälfte, empfinden wir als Nacht. Und das Jahr gliedert sich in vier Jahreszeiten, und eine Jahreszeit gliedert sich unabhängig von den Witterungsverhältnissen in drei Monate. Und jeder Monat besteht aus dreißig Tagen für uns. Wir leben nach dem Mondkalender. Und ausschlaggebend und wichtig für uns ist, daß die Sonne scheint. Und die scheint wirklich, meistens dreißig und einen vollen Tag lang im Monat. Und daß wir auch jede Nacht den Mond sehen. Die Menschen leben nach Sonne und Mond. Ganz wichtig ist, daß wir die Sonne und den Mond jeden Tag sehen, erst dann wissen wir, wie der Tag morgen sein wird.

Wenn der Neumond aufrecht steht, dann ist das ein Zeichen dafür, daß alles gut werden wird. Liegt die Mondsichel auf dem Rücken, sieht sie nach unten gestürzt aus, ist das ein Zeichen für schlechtes Wetter. Nach dem Grad, in dem der Mond zur Erdoberfläche steht, nach seiner Farbe, aber auch nach eventuellen Mondflecken, muß man schauen. Flecken sind kein gutes Zeichen, ein verheißungsvoller Mond darf nicht befleckt sein. Wir wissen ziemlich genau, an welchen Tagen das Wetter umschlagen wird. Zum Beispiel gibt der Zweiundzwanzigste immer einen Wetterwechsel, und nach der jeweiligen Tageszeit und Art des Wechsels kann man dann sehen, wie sich die letzten Tage bis zum Dreißigsten gestalten werden. Am ersten und letzten Tag des Monats gibt es keinen Mond. Darum ist es wichtig, den Mond davor und danach, die gehende und kommende Mondsichel zu betrachten. Am neunundzwanzigsten Tag schamant ein jeder Schamane. Und in dieser Nacht kann man soviele Schamanenrituale erleben, wie das Land Schamanen hat. Ein Schamane muß an diesem Tag einfach auftreten. Das ist dann, in der modernen Sprache ausgedrückt, ein Monatsbericht über die vergangenen dreißig Tage und eine Vorausschau auf die kommenden dreißig Tage.

Beim Sonnenaufgang achtet man darauf, wie die Strahlungen sind; wie die Farbe ist. So schön kann die Morgensonne sein, aber nichts wird helfen, wenn eine Wolkenblase überm östlichen Horizont hervorlugt. Bei einer wirklich freundlichen Morgensonne müssen Stille und Reinheit dasein, die sie umgeben! Jeder Sonnenuntergang sagt genügend aus über den nächsten Tag. Da sind die Farbe der Sonne und die Form der Wolken von großer Wichtigkeit. Da haben selbst Deutsche immer etwas zu sagen. Vor einem Wetterumschlag bleiben Murmeltiere bis in die Nacht draußen, die Schafe springen, wie wir es heute früh gesehen haben, Kamele legen sich nieder und wollen nicht mehr aufstehen, Feuer will nicht brennen, der Kessel sprüht Funken und so fort. Hierüber kann ich dir Hunderte und Tausende Dinge erzählen. Aber ich denke, das meiste davon wird in alten Bauernkalendern auch beschrieben sein, denn ich meine, alle Völker waren einmal wie die Nomaden und hatten Augen und Ohren für das, was sich in der großen Natur tut.

Die Beziehung zum Himmel und zu den Himmelskörpern ist für uns genauso wichtig wie die unmittelbare Beziehung zu unseren Eltern, zu unseren Bergen, zu unseren Mitmenschen und zu unseren Herden. Keiner lebt für sich, ein jeder lebt für die anderen, von den anderen, mit den anderen. Unser Leben ist kein Leben auf einer unsichtbaren Insel. Wir leben, obwohl wir zahlenmäßig so wenig Menschen sind, alle miteinander, füreinander, voneinander.

Überhaupt, die ganze Natur ist ein Buch, in dem jeder lesen muß. Die Stadtbewohner haben ja jetzt diese Fähigkeit verloren, die Menschen haben sich von der Natur gut abgetrennt, dicke Wände sind hinzugekommen. Und ich glaube, je dicker die Wände, die den Menschen von außen abschirmen, desto dicker ist die Haut. Die Menschen werden unempfindlich für fremdes Leid und auch für fremde Freude. Bei uns gibt es kein fremdes Leid und keine fremde Freude, alles wird gemeinsam aufgenommen oder so auch gemeinsam weitergegeben. Wenn es ein Fest gibt, dann ist es das natürlichste, daß keine Einladung ausgesprochen wird. Da wird nur bekanntgegeben: Bei Galsans findet eine Hochzeit statt. Damit ist der ganze Ail und die nähere und weitere Umgebung selbstverständlich miteingeladen. Und wenn Galsans von einem Unglück heimgesucht werden, dann braucht man die Leute auch nicht groß um Beistand zu bitten. Nur einer braucht es zu hören, das genügt. Dieser eine, der es zuerst hört, ist verpflichtet, andere Menschen zu benachrichtigen. Und Hilfe kommt.

Was uns an den Menschen aus den westlich-zivilisierten Ländern so unangenehm auffällt, ist der Ich-Kult. Das Ich wird bei ihnen stark aufgespielt, während dieses Ich für uns zunächst von geringer Bedeutung ist. Dafür sprechen wir immer und überall, wo wir sind, von wir. Das hat mit dem kollektiven Denken des Sozialismus nichts zu tun. Das nomadisch-tuwinische Wir hat einen anderen Ursprung, speist sich aus einer anderen Quelle. Das kommt vermutlich, so sage ich zunächst einmal, von unserem harten Leben. Wir sind auf die Natur angewiesen. Das erste, was der Nomade Tag für Tag machen muß, er muß ständig auf den Himmel schauen, ob es nun Sommer, Winter, Tag oder Nacht; bei jeder Gelegenheit, wenn er aus der Jurte heraustritt, gilt sein Blick dem Himmel, den Horizonten. Er hat noch die Fähigkeit, am Himmel, an der Erde oder an den Horizonten abzulesen, was demnächst, in den nächsten Stunden geschehen wird. Die Witterungsbedingungen in der Steppe sind so hart, ständig mußt du auf der Hut sein. Und einen Kampf kann man allein schlecht bestehen, da braucht man den Nachbarn, seinen Nächsten. Der Mann braucht die Frau, die Frau braucht den Mann. Mann und Frau gemeinsam brauchen die Kinder, und die Kinder brauchen alle, einerlei ob die Menschen mit ihnen verwandt sind oder nicht. Das ist Grundvoraussetzung des nomadischen Lebens überhaupt: Jeder Mensch braucht jeden zu jeder Zeit des Tages. Daher ist wahrscheinlich unser Wir-Gefühl so ausgebildet. Das bedeutet: Einem Nomaden muß das Leben ständig gegenwärtig und bedeutsam bleiben. Weil er jede Minute und jede Stunde immer bewußt erlebt. So erscheint das Leben lebenswert. Die Lebensautomatik ist bei nomadischen Völkern unmöglich. Ist der kleine Kampf erst einmal bestanden, freust du dich darüber, bis zum nächsten Kampf. Und das stärkt das Wir-Gefühl, meine ich. Also sind wir alles andere als stumpf, routinehaft und eintönig, wofür man uns manchmal hinstellt. Alles andere als dieses. Uns werden ja ohnehin so verschiedene Eigenschaften angedichtet, aber gut, daß wir wissen, daß diese Behauptungen unser Wesen eigentlich nicht treffen.

Das Wir des nomadischen Lebens schließt nicht nur einen menschlichen Partner ein. Da wir unter der Natur eine Einheit verstehen, betrachten wir auch den Himmel, die Erde, einen Berg, einen Wald, einen Baum, einen Bach oder einen Fluß immer als unseren Partner. Es geht noch weiter. Das Pferd, mit dem ich reite, oder die Yakkuh, die die Mutter melkt, sind in dem Augenblick immer unmittelbare Nachbarn. Und die Menschen unterhalten sich ja mit diesen fortwährend, stillschweigend oder laut hörbar. Wenn du siehst, wie die Leute frühmorgens aus der Jurte treten und dann Milch oder Tee verspritzen, dann hör gut zu, denn sie verbringen so eine Weile, ja manchmal ziemlich lange und wenden sich redend und schweigend an die Berge. Das ist immer Unterhaltung, und das ist eine fast wichtigere Unterhaltung als die mit einem Menschen. Mit einem Menschen kannst du scherzen, ohne deinen Geist besonders anzustrengen. Bei einem Menschen kannst du auch einige Unwahrheiten oder Halbwahrheiten zulassen. Aber da wir uns ständig bewußt sind, daß wir mit Geistern, mit dem Himmel, mit einem Wald, mit einem Fluß reden, dürfen wir solche Oberflächlichkeiten oder Unwahrheiten nicht zulassen.

Du kennst das, wenn ein Nomade redet, dann verfolgt er eine sehr harte Logik bei der Sache, und er muß vor allem ununterbrochen reden. Sobald du einen Nomaden unterbrichst, stolpert er, und dann kommt aus ihm nichts. Himmel und Erde, Berg und Fluß, die toten Ahnen, die lärmenden, aber keinen unterbrechenden Herden sind die besten Zuhörer.

Und dann geht das noch weiter bis hin zu persönlichen Gegenständen, nehmen wir ein Jagdgewehr, einen Sattel. Ich war noch ein sehr kleines Kind, vielleicht gerade neun, als ich mein erstes Gewehr bekam. Da schoß ich mein erstes Murmeltier. Das war natürlich für mein damaliges Alter ein gewaltiges Tier. Und ich freute mich darüber so sehr, daß ich mein Gewehr streichelte, so wie man einen lieben Menschen streichelt, und sagte ganz ernst und liebevoll zu ihm: «Ich habe gezielt und du hast getroffen, so werden wir nun immer sein.» In der wahren Geschichte des Bajnak, der Hauptgestalt aus der Titelgeschichte meines Erstlingsbuches ‹Eine tuwinische Geschichte›, so wie sie mir von seinem Vater einst erzählt wurde, als ich noch sehr klein war, gibt es eine Episode, die ich dummerweise in die aufgeschriebene Geschichte nicht mit hineinnahm. Damals fehlte mir, als ich die Geschichte schrieb, die Erfahrung. Mit siebenundzwanzig Jahren will man etwas, das man schreibt, schnell zu Ende führen und hat keine Geduld. Bajnak befand sich auf der Flucht. Er kam aus Ulaanbaatar und wollte in den Hohen Altai. Tags versteckte er sich und nachts flüchtete er. Da fing er sich unterwegs ein Kamel, und, um in der Wüstensteppe nachts vorwärts zu kommen, ritt er ungemein schnell damit, schneller als man es sich mit einem Tier erlauben kann. Als es anfing zu tagen, mußte er das Tier entlassen. Da strich er ihm übers Fell und – alle Haare fielen aus. Er hatte das Tier einfach zuschanden geritten. Aber wie er es so streichelte, erzählte er ihm unter Tränen sein Leben und bat es um Verzeihung: «Ich mußte diesen Ritt mit dir machen. Ich danke dir! Ich wünsche dir alles Gute!» In dem Augenblick war das Kamel sein unmittelbarer Partner. «Von mir darf ich nicht reden», sagte er, «denn wir haben es ja geschafft! Das Stück Gobi liegt hinter uns, also danke ich dir, Bruder!»

So nomadisch denke ich bis auf den heutigen Tag. Wenn ich mit meinem Auto unterwegs bin, gibt es immer irgendwelche Hindernisse. Ich komme zu einem Fluß, ich fürchte mich, gebe mir aber Mühe, und der Jeep kommt durch. Dann ist jedesmal dasselbe Gestreichle, und ich sage zu dem Auto aus Blech: «Du, wir haben es ja abermals geschafft, du warst wieder ganz stark.» So leben wir, so denken wir. Die ganze Natur ist unser Partner, und diese Art Zweisamkeit kann uns keiner nehmen, deshalb gibt es als Endergebnis zwar Menschen, die im Augenblick allein sein können, aber einsame Menschen gibt es nicht. Alleinsein ist nicht gleich Einsamsein.

Wir fühlen uns einfach stark in der Sippe. Wenn ich mit einem Menschen zusammen irgendwo hinkomme, dann fühle ich mich doppelt so stark als ich bin. Wenn ich jetzt mit meinen vier Kindern in der Jurte sitze, dann fühle ich mich fünfmal stärker. So ist das in der Sippe auch. Da läuft nicht alles so eitel harmonisch ab, damit nicht einer denkt, ich idealisiere. Aber die Sippe hat ja ihr Grundgesetz, und das ist ganz einfach: Einander helfen, einfach einander durch die Nähe unterstützen, und da herrscht das Alter, so einfach ist das.

Der Älteste ist der wichtigste Mensch, und jeder Mensch, der älter wird mit den Jahren, Jahr für Jahr, der läßt zwar in seinen natürlichen Kräften nach, aber in der gesellschaftlichen Hierarchie wird er immer wichtiger, nimmt er an Wert zu. Das ist wohl einer der Gründe, weshalb sich die Menschen vor dem Alter nicht fürchten. Älterwerden ist ja bei uns ohnehin keine Schande und nicht unbedingt ein Verlust. Da wirst du geachtet. Der Ältere sagt es, der Jüngere tut es, das ist das Grundgesetz. Der Ältere hat immer die Vorfahrt. Also, der Ältere duzt, der Jüngere siezt. Der Ältere fragt, der Jüngere antwortet. Der Ältere tadelt oder lobt, der Jüngere hört zu. Das ist die Grundregel. Wenn der Staatspräsident um ein Jahr jünger ist als ich, kann ich selbst als ganz einfacher Hirte ihn nicht nur duzen, sondern ihm auch etwas sagen: Du mußt das und das tun. Das halte ich für falsch, das dagegen für richtig.

Dieses aufgeblähte, fast die ganze Erdkugel überflutende Ich-Gefühl ist etwas sehr Schädliches, meine ich. Denn alles Übel, wie du siehst, und die Tatsache, daß die neuzeitliche Gesellschaft jetzt kurz vor dem Auseinanderfliegen steht, all dies und viel mehr hat seine Wurzeln in diesem Ich-Kult. Manchmal kommt mir die sogenannte kultiviert-zivilisierte Gesellschaft des Westens wie eine Herde wildgewordener Tiere vor. Entschuldige diesen Vergleich. Jeder will mehr haben, haben, haben, jeder will den anderen übervorteilen, jeder will am besten das Land, den Staat, alles, was da steht, wegtragen, einzäunen, am allerliebsten – so mein Gefühl – in den eigenen Magen wegputzen.

Die Fürsorge für die Kinder, das ist eine ganz allgemeine Sache, da wird nicht getrennt zwischen meinen und fremden Kindern. Fremde

Kinder gibt es nicht, das sind alles unsere Kinder. Also wenn ein Kind Dummheiten macht, dann ist jeder zuständig, jeder verantwortlich dafür; und jeder ist auch berechtigt, diesem Kind etwas zu sagen, oder wenn es sein muß, es auch zur Vernunft zu verdonnern.

Weshalb ich wieder und wieder von der Urgesellschaft rede? Alles wird in der Gemeinschaft erarbeitet. Also wenn Galsans Filz machen, dann kommen selbstverständlich die Nachbarn, keiner steht daneben; und wenn Galsans umziehen, dann kommen die Leute von selber und packen mit an. Und wenn Galsans heute einen Hammel schlachten, dann ist es das allerselbstverständlichste, daß die Nachbarn ringum von dem Fleisch auch etwas bekommen. Die Leute können kommen, aber wenn sie keine Zeit haben zu kommen, dann kann man jeder Jurte so einen kleinen Topf hinüberbringen: mit Brühe, mit Fleisch, mit den verschiedenen Würsten. Heute bin ich dran, morgen bist du dran. Und die erlebt man bei der Jagd noch ganz echt, diese urgesellschaftlichen Gesetze des Zusammenlebens. Wir reiten zu dritt auf die Jagd. Ich bin ein guter Jäger. Ich schieße hundert Murmeltiere. Du schießt nur fünfzig. Und unser dritter, das ist ein Kind, das erlegt nur zehn. Alle Murmeltiere, die wir haben, kommen auf einen Haufen, das ist grundsätzlich bei der Jagd so. Und noch ehe wir zum Ail zurückreiten, stehe ich als Ältester da und teile unsere Gesamtbeute nach der Größe und der Qualität der Felle in drei Haufen auf. Das ist mein Vorrecht, als Ältester bin ich dazu verpflichtet. Hundertsechzig kann man nicht durch drei teilen, zwei bleiben übrig. Diese übrigen lege ich nun zur Seite. Und ich frage das Kind, also den Jüngsten: «Welchen Haufen willst du haben?» Das Kind sagt: «Diesen.» Und dann ist der Zweitjüngste daran. Und ich als Ältester, als derjenige, der aufgeteilt hat, kann nur den Haufen nehmen, der übrig geblieben ist. Und dann gebe ich das größere der beiden übrigen Murmeltiere dem Kind. Und das letzte Tier bekommt der andere. Nun habe ich sogar weniger als die anderen. Und wenn wir dann zurückreiten und unterwegs auf verschiedene Kinder, auf alte Leute treffen, brauchen diese nur zu sagen: *schoralga*, das ist ein Jägergruß und heißt Spießchen. Der stammt aus der urgrauen Zeit, als die Menschen noch Großwild erlegt haben. Da hat man die heimkehrenden Jäger nur um ein Stück Fleisch gebeten, das an einem Spieß über dem offenen

Feuer gebraten werden konnte. Seit dieser Zeit ist der Gruß geblieben und zu einem Brauch geworden. Wenn jemand so ruft, dann gebe ich ihm ein Murmeltier ab. Und wir kommen nach Hause, und unser Ail besteht, sagen wir, aus sieben Jurten, dann bekommt jede Jurte ihren Anteil. Meine Kinder beginnen, sogleich Murmeltiere auszutragen. Das ist das Selbstverständlichste. Die Leute, zu denen die Murmeltiere kommen, schaben das Fell ab, essen das Fleisch, und machen das Fell so gut sie nur irgend können zurecht und bringen es zurück. Das Fell geht also immer an den Besitzer zurück. Es gibt Tiere, von denen man das Fell nicht braucht, Hasen zum Beispiel, auch Berghühner. Dann darfst du als Anteilempfänger den Hasen mit dem Fell haben, die Berghühner mit den Federn.

Diese alten Regeln des Gemeinschaftslebens fielen zwar mit dem alten System zusammen, begünstigten aber gleichzeitig die Einstellung der Menschen zum Kommunismus. Der war allen so eingänglich, denn man unterstützte die Sache recht bereitwillig. Was dann an schlechten Sachen alles vorgekommen war, das hat man aus Wohlwollen seltsamerweise als unkommunistisch gedeutet und geglaubt, das sei aus Versehen, menschlichem Versagen geschehen. Diese dem Nomaden eingefleischte Geduldsamkeit ist bis jetzt da, und die Brutalität des Vulgärkapitalismus, der inzwischen das Land überflutet, macht nun das Ziel einer kommunistischen Gesellschaft erst recht wieder annehmbar.

Wenn nun eine Karawane vorbeizieht, ja nur wenn man sie schon von weitem sichtet, dann fangen die Menschen in den nahen Jurtensiedlungen sofort an, Feuer zu machen und Tee und Essen zu kochen. Das ist grundsätzlich so. Karawanen ziehen gemächlich dahin, die brauchen eine gewisse Zeit, eine halbe Stunde, eine Stunde, bis sie da sind. Und wenn man sieht, daß sie ankommen, dann wartet man mit dem fertigen Tee, mit dem fertigen Essen auf die Leute. Erst wenn sie am Ail vorbeiziehen, kommt man meistens mit einer Matte und mit dem Getränk und dem Essen den Leuten entgegen. Und schon wissen die Leute Bescheid, sie halten und kommen nun ihrerseits auf die Leute vom Ail zu. Und dann steigen sie ab, essen und trinken, und während sich die Leute so ausruhen und stärken, sind die anderen verpflichtet, die Kamele hinhocken zu lassen und die Lasten wieder in Ordnung zu bringen. Es kann auch sein, etwas liegt nicht gerade, weil die Ladungen locker geworden sind, dann wird alles wieder gerichtet. Es ist sogar so, daß einer vom Ail mit der Schafherde immer weiterzieht, und zwar solange, bis der Schaftreiber hinterherkommt.

Bei den alltäglichen Besuchen dagegen ist es einfacher. Der Gast kommt, und man geht ihm entgegen, hilft ihm aus dem Sattel, sagt Guten Tag, und wenn es ein älterer Mensch ist, bringt man ihn in die Jurte. Das ist wichtig, weil die Hirtenhunde wirklich sehr gefährlich sind. Das sind ja riesengroße Hunde, und sie gehen auf Fremde los. Wenn man bei einer Jurte ankommt und keiner hat sich gezeigt, dann ruft man: «Hunde!» Und da kommt jemand und jagt die Hunde weg. Wenn er in die Jurte kommt, dann werden schöne Grüße ausgetauscht, einerlei, ob man den Menschen kennt oder nicht. Danach wird nie gefragt, ob man ihn kennt oder nicht. Jeder, der kommt, ist gleich ein gerngesehener Gast. Der wird dann dementsprechend bewirtet, es wird eigens für ihn gekocht, und er kann sich ausruhen. Da fragt man: «Soll ich das Pferd absatteln?»

Das ist immer die erste Frage. Und wenn ich Ja sage, ist das das Zeichen, daß ich länger bleibe. Wenn ich Nein sage, ich hab' es eilig, dann bekomme ich meinen Tee, mein Essen und ruhe mich einige Zeit aus und gehe dann wieder fort. Dann bringt man mich wieder aus der Jurte, die Hunde werden weggejagt, man begleitet mich zum Pferd, hilft mir hoch in den Sattel und wünscht mir einen guten Weg. Inzwischen aber weiß man, wer ich bin, woher, wohin und weshalb ich reise.

Die Jurtenschwelle darf man nicht mit dem Fuß berühren. Und wenn es trotzdem geschieht, dann gilt das als ein schlechtes Zeichen. Und dann sagt man in etwa folgendes: «Ach, Himmel, ich bin ja an die Türschwelle gekommen. Ach, was mache ich alter Mann, der ich es wissen müßte?» So entschuldigt man sich. Ein derartiges Eingeständnis lenkt ein, und damit ist es wieder gut. Das Wort Entschuldigung oder Verzeihung, das gibt es nicht. Auch muß man, sobald man eine Jurte betritt, den Dolch, der in der Scheide liegt und hinter dem Gürtel steckt, runterlassen. So ist er nicht mehr griffbereit, und das ist das Zeichen dafür, daß ich nicht mehr kampfbereit, also friedlich gesinnt bin. Auch darf man mit der Peitsche nicht in die Jurte eintreten, die muß draußen bleiben wie auch das Jagdgewehr. Als älterer Mann wartet man ab, sagt man kein Wort. Wer jünger ist, der muß jetzt den ersten Gruß aussprechen. Wenn man unsicher ist, dann sagt man trotzdem als Gast den ersten Gruß. Als Gast hat man das Vorrecht.

Wenn man jemandem etwas gibt oder von jemandem etwas entgegennimmt, dann gebraucht man die rechte Hand oder tut es mit beiden Händen, aber niemals mit der linken. Die linke Hand ist nicht gut, taugt für die Höflichkeit nicht. Wenn man auf etwas zeigt, dann zeigt man immer mit der rechten Hand, die Handfläche nach oben, und niemals mit dem spitz ausgestreckten Zeigefinger. Und die Kinder sehen bei ihren Eltern früh genug, daß man nicht laut reden darf. Schreien oder brüllen, das wird vermieden, es ist verpönt, wenn einer laut redet. Auch Hüpfen und Springen, überhaupt jede panische Bewegung ist unerwünscht. Schweigen wird früh geübt. Schweigen ist eine Tugend. In dem Sinne: Schweigen ist Gold, Reden ist Silber. Schweigen bedeutet für uns öfters mehr als Reden. Besonders in feierlichen Stunden, in andächtigen Momenten, da wird lieber geschwiegen. Und Schweigen sagt oft mehr aus als bloßes Reden.

Die Eltern sagen, wenn die Kinder anfangen viel zu reden: «Moment mal!» Oder sie brauchen nur auf das Kind zu schauen, und es reagiert schon auf den Blick. Wenn man ein Kind zum Schweigen erziehen will, sagt man niemals: Du sollst schweigen. Man redet auf indirektem Wege mit dem Kind. Also man würde sagen, wenn einer so viel redet, und zwar in der Gegenwart von Kindern: «Wozu hat der Mensch einen Mund und zwei Ohren?»

Noch viel mehr könnte ich zu unseren Umgangsformen sagen. Allein schon um die vorurteilsbeladene Geschichtsschreibung über uns Nomaden – die ja von ehemaligen Kriegsverlierern oder späteren Siegern verbreitet wurde, von Russen und Chinesen vor allem – durch den Beweis der Herzlichkeit und der Wärme, wie sie unsere Jurten immer noch belebt, als Lüge zu strafen und aufzuweichen. Von ihrer Verlierer- oder Siegerposition aus haben sie die Geschichte zu ihren Gunsten verformt, notgedrungen verfälscht, und diese verfälschte Geschichte ist dann um die Welt gegangen. Nach diesem Bild sind wir die Primitiven, die Grausamen, die Harten, die Rohen, die auch rohes Fleisch essen. Das stimmt natürlich nicht. Der Nomade ißt nichts Rohes, geschweige denn rohes Fleisch. Er trinkt auch keine Rohmilch, alles wird gegart.

Überhaupt meine ich, der Nomade ist ein sehr weicher Mensch, weicher als vielfach angenommen. Das kommt in der Sprache zum Ausdruck. Man versucht, unangenehme Dinge zu umschreiben und harmlosere Wörter dafür zu erfinden. Wenn wir nach Europa kommen, dann fällt uns eine Rohheit auf, die gleich in der Sprache beginnt. Wenn Leute miteinander reden, tun sie es in erster Linie sehr laut und sehr direkt, aber andererseits so verkehrt und falsch. Man sagt etwas und meint es meistens anders. Weil die Menschen roh miteinander umgehen in der Sprache, so versuchen sie allerdings gleichzeitig mit Floskeln, diese Rohheit wieder wettzumachen. Bei einem Essen sagt man zehn-, ja zwanzigmal Dankeschön, Bitteschön, der eine bittend, der andere dankend, Entschuldigung! – all die Floskeln. Für unsere Ohren klingt das zumindest so, als müßten die rohen Begriffe damit ausgeglichen werden. Ich möchte ein Beispiel geben. Bei einer deutschen Familie erlebte ich folgendes. Der Sohn brachte sein neu gekauftes Moped nach Hause und war ziemlich stolz darauf. Nur hatte diese Maschine nicht viel PS. Einer, der daneben stand, sagte dennoch dazu: «Zum Sich-zu-Tode-Fahren immer noch schnell genug!» Also wenn ich mir vorstelle, ein Nomade hat sich ein neues Pferd gekauft, und der Sohn führt dieses Pferd seinen Eltern vor, und der Vater oder ein Onkel sagt: «Um sich zu Tode zu stürzen, ist das Pferd gut genug!» Unglaublich wäre das für unsere Ohren.

Der Humor ist in Europa sehr anders. Noch ein weiteres Beispiel. Wenn einer auf eine Reise geht, wünscht man ihm Hals- und Beinbruch. Das kann der Nomade überhaupt nicht verstehen. Wenn Menschen auseinandergehen, besonders bei einer Fernreise, dem wünscht man nicht nur Gutes, sondern man spricht all die Tage, all die Stunden, die man sich auf die Reise vorbereitet, nur vom Guten und dies nur in gewählt guten Worten. Wir meinen, schlechte Wörter rufen schlechte Sachen herbei. Eine ähnliche Logik besteht ja bei den Deutschen auch, denn es heißt, man soll den Teufel nicht an die Wand malen. Das eine sagen, das andere meinen, das ist vom nomadischen Standpunkt aus etwas sehr Rohes.

Manchmal habe ich das Gefühl, die Journalisten und Touristen, die zu uns mit einem angeblich so großen Interesse für die Mongolei und das Nomadentum kommen, die sind an uns eigentlich nicht wirklich interessiert. Die sind interessiert an dem Anderen, an dem, was uns von ihnen unterscheidet, das Fremde – Exotik, heißt das, glaube ich, bei feinen Leuten. Man will uns nur sehen, unsere Lebensweise, um dann den Unterschied herauszustellen. Je größer der Unterschied ist, desto befriedigter sind sie. Sie sind beglückt, wenn sie ein armes Leben vorfinden. Wir haben ja auch Unterschiede. Manchmal gibt es reichlich gute Sachen, und dann gibt es Armut, obwohl wir unter Reichtum und Armut etwas anderes verstehen.

Wenn man zuschaut, wie sie Bilder schießen und drehen! Sie sind richtig scharf auf auch für uns atypische, unnormale Dinge. Arme, schmutzige, leidende Menschen werden von ihnen am liebsten aufgenommen. Ich habe bei der großen Karawane des Sommers 1995 etwas Seltsames beobachtet bei den Kameraleuten, die mich alle ihren Freund nannten. Da gab es so große Herden von Tieren, so wundervolle Landschaften, schöne neue Jurten, all das hat die wenig interessiert. Dafür waren sie sofort da, wenn sie eine schiefstehende Jurte fanden, wenn sie eine kaputtgefahrene Landschaft sahen. Sie wollten angeblich die Weltöffentlichkeit auf die Verletzlichkeit der mongolischen Natur aufmerksam machen. Was ich natürlich nicht glaube. Dann haben sie ganz scharf immer Tierkadaver gedreht, die sie auf der Steppe unterwegs liegen sahen. Dies ist übrigens für uns etwas Alltägliches. Ein Tier ist Teil der Natur, und wenn es krepiert, dann bleibt es manchmal liegen. Oder sagen wir, ein Rind ist von einem Wolf gerissen worden, muß dort bleiben, vertrocknen und dann vergehen. Solche Dinge drehten die guten Leute lang und breit. Das ist für mich höchste Gefühlsrohheit. Als ich einmal darauf aufmerksam machte, da hinten seien so stattliche Herden, vielleicht brauchen wir die Bilder, da antwortete mir einer: Wir machen keine Propagandaaufnahmen! Was bleibt einem da anderes übrig, als endlich grundsätzlich zu werden: Wer sind die wirklichen Rohlinge?

Nomadentum heißt in erster Linie Umherziehen. Es ist mit vielen Schwierigkeiten verbunden, die aber gerade die Gewürze für das Leben unter freiem Himmel darstellen. Die wichtigsten und kräftigsten Erinnerungen aus meiner Kindheit stammen von den Umzügen her.

Im Winter geboren, war ich zunächst zu einer gewissen Seßhaftigkeit verurteilt. Denn da wird nicht umgezogen, wenn es nicht gerade zu einem Unwetter kommt. Der Winter, in dem ich ins Leben trat, war ein milder. Und ich war schon zwei Monate alt, als ich auf meinen ersten Umzug ging.

Mein Nomadenleben in der Kindheit war schön, ich habe eine lichte Erinnerung daran, als Gesamtheit, meine ich. Ich wollte immer das Ende der Welt sehen, ritt mit dem Pferd bis zum Rand, der die Erde vom Himmel trennt. Und jedes Mal, wenn ich auf einem Gebirgspaß angekommen war, wollte ich den nächsten Rand der Erde und des Himmels erreichen. So wohnte diese Sehnsucht, noch weiterzukommen, von Anfang an in mir. Das war mit fünf, sechs, sieben. Die ersten Jahre, in denen man die große Sehnsucht in sich körperhaft spürt.

Später, als ich älter wurde, da war das schon anders, da kannte man die Gegend und da wußte man, daß man dort und dort ankommen würde. Und da waren ja die Bilder der Sommerlager ausgeprägt, und da wußte man, wir kommen bis zum Schwarzen See und weiter geht es nicht. Und da wußte man noch später: Unsere Welt hört dort in den Schneebergen auf, hinter diesen ist China. Auf der anderen Seite denkt man, hinter den blauen Bergen, da liegt Rußland. Diese blauen Berge gehören uns, das hier ist noch unsere Welt, und was dahinter ist, das geht uns nichts an.

Der Umzug heißt auf Tuwa *gösch*, und dieses kurze Wort schließt soviel Erwartung in sich ein, die vor allem Abwechslung bedeutet. Das ganze Jahr über ist man eigentlich in Bewegung, zieht von Ort zu Ort um. Der Frühjahrsumzug beginnt Ende März, Anfang April. Die Schafe haben geworfen, die Lämmer sind gerade in der Lage, selbständig zu laufen. Dann verläßt man das Winterlager, die Karawane zieht die Schwarzen Berge hinunter und über den Ak Hem, den milchweißen Fluß, und dann zunächst über den Mittleren Rücken, und zum Schluß bis zu den Höhen in der Nähe der heutigen Grenze zu China. Das sind vielleicht so 150 bis 200 km Wegstrecke. Diese werden innerhalb einer Woche zurückgelegt.

Bei den Umherziehenden hatten selbst die Alten nicht das Recht, so zu altern wie in seßhaften Welten: untätig, unbeweglich. Die Menschen waren ständig beschäftigt, hatten keine Zeit, dick zu werden. Das waren zwar hagere, magere, sehnige, knochige Menschen, aber in jedem Fall immer kräftige Menschen, die sich ständig in Bewegung hielten. Leben heißt für uns Bewegung.

Die ersten Jahre meines bewußten Lebens war ja die Nachkriegszeit, da waren wir arme Menschen. Arm waren wir vor allem an Pferden. Mein Vater, der Nachkomme von Kulaken, von Großgrundbesitzern also, hatte ständig mit der Angst gelebt, und der Zweite Weltkrieg war ein angenehmer Anlaß für ihn, die schwarzen Punkte, die auf ihm lasteten, einmal einigermaßen von sich abzuwälzen. Er hat die ganze Pferdeherde hingetrieben zur Sammelstelle und gesagt: «Nehmt alle!» Die führenden Genossen im Kreis hatten wohl Mitleid mit ihm und gaben ihm ein Pferd zurück. Wir hatten also einen Rappen, nur war der sehr alt, weit über zwanzig, als unsere Eltern zu Hause drei Kleinkinder hatten. Es war so, daß Mutter mit mir auf diesem Rappen ritt und Vater und die anderen beiden Geschwister zu Fuß mitkamen. Sie haben die Schafherde getrieben und Mutter hat die beladenen Kamele geführt, und wenn wir durch Flüsse gingen, dann kamen zuerst die beiden Kleinkinder mit, und Vater hat entweder die Stiefel ausgezogen und ist durch den Fluß gewatet oder Mutter kam nochmals zurück, nein, der ältere Bruder war es, der mehrmals hin- und herritt durch den Fluß und alle übersetzte.

Ich bin das glückliche Kind, das immer reiten durfte, und als die Kinder etwas größer wurden, da haben wir auch Yakjährlinge oder etwas ältere Yaks reiten können. Wir haben sie eingeritten, und so ging das auch. Trotz allem wußten wir damals nicht, wahrscheinlich weil wir noch zu jung waren, daß wir ein schweres Leben führten, und für uns Kinder war all das nur schön, und so haben wir uns jedes Mal auf die Umzüge gefreut. Und wenn die fünf, sechs Kamele vor der Jurte angebunden standen, dann hast du mit so einer schönen Erwartung, mit einem warmen Gefühl in dir gelebt, und du hast gedacht: Morgen wird umgezogen!

Die Kamele waren allerdings nicht von uns. Das war selbst zur Zeit meines reichen Großvaters nicht der Fall. Wir sind eine Familie ohne Kamele, wir haben sie immer gemietet. Damals kamen die ersten Kasachen und haben schnell die Wälder geschlagen und sind über Nacht zu Reichtümern gekommen. Und die waren so schlau, daß sie gerade das kauften, was die Leute nicht hatten. Das waren Kamele. So waren sie es, die die ersten Kamele in den Hochaltai brachten. Und diese Kamele wurden dann vermietet, entweder gegen Geld, gegen Ziegeltee oder gegen Murmeltierfelle.

Ziegeltee war eine seltene Kostbarkeit damals, und einen ganzen Ziegel hat keine Familie bekommen. Entweder gab es dort einen halslosen Ziegel, das bedeutet die Hälfte eines ganzen Ziegeltees und nochmals die Hälfte einer Hälfte dazu, also insgesamt dreiviertel, oder aber einen halben, genau in der Mitte geteilt. Dann gab es auch Spielkarten-Ziegel, so groß wie eine Spielkarte, auf Tuwa *höser schaj*, und dann gab es noch das Doppelte davon, *dörüü schaj*, das ist ein Viertel-Ziegeltee, die Hälfte einer Hälfte. Jeweils nach der Entfernung der Strecke für den Umzug hat man die Kamele bezahlt. Also für einen Umzug von drei Tagen hat man für jedes der Kamele einen *dörüü schaj* abgegeben. Und für eine kürzere Strecke ein spielkartengroßes Stück.

Um auf diesen Umzug zu kommen, haben die Eltern immer gespart, ich glaube, im Monat hat es für eine Familie einen halslosen Ziegel gegeben, und sie haben dann weniger davon gebraucht, und so hatten sie über den Winter einen ganzen Teeziegel gespart, und damit konnten wir vier bis fünf Kamele mieten. Als Zahlmittel gab es auch die Murmeltierfelle. Ein Kamel war je nachdem für ein bis drei Murmeltierfelle zu haben, das ging ja, das war leichter. Und wenn noch andere Sachen übrigblieben, wenn die Jurte zu schwer war für vier oder fünf Kamele, dann haben wir die Yaks und Pferde beladen. Oft kam es vor, daß wir das einzige Pferd auch beluden, und dann gingen alle zu Fuß.

Und wie die Eltern den Tee sparen konnten? Es gab und gibt immer noch wildwachsenden Tee. In den Jahren des Sozialismus haben die Menschen aufgehört, diesen abzuernten, und dann haben sie es ganz vergessen. Erst 1990, als der Umbruch kam und damit der Vorbote des Hungers, haben sie angefangen, diesen Tee wieder einzusammeln, und heute ist es so, daß in jedem Haushalt neben dem Tee aus dem Laden auch der Altaitee gebräuchlich ist. Das sind wildwachsende Blätter. Heute abend zeige ich dir, wie das aussieht, gleich in der ersten Jurte, und ich sage dir schon, er wird dir zusagen.

Das Umherziehen ist seit jeher ein Hauptereignis im Leben der Menschen gewesen, und dabei gibt es feste Regeln. Wenn zwei Jurten auseinandergehen, bewirten die Menschen einander am Vortag. Die Jurte, die geht, lädt zuerst die Leute der bleibenden zum Tee ein, und dann werden umgekehrt die Weggehenden eingeladen. Und auf Umzügen trägt man nicht etwa Arbeitsbekleidung, nein, seine besten Sachen; die Frauen legen die schweren silbernen Schmuckstücke an und die Männer die silbernen Dolche mit dem Feuerzeug. Alles, was man auch zu festlichen Anlässen sonst trägt, wird nun auf dem Umzug getragen. Und dies nicht nur deshalb, weil man auf so einem Umzug mit vielen anderen Menschen zusammenkommt, sondern weil man dabei an Bergen, Flüssen und Ahnen vorbeikommt.

Diese Regel ist bis heute gültig. Und darum erzähle ich alles in der Jetzt-Zeit. Das Umherziehen erfreut nicht nur Menschen, sondern auch Tiere. Das ist uns bekommen. Denn durch das Umherziehen, die ständige Bewegung waren die Lebewesen in Übung. Die Tiere sind neugierig, denn es kommt nicht nur auf die Menge des Grases an, die ein Tier frißt. Hier kann es so viel Gras geben, wenn du Tiere zwanzig Tage lang dort auf der gleichen Stelle hältst, dann hören sie auf zu fressen. Sie wollen was Neues genießen, was Neues erleben. Und wenn du mit der Herde auf Umzug bist, dann fressen die Tiere aus Neugierde besser. Das ist immer ihr Sport gewesen. Damals waren die Tiere bedeutend flinker, gesünder und daher auch größer. Ich meine, das war durch die ständige Bewegung so.

Es heißt, die Menschen seien früher bei uns auch größer gewesen. Während ihr im letzten Jahrhundert bedeutend größer geworden seid, ja immer noch größer werdet, sind wir Nomaden wohl den umgekehrten Weg gegangen. Durch die vielen Kriege wahrscheinlich, und auch durch das ständige Umherziehen, waren sie immer auf ihre eigene, nomadische Art sportlich, waren also gesunde, große, kräftige Menschen. Dann sind sie durch den Buddhismus, durch diese Sanfttuerei, irgendwie schwächer geworden und dadurch auch kleiner. Wer mir das nicht glaubt, der kann sich die Kettenhemden in beliebigen mongolischen Museen anschauen. Die sind riesengroß, diese tausendjährigen Eisenhemden und Panzerkleider. Heute könnte man sie nicht mehr tragen.

Das ständige Umherziehen ist immer meine Sache gewesen. Daher hatte ich für diese Lebensweise ständig so ein romantisches, wohlwollendes Gefühl übrig. Und deshalb ist meine Firma, die ich 1991, zunächst einmal um Geld zu verdienen und um zu leben, weil ich entlassen wurde und erneut arbeitslos dastand, gegründet hatte, auf den Namen ‹Der Nomade› getauft worden. Ich hatte es damit gut getroffen, denn es ist ja ein Reisebüro, und dieses empfängt Gäste, die mit den Nomaden selber als Nomaden zu leben bereit und fähig sind. Die Romantik hat sich dann mit etwas anderem verbunden. Und zwar mit der Idee zur Karawane, die ich im Sommer 1995 durchführte.

So bin ich nun einmal: Ich schaue auf jede Sache mit einem romantischen und mit einem praktischen Auge. Alles hat für mich zunächst eine romantische Seite. Das ist selbst beim Altern so. Das ist eine kleine, schöne, aber notwendige Gewohnheit für mich. Ich bin nicht derjenige, der sagt: Oh, Jammer, ich werde ja älter. Ich tröste mich: Du bekommst schönere Haare, weil die schwarzen nun silbern ausschauen. Du bekommst eine noch schönere Haut. Sie ist bis jetzt nur glatt gewesen, jetzt hast du eine feingemusterte. Und du bist jung gewesen. Jung ist zwar schön, aber jung ist auch mit dumm verbunden, jetzt kommt die Weisheit zu dir. Altern ist der kürzeste Weg zur Weisheit. So ist es auch mit dem Tod. Im Tod sehe ich nichts Schreckliches, ich meine, es ist etwas Unbekanntes, und da wirst du endlich mal mit eigenen Augen, mit eigenem Leib dieses Unbekannte, das geheimnisumwitterte Reich betreten und dann kennenlernen, ergründen und erforschen.

Inzwischen sind auch wir Tuwa für euch zugänglich. Man sieht und bestaunt uns wie seltene Museumsexponate. Aber verstanden werden wir kaum. Der erste Eindruck, den man als Außenstehender, aus Europa kommend, von den Nomaden bekommt, trügt. Denn der Fremde schaut ja auf die anderen nur von seinem eigenen Standpunkt aus. Und dann verfährt er mit anderen Völkern nur nach eigenen Maßstäben und mißt auch die Menschen an sich selbst. Der Seßhaft-Zivilisierte redet gerne von der nomadischen Trägheit. Ich würde sagen, das ist keine Trägheit in dem Sinne, das ist eine Ruhe, die von diesen Menschen ausgeht. Die Nomaden sind überhaupt so geduldig und so eingeübt, daß sie sich immer zusammennehmen und Ruhe bewahren. Das ist nur das Äußere. Aber geistig sind die Menschen, glaube ich, recht beweglich.

Wir sind ja wenig in der Anzahl, sind von der Außenwelt immer noch ziemlich dicht abgeschlossen. Also, die Lebensregeln und die Urteile, die den heutigen Zivilisationskult der westlichen Welt ausmachen, die sind denkbar ungünstig für uns, sind geradezu gegen uns. Die Menschen, die zu uns kommen, werden schon instinktiv merken, hier muß man sich anders verhalten, hier muß man sich zusammennehmen, um zu überleben. Das ist bei allen kleinen Völkern so.

Hinzu kommt eine Zähigkeit, ein Durchhaltevermögen. Da ist der Nomade wie sein Pferd. Nimm mich, obwohl ich längst kein typischer Nomade mehr bin. Ich bin durch die Welt gekommen, habe mich durch die Jahre in Deutschland an den europäischen Normen angesteckt. Ja, bin eingedeutscht, noch deutlicher gesagt, bin eingepreußt worden, aber in vieler Hinsicht bin ich dennoch ein Nomade geblieben. Als Mensch bin ich bescheiden. Das wird mir selbst so einer bestätigen müssen, der mit gutem Recht auf mich neidisch ist. Bin im Grunde meines Wesens der Hirtenjunge geblieben, der zunächst tugendhaft genügsam ist. Bin so genügsam wie ein Hirte immer ist, so wie sein Pferd. Das Mongolenpferd ist ja ein Wesen, das aus der Hand des Menschen nichts braucht. Es ist da und begnügt sich mit dem bißchen, was es vorfindet. Manchmal siehst du, daß es völlig kahl ist in der Steppe, und das Pferd geht trotzdem nicht ein. Als der Groß-Khan mit seinen Reitern Europa erreichte, hat er kein Heu mitgehabt, kein bißchen Heu. Die Mongolenpferde sind so genügsam, die existieren einfach von selbst. Und die Menschen auch. Wenn der Mongole etwas hat, dann ißt er, manchmal, wie man sieht, sehr viel, und als Ausländer muß man sich über die Mongolen immer wundern: Warum werden diese Menschen nicht satt? Die essen, essen, essen und scheinen erst dann satt zu werden, wenn vor ihnen nichts Eßbares mehr steht. Aber sollte nichts da sein, dann halten sie es einen ganzen Tag, zwei Tage, drei Tage ohne Essen aus, und sie äußern sich dazu auch nicht. Sind still, scheinen immer zufrieden zu sein. Nur trinken müssen sie. Genauso ist das mit mir. Ich kann einen ganzen Tag, zwei, drei Tage nichts essen, wenn ich nur zwischendurch etwas zu trinken bekomme.

Was ich vom Leben sonst verlange, ist auch nicht viel. Kann in der Steppe schlafen, kann sitzend schlafen, im Sattel schlafen, da bin ich wie jeder andere Nomade. Ich kann Tag und Nacht reiten, und wenn ich schläfrig werde, dann kann ich im Sattel selbst im Galopp schlafen und mich gut ausbalancieren, falle vom Sattel nicht runter. Erwache immer zum rechten Augenblick, wenn was ist. Wenn dies mit Bescheidenheit zu tun hat, dann bin ich es, bin bescheiden. Bin kein großer Konsument. Bin mit dem zufrieden, was ich vorfinde. Insofern bin ich bescheiden.

Unbescheiden bin ich gleichzeitig auch. Worin aber? Unbescheiden bin ich in meinen Ansichten, in meinen Absichten. Meine Träume sind sehr unbescheiden. Man kann sie kühn, aber auch wahnsinnig nennen. Ich stelle mir solche Dinge vor, wie sie sich die mächtigsten Staatsmänner vorstellen dürften, vielleicht. Will ja mein auseinanderfallendes Volk wieder sammeln, will es dem Aussterben als ethnische Einheit entreißen, will den Fehler der Geschichte korrigieren und sie so neu schreiben. Eigentlich ist das nicht die Aufgabe eines Einzelmenschen. Das ist die Aufgabe eines Staates: ein Volk vor dem Aussterben retten! Wer hat es gekonnt bisher? Ich aber denke, kann es tun. Das traue ich mir zu. Habe keine Kenntnisse in der Wirtschaft, bin auch nicht so reich, aber ich weiß, etwas werde ich erreichen.

Und unbescheiden bin ich auch in meinen Gedichten, in meinen Büchern, in meiner Kunst. Ich glaube, ein Künstler darf nie bescheiden sein. Wenn er bescheiden sein will, kann er fortbleiben, so ein mittelmäßiger Künstler zählt ja gar nicht. Ich bin überzeugt von meiner Einmaligkeit und von meinem Können, meinem großen, die erlogene Geschichte der Gewissenlosen umstürzenden Können.

Also bin ich doch unbescheiden. Die Leute könnten recht haben. Ich wurde zu Hause von einem Journalisten gefragt, ob ich viele Feinde hätte. Meine Antwort lautete: Ich habe in dieser kleinen Mongolei keinen Feind. Ich könnte nur mit solchen Leuten verfeindet sein, die meine Größe hätten. Die heutigen Menschen, die von Autos, Lackschuhen und Afrikareisen träumen und Krimis lesen, sind für mich zu klein. Die können ihre Klatschgeschichten weitererzählen, aber ich gehe einfach über die Köpfe dieses zweibeinigen Ungeziefers hinweg. Ich sehe, die stehen viel zu weit unten, die sind viel zu nichtig, als daß ich mich mit denen verfeindet sehe. Ich könnte mich mit jemandem verfeinden, aber dieser müßte dann schon eine bestimmte Größe aufbringen.

Insofern mag das, was ich jetzt hier sage, dem widersprechen, was wir neulich besprachen, als wir über das starke nomadische Wir-Gefühl nachdachten. Das soll ja von der Naturabhängigkeit, der Familie und der Sippe geprägt sein. Ein Ideal der Selbstverwirklichung, wie es der Westen verlangt und fördert zur Herausbildung einer ausgeprägten Persönlichkeit, die zu einsamen Leistungen fähig ist, kennen wir nicht. Wir haben dieses Verlangen in uns bestimmt nicht in dem Maße. Dennoch wird das von Mensch zu Mensch anders ausschauen. Vielleicht gehört es doch auch bei uns zur menschlichen Grundeigenschaft, daß der einzelne Mensch in der Geschichte bleiben, irgendeine Leistung hervorbringen will, um sich so ein unumstößliches Denkmal zu setzen? Oder bin ich doch der bereits gebrochene Nomade?

Gut die Hälfte des Jahres stand unsere Jurte einsam in einem Gebirgstal. Das war so im Winterlager, das war auch so im Herbstlager. Da hatte man die Eltern, die Großmutter war noch da, und in den ersten Jahren waren die beiden Geschwister auch noch zu Hause. Also waren wir zu sechst, mit dem Hund zu siebt. Dann die Herden und die Weiden, die Berge und die Steppen, diese umgaben das Leben in der Jurte Tag und Nacht, beeinflußten es, waren Teile dieses Lebens, stellten die große Jurte um die kleine herum dar. Die Arbeitsaufteilung war klar. Der Vater ging morgens mit der Schafherde fort und kam erst spät abends zurück. Die Mutter blieb zu Hause, arbeitete den ganzen Tag im Haushalt, und die älteren Geschwister gingen mit der kleinen Herde auf die Weide, sammelten dabei Trockendung und Wurzelwerk und Geäst. Ich war ja zunächst das jüngste, das kleine Kind und blieb den Tag über bei der Großmutter. Aber es bedeutete nicht etwa, ich sei müßig gewesen, nein, ich war der Laufbursche, den ganzen Tag über. Ich war das flinke Bein der alten Großmutter oder der schwer beschäftigten Mutter. Sie brauchten nur zu sagen, was ich zu tun hatte, und schon rannte ich hin und tat den Kleindienst.

Ehe die Oma zu uns in die Jurte zog, war ich ein Säugling, also ein Mutterkind noch. Nachdem die Oma heimgegangen war, wurde ich es erst recht wieder. Ich lebte mein Jüngstes-Kind-Dasein und klebte an den Mutterbrüsten. Wie lange sie Milch gehabt haben, weiß ich nicht, aber Milch war nicht Selbstzweck, wichtig waren für mich die Brüste selbst. Ich mußte sie beim Einschlafen in den Händen halten, und sobald ich morgens aufwachte, nach ihnen fassen. Das ging solange, bis ich in die Schule kam. Im Internat träumte ich von den Mutterbrüsten, und wenn ich in den Ferien nach Hause kam, da schlief ich natürlich an die Mutter festgeschmiegt, beide Brüste in den Händen. Eine jede Brustwarze mußte ich zwischen dem Zeigefinger und dem Daumen halten und daran leicht reiben, so war ich wieder das jüngste, das kleine

Kind. Das ging lange, lange, auch als ich in der fünften, sechsten Klasse schon im Bezirkszentrum lebte, weit weg von zu Hause, gingen die Träume nach diesen Mutterbrüsten weiter, und das erste, was ich tat, wenn ich nach Hause kam, ich mußte schnell zu meiner Mutter rennen und mich von ihr beriechen lassen, und darauf fuhr ich ihr schnell mit der Hand in den Brustlatz und faßte nach den Brustwarzen. Und ich bat sie darum, daß sie sie mir gäbe. Sie sagte: «Die haben doch längst keine Milch mehr!» Aber ich wollte trotzdem daran lutschen!

Darauf empfand ich eine große Beruhigung. Die Brüste waren für mich stellvertretend für die Mutter. Und wenn ich im Unterricht saß, sah ich immer wieder die Mutterbrüste, die Warzen vor mir und fühlte sie zwischen den Fingern. Und da wußte ich, daß ich Heimweh hatte. Die Mutter stand für die heimatliche Ecke, für den Hochaltai, und die Brüste für die Mutter und die Warzen vielleicht für meine Stellung als jüngstes Kind. Und das noch in einem Alter, in dem ich bereits die ersten Liebesgedichte geschrieben hatte.

Und ich empfand es wohl so: Geborgensein, Einssein… Die Sprache hat für das Gefühl, das ich da empfand, bestimmt ein passendes Wort. Den Europäer zwickt es gleich an bestimmten Körperteilen, ich weiß. Für Herrn Doktor Freud würde das, was ich hier erzähle, ein willkommenes Beispiel für seinen Ödipuskomplex sein. Aber ich sage, ich hatte dabei nicht das mindeste Verlangen, meinen Vater umzubringen.

Auch wenn ich noch solch ein Mutterkind war, hatte ich doch schon eigene Aufgaben, eine richtiggehende Arbeit. Das war, nachdem meine Geschwister zur Schule ins Kreiszentrum gegangen waren, das Hüten der kleinen Herde. Die kleine Herde, das ist der schwache Teil der Herde, und der besteht aus Spätlingen vom letzten und Neulingen vom laufenden Jahr. Dazu kamen auch kranke und schwache Tiere, die mit der großen Herde nicht auf die entfernte Weide ziehen konnten. Diese kleine Herde blieb in Sichtweite der Jurte. Die Mutter und die Großmutter hielten immer Ausschau, hatten mich ständig im Auge. Und war ich mit dem Hund draußen bei der Herde, blieb ich dort den ganzen Tag. Bei Kälte hatte ich meinen Glühstein bei mir. Das war ein faustgroßer Flußstein, glattgefaßt und vorgewärmt auf dem Herd. Wenn ich frühmorgens die Jurte verließ, steckte ich ihn in den Brustlatz. Seltsamerweise trugen die Tuwa bis zuletzt keine Handschuhe, wohl deswegen, weil die Ärmel lang waren. Da habe ich die rechte Hand, wenn mich fror, in den Brustlatz gesteckt und habe den heißen Stein festgehalten, und wenn die Hand gut aufgewärmt war, da hab ich mit dieser die andere, kalte warmgehalten. Zum müßigen Sitzen war am Nomadenherd kein Platz. Ein jeder hantierte zu jeder Zeit an irgend etwas. Vater nahm sich Felle und Häute vor, Mutter nähte und stopfte, Großmutter spann Fäden, und wir Kinder halfen ihnen in den Spielpausen.

Alles wurde hergestellt aus dem, was uns die Tiere gaben und was draußen zu finden war. Und wir gingen sparsam mit unseren Rohstoffen um. Kein Fell blieb liegen. Selbst das minderwertigste fand Verwertung, und Fellreste allemal. Säcke und Beutel aus Baumwolle gab es damals nicht. Alles wurde aus Tierfellen hergestellt. Ziegen wurden so abgezogen, daß man dort, wo der Kopf abgetrennt wurde, den ganzen Rumpf herausbrachte. Auf diese Weise entstand ein Hautsack und aus diesem ein so derbharter Ledersack, daß er ein Menschenleben ohne weiteres überdauern konnte. Kleinere Säcke als Wasserbehälter nähte man sich aus Stücken der Kniehaut. Die heißen *dorsuk* auf Tuwa, was gleichzeitig auch Sprunggelenk ist. Aus dem Fell eines ganzen Yakbullen fertigte man die Behälter für Sauermilch. Und zwar nach einem speziellen Räucherverfahren, das ist eine Kunst für sich. Die dafür notwendige Räucherhüttenkonstruktion wird aus Eisenstangen und Holzstücken errichtet, über die die zu bearbeitenden Felle mit einer oben abschließenden Schicht Filz oder ähnlichem kommen. Aus der Hütte heraus läuft eine Rille, die mit flachen Steinen und feuchter Erde abgedichtet ist und keinen Rauch durchlassen darf. Ein Stück unterhalb wird ein Feuer entfacht, in welches Fäulnis alter Lärchen kommt. Durch die Rille zieht der Schwelbrand in die Hütte und steigt zu den Fellen auf. Sieben Tage dauert die Prozedur, danach sind die Felle bretthart, wie Holz, und eignen sich bestens zum Aufbewahren von Wasser und Milch. Der Behälter weicht nie auf, solange man auch das Wasser drin stehenläßt.

Gefärbt wurde Leder auch. Ein warmes Gelbbraun ergab sich aus der Fäulnis des Lärchenbaummarks. Davon wurden die Leder so weich wie mit Schnupftabak bestrichen. Die Fäulnis kochte man mit Wasser in einen gußeisernen Kessel zu einem Sud, und da drinnen wurde das

Stück Fell eingeweicht, oft über Nacht. Um das Leder zu bemalen, gab es verschiedene Erdfarben, die man in Wasser auflöste. Selbst Prägungen waren möglich. Gußeiserne Stempel, erst in die Flüssigfarben getunkt und dann hart ins Leder gepreßt, ergaben unterschiedlich farbig geprägte Muster.

Abfälle von Fleisch und Fellen wurden zu Leim gekocht. Dazu kamen sie in ein mit Wasser gefülltes Gefäß, und das ganze köchelte solange vor sich, bis es eine gallertartige Masse gab. Diesen Pudding ließ man trocknen. Das war der fertige Leim. Bei Bedarf brach man ein Stück davon ab und brauchte nur ein wenig darauf zu spucken und daran zu reiben, und schon hatte man gebrauchsfertigen Klebstoff. Wenn ich jetzt an die heutige, von der Marktwirtschaft so großkotzig redende, aber tatenlose, ja halbinvalide Mongolei denke, dann habe ich das Bedürfnis, einfach zu schreien. So hilflos sind wir geworden! Im ganzen Staat gibt es heute keinen Leim. Ich muß den billigsten, einfachsten Papierleim aus dem Ausland mitbringen, weil die Läden ihn nicht führen. Die anderen Leimarten, die zu kaufen sind, stinken so mörderisch. Das müssen gefährliche Gifte sein.

Wenn unsere Leime auch so giftig gewesen wären, hätten die Frauen sie sicher nicht als Kosmetik benutzt. Ja, die Frauen leimten ihre Haare damit an. Mutter hat oft dagesessen – es gab ja die Schönheitstage, vielleicht einmal, zweimal im Monat – und hat Leim gekocht und sich damit, nachdem sie die Haare schön glattgekämmt hatte, frisiert. Dazu hat sie die Fingerkuppen in den Flüssigleim getaucht und vorsichtig über ihre Haare gestrichen. Erst war das Haar naß und glänzte, aber als es getrocknet war, glänzte es noch schöner. Es faßte sich an wie Holz. Und die hielten sich dann viele Tage lang so, diese glatten und leimgesteiften Haare.

Kämme brauchten wir auch, meine Schwester hatte ja so lange Haare, und die machte Vater aus Ziegenhorn. Er brauchte nur ein Stück Horn ans Feuer zu halten, daß es weich wurde, und schon konnte man es wie ein Stück Käse so beschneiden, wie man wollte. Von diesem käseweichen Horn schnitt er mit einem scharfen Messer eine dünne Scheibe ab und brannte die Zähne mit einem dünnen, erhitzten Blech dahinein. Das gab den Kamm. Knöpfe wurden ähnlich aus Horn herausgeschnitten.

Nur die Hufeisen schmiedete nicht jeder. Heutzutage sind es allerdings noch weniger geworden, die das Schmiedehandwerk beherrschen. Die wenigen Kasachen, die es können, verdienen damit ihr gutes Geld. Bis jetzt werden im Altai alle Pferde beschlagen, und zwar mit zwei Arten von Hufeisen, die für den Winter mit drei Dornen, um auf Eis und Schnee besseren Halt zu haben, und die für den Sommer, die unten glatt sind. Selbst vor Jahrhunderten haben die Nomaden schon Eisenerz gegraben, es geschmolzen und daraus guten Stahl gewonnen.

Du siehst, wir brauchten nur wenig von außen, waren praktisch Selbstversorger. Gut erinnere ich mich noch an die Fäden und Zwirne, die wir machten. Schafwolle ergab immer weiche Fäden, die beim Nähen von Kindersachen bevorzugt wurden. Aus Kamelwolle spann man schon einen starken Faden, aber der aus Yakhaar war doch um einiges stärker. Sehnen ergaben jedoch den allerkräftigsten, richtigen, reißfesten Zwirn. Den gewann man beim Schlachten des Großviehs beim Wintereinbruch. Den Pferden und Yaks zog man, ehe es zum Zerlegen des Fleisches kam, die Sehnen heraus. In der Kälte getrocknet, zerklopfte man sie dann vorsichtig auf einem flachen Stein zu einzelnen Strähnen. Damit nähte man Stiefel, Ledersäcke und Vergleichbares.

Dann kam die Zeit des sozialistischen Wohlstandes, und das Zeug kostete damals kaum etwas. Wir lebten ja vergleichsweise nur von Pfennigen, etwas herzustellen ergab kaum Sinn. Darüber vergaß man die Handwerkstechniken, die Menschen wurden faul. Und diese so anerzogene Faulheit dauert noch an. Der Postsozialist ist eingefleischt bequem und faul, und in der Faulheit unendlich beharrlich, wie es scheint.

Umgezogen wurde allerdings wie eh und je. Zum Ende des Frühjahres verließ die Jurte das Winterlager, zog ins Sommerlager. Da kamen die Jurten zusammen, und nun ergaben sie ein Ail. Dieses konnte aus zwei, drei Jurten bestehen. Die Zahl ist unbegrenzt, aber selten waren es mehr als vier oder fünf. Ein kleines Jurtendorf also. Das sind vor allem die väterlichen Verwandten. So war es zumindest bei uns. Da war unsere Jurte, die von Onkel Sama, das war der jüngere Bruder vom Vater, der Ehemann von der Schamanin. Und dann war eine jüngere Schwester vom Vater. Sie war als sehr junger Mensch nach Ulaanbaatar gefahren, um in der Armee Dienst zu leisten. Damals wurden Frauen zur Armee eingezogen, dies allerdings freiwillig. Die Vaterschwester nun war dann irgendwie hängengeblieben in der Fremde, und jemand hatte sie zurückgebracht, mit einer Karawane. Darauf hatte sie einen Lehrer im Bezirkszentrum geheiratet, der hatte sie aber sitzengelassen, mit einem Kind. Diese lebte nun mannlos mit der kleinen Tochter bei uns. Unser Vater fühlte sich für sie verantwortlich, er kümmerte sich um sie. Ihre Jurte stand der unseren am nächsten.

Das war notwendig in den Sommermonaten, denn die Herden wurden zusammen gehalten, und so wurde die große Herde von nur einem Menschen gehütet. Also wenn es vier Jurten waren, bedeutete dies, daß man nur jeden vierten Tag einmal die Herde hüten mußte. Und die Kinder hatten in der Zeit die Lämmerherde zu hüten, und zwar auch der Reihe nach. Wir mußten jeden vierten oder fünften Tag, je nachdem, wieviele Jurten da waren, die Herde hüten. Und sonst hat man an freien Tagen entweder Dung gesammelt, oder wenn Dung genug da war und man sonst nichts zu tun hatte, dann ging man auf Jagd.

Die Jagd beginnt bei den Tuwa mit dem Ziesel, dem armseligen Übungswild für den Anfänger. Man fängt sie mit der Schlinge oder mit der Falle oder mit Wasser, das in die Löcher gegossen wird, um sie zu ersäufen. Eine grausame Sache, aber das Nomadenleben ist nicht pure Romantik, es hat viele grausame Seiten. Es geht da meistens hart zu. Die Kinder lernen auch im frühen Alter Tiere töten. Sie müssen jagen und dann Schafe und Ziegen schlachten.

Das Schlachten von Pferden fällt einem am schwersten. Es ist halt so, daß gerade die guten Tiere noch im guten Alter geschlachtet werden. Wenn man ein sehr gutes Pferd hat, möchte man es nicht gealtert und geschwächt sehen. Aber ehe man es schlachtet, läßt man es ein ganzes Jahr lang in der Herde frei laufen. Das ist die Zeit, die man dem Tier gönnt. Damit sich das Tier ausruht, es sich wohlfühlt. Dann aber wird es geschlachtet.

Das Schlachten und die anschließende Verwertung aller Teile des Tieres spielen sowieso eine äußerst wichtige Rolle im nomadischen Haushalt. Nimm nur den Pansen. Der schmeckt gut und wird besonders zubereitet, aber in den Sommermonaten wird keiner gegessen, da man ihn als Behälter braucht. Der Panseninhalt kommt raus, und nachdem er

----

ausgewaschen und wie ein Luftballon aufgeblasen ist, verschnürt man ihn an der schmalsten Stelle, dort, wo die Speiseröhre ansetzt. So hängt man ihn zum Trocknen in die Rauchöffnung der Jurte. Ist er getrocknet, wird er im Wasser wieder aufgeweicht, um ihn geschmeidig zu machen, und man kann ihn dann mit Fleisch, zerlassener Butter oder anderem Fett wieder auffüllen. Das ganze Fleisch eines Hammels kann den eigenen Pansen nicht einmal auffüllen, so viel Platz hat er. Im Winter bewahrt man darin auch Milch auf, die du so nur ins Freie zu stellen brauchst, damit sie gefriert und den Winter lang vorhält. Brauchst du Milch, trägst du den Pansen samt Inhalt in die Jurte. Nach einem Tag und einer Nacht hast du flüssige Milch.

Die Harnblase gibt auch einen sinnvollen Behälter. So manchen Abend habe ich als Kleinkind dagesessen und Harnblasen gegerbt. Da mußt du behutsam vorgehen, die Blase erst in die eine, dann in die andere Richtung drehen. Zuerst entleerst du die Harnblase gut, dann gießt du etliche Male Wasser hinein und wäscht sie ordentlich aus, der Harngeschmack muß weg. Darauf wird die Blase getrocknet, dann wieder aufgeweicht und anschließend gegerbt. Je weicher sie gegerbt ist, um so größer, aber auch dünnwandiger wird sie. Gegerbt wird sie einzig mit den Fingern, indem du sorgfältig reibst. In die Harnblase eines Yaks können gut drei bis fünf Kilo Butter hineingehen. Unterwegs ist solch ein Behältnis einfach praktisch, nichts läuft aus und kaputtgehen kann es auch nicht, es sei denn, du ritzt es versehentlich mit einem spitzen Gegenstand auf. Auf den Kriegszügen in alten Zeiten haben die mit Trockenfleisch gefüllten Harnblasen den Proviant der Reiter gewährleistet. Fleisch wurde nicht nur getrocknet und als *borz* aufbewahrt, das ist ja nur die erste Stufe der haltbaren Fleischverarbeitung. Sondern das Trockenfleisch wurde solange zerklopft, bis es wie Schnupftabak oder feinstes Mehl aussah. Auf diese Weise behandelt, hat das Fleisch eines ganzen Rindes Platz in der eigenen Harnblase. Auf eine Prise dieses Pulvers braucht man nur kochendes Wasser zu schütten, und die Kraftbrühe ist fertig.

Ist ein Hammel geschlachtet, wird das Fleisch nach bestimmten Regeln zerlegt. Nachdem die Innereien gekocht sind und ehe man anfängt zu essen, trennt man als erstes das Herz von der Lunge, macht darin zwei tiefe Längsschnitte, schneidet vom dünnen Fettansatz des Magens eine Scheibe ab, und die kommt nun ins aufgeschnittene Herz. So gelangt es dann auf die Truhe im Norden als Opfer für den Jurtengeist. Dann opfert man von dem gegarten, dampfheißen Fleisch noch zwei Scheiben dem Feuergeist, indem sie in den Herd gelegt werden. Erst jetzt darf der Vater als erstes vom Fleisch kosten. Dabei sollte der Hund, als letztes Familienmitglied, auch nicht vergessen werden, ihm fallen allerdings die weniger guten Fleischteile zu.

Während in jeder Jurte in der Regel ein männliches Oberhaupt mit bestimmten Rechten und Pflichten versehen ist und das Sagen hat, so hat auch jede Sippe einen Leiter. Und das ist meistens die älteste männliche Person, und in dem Falle war das unser Vater. Und unsere Jurte wurde da als etwas besonderes angesehen, nicht nur weil wir das meiste Vieh hatten, sondern weil der Vater einerseits also altersmäßig, andererseits aber auch charaktermäßig ein angesehener Mensch war. Was er sagte, wurde gemacht, hatte Gesetzesgültigkeit. Und ich wurde natürlich als das jüngste Kind des Sippenältesten von den Leuten bevorzugt behandelt. So wußte ich, daß ich mir alles erlauben durfte.

Die Sippenleute heiraten untereinander nicht, das wird sehr streng gehandhabt. Die Frau kommt von fremden Sippen, und je weiter her, desto besser. Die Tuwa wie auch die Kasachen trennen da ganz genau, das ist wohl auch der Grund, daß es bei uns keine Inzucht gibt. Während bei den Mongolen, die zahlenmäßig viel stärker sind, diese Frage längst aktuell geworden ist.

Sippe ist, kurz gesprochen, die Großverwandtschaft. Man soll seine Herkunft neun Generationen lang im Gedächtnis behalten. Innerhalb von diesen hat die Verwandtschaft Gültigkeit. Nach der zehnten wird man einander fremd. Dann könnte man, wenn es sein muß, auch untereinander heiraten.

Es gibt insgesamt neun Stämme bei den Tuwa auf unserem Territorium. Beim Heiraten ist das besonders wichtig. Irgit-Leute würden untereinander niemals heiraten. Wenn ich jetzt als Irgit-Sohn heiraten müßte, dann kämen für mich nur ganz bestimmte Stämme in Frage. Man kennt die Geschichte eines jeden Stammes so ein wenig und weiß, welcher was darstellt. Der eine Stamm kann gesund sein, dagegen sind die Leute vielleicht etwas geizig. Schlechte und gute Eigenschaften werden erwogen.

Und dann kommen die maßgebenden Mitglieder der Sippe zusammen und beschließen die Heirat.

Sippe ist eine Untergliederung von Stamm. Stamm ist etwas Größeres. Ein Stamm besteht aus mehreren Sippen. Wenn ich von meiner Sippe rede, dann meine ich nur die wenigen Menschen, die unter der Führung meines Vaters gestanden haben. Und wenn ich von Stamm rede, dann sind das etliche Sippen, die dazugehören. Mein Vater hat nicht alle Irgit-Leute geführt, er hat nur die Söhne und Töchter des reichen Hylbang, seine eigenen Geschwister also, geleitet, das sind inzwischen auch eine große Anzahl von Menschen. Wenn du bedenkst, die Tante, die Schamanin, hatte fünfzehn Kinder, am Leben blieben davon zehn, davon waren acht Mädchen. Jedes von diesen hat im Durchschnitt acht Kinder. Also acht mal acht sind schon vierundsechzig Enkelkinder von nur einer Familie. Und wenn du es so siehst, dann sind wir Ameisen – so wird nämlich manchmal geschimpft. Ich kann all die nicht auseinanderhalten: Wer ist das nun wieder? So frage ich mich immer wieder. Eine Cousine, ein Neffe, eine Nichte, ein Cousin? Wer ständig auf dem Land lebt, der würde sie vielleicht auseinanderhalten können, aber so in der Stadt sitzend, kann man das längst nicht mehr überschauen.

Das hat sein Gutes, wenn ich jetzt aufs Land fahre und etwas brauche, da kann ich immer auf meine Verwandtschaft zurückgreifen. Ich kann sie arbeiten lassen. Wenn ich Gäste habe, die Pflege brauchen, mache ich genau das. Bringe seit einiger Zeit Gruppen in den Hochaltai und brauche manchmal zwölf, dreizehn Pferde mit Sattel und Zaumzeug, drei, vier Jurten, eine Hammel- und Yakherde, Kamele, Brennholz – alles ist über Nacht besorgt. Die ganze Verwandtschaft schleppt von allen Seiten alles wie Ameisen herbei.

Jedesmal, wenn ich meine Sippe wieder einmal besuche, muß ich für das Kindervolk mindestens zehn, zwanzig Kilo Süßigkeiten kaufen. Und schon allein, wenn ich jetzt zum *schagaa*, dem nomadischen Neujahrsfest, hinfahre, dann brauche ich vielleicht dreißig, ja vierzig *hadak* für die Älteren. Und was für eine Überanstrengung es ist, kannst du dir vorstellen, wenn ich in jeder Jurte mindestens einmal einen Begrüßungstee, Essen und Schnaps eingeschlossen, und dann auch noch den Abschiedstee einnehmen muß. In der Regel habe ich bestenfalls nur vier, fünf Tage

Zeit, komme nun hin und diese Tage und Nächte bestehen nur aus Essen und Trinken. Alle möchten mich wenigstens für eine Stunde bei sich haben, also werde ich herumgereicht. Und schon sind die nächsten jüngeren Menschen gekommen und warten auf mich und sagen: Wann kommt der Onkel, der Bruder zu uns? Sie kommen mit gesattelten Handpferden angeritten und warten auf mich. Ich kann nicht nein sagen, es sei denn, ich gebe immer kleine Erklärungen ab, wenn ich ankomme. Dann sage ich: Diesmal werde ich nur die, die und die älteren Verwandten besuchen, habe für das junge Volk keine Zeit. Wenn ich die Älteren besuche und die Jüngeren auslasse, wird das verstanden. Aber wenn ich die alten Leutchen sitzen lasse, dann gibt es Verwirrungen.

In Dsaamar, wo wir doch zusammen waren, lebt mein ältester Bruder, nun aber all die vielen Nichten und Neffen und ihre Männer und Frauen und Kinder! Er ist vor sechzehn Jahren dorthin gezogen, hatte damals nur Kleinkinder. Es kam eine Jurte, ohne Vieh, ohne einen Hund an. Waren nur Mann und Frau und acht Kinder. Heute sind es neun Jurten, vor kurzem hat der jüngste Sohn geheiratet. Und wieviel Enkel sind da, vielleicht vierzig, fünfzig schon, und weitere Enkel werden noch geboren werden. Es sind neun Haushalte, jeder hat eigenes Vieh und einen eigenen Hund, manche Familien haben zwei Hunde. Das ist jetzt meine kleine Sippe.

Der zweitälteste Bruder ist in Altanbulag, im Norden des Landes. Er ist vor sechs Jahren gekommen mit sechs oder sieben Kindern, und es sind jetzt auch sechs, sieben Jurten und ebenso viele Haushalte. Wieviel Kinder die alle haben, weiß ich nicht einmal. Fahre selten dorthin, einmal im Jahr vielleicht. Und wenn ich sie demnächst besuche, da muß ich einen kleinen Hügel Geschenke mitnehmen. In der letzten Zeit ist das einfacher geworden, man kann Geldscheine schenken. Gesetzt den Fall, ich habe genug Geld, dann kann ich auch damit ankommen, obwohl das nicht so schön ist, aber es ist besser, als mit leeren Händen dazustehen. Aber auch sonst ist es anstrengend, denn die Tuwa, die sich seit Jahren unter den Mongolen aufhalten, haben inzwischen die dortigen Sitten stark angenommen, und so gibt es zu jedem Tee, zu jedem Essen Schnaps. Wenn ich jetzt erstmals in jeder Jurte sitze, kann ich einfach nicht sagen, ich trinke keinen Schnaps. Ich muß den Leuten den Gefallen tun, also muß ich mindestens zwei Gläser in jeder Jurte trinken. Ich muß ja, auch wenn ich nur wenig Zeit habe, am Tag wenigstens zehn Jurten besuchen, und in zehn Jurten muß ich zwanzig Gläser trinken und dazu in jeder Jurte vielleicht drei bis vier Schalen Tee. Und in jeder Jurte muß ich Fleisch essen. Da bin ich erschlagen vom Essen und Trinken.

Aber ich muß diese Belastung auf mich nehmen, denn sie sehen ja in mir wer weiß etwas, denjenigen, der für sie steht und der um sie kämpft. Aber auch das alles hat natürlich etwas Gutes an sich, denn all die schönen Trachten, die Deels, die ich habe, die Stiefel, sind Geschenke aus Anerkennung für meine Leistung.

Jeder hat seinen Platz im Leben, und diese Aufteilung wird streng eingehalten. So ist auch in der Jurte der Platz des Mannes und der Frau festgelegt. Die linke Seite gehört zur Frau, und die obere Seite, also die der Tür gegenüber, gehört zum Mann und ist für Ehrengäste, während die rechte für Gäste vorgesehen ist. Die Frau würde nie auf den Gedanken kommen, sich in die rechte oder obere Jurtenhälfte zu setzen. Und der Mann würde sich nie in die linke setzen, obwohl es die eigene Jurte ist. Und so ist auch die Arbeit aufgeteilt, also drinnen in der Jurte ist der Bereich der Frau, und was außerhalb der Jurte liegt, das ist das Feld des Mannes. Und so würde es dem Mann nie in den Sinn kommen, sich in die inneren Angelegenheiten in der Jurte einzumischen. Der tuwinische Mann käme nie auf die Idee, seiner Frau zu sagen: Du schenkst dem Gast dies und das, oder du kochst heute dies und das. Die Frau ist drinnen Alleinherrscherin. Und draußen, da ist der Mann der Alleinherrscher. Also welches Pferd ich jetzt verkaufe, welches ich demnächst einfange, um damit zu reiten, das ist vollkommen meine Sache. Genauso ist es mit der Arbeit. Kochen ist Frauenarbeit, der Mann kann der Frau dabei helfen, aber er muß nicht. Draußen die Hürde auszumisten, das ist Männerarbeit. Die Herden über die Nacht zu bringen, sie zu bewachen, das ist eine Arbeit des Mannes, die Frau kann dem Mann irgendwann helfen, das wird ihr keiner verwehren, aber sie muß es nicht.

Der Mann ist das unbestrittene Oberhaupt der nomadischen Familie. Das ist unabhängig davon, ob der Mensch ein Reicher ist oder ein Armer, ein Kluger oder ein Dummer. Wichtig ist, er ist der Mann. In ihm sieht man auf diese Weise einen kleinen König. Die Frau behandelt ihn entsprechend. Und daher kommt es, daß die Frau den Mann siezt. Dann auch dieses: Die Kinder siezen ihre Eltern, und ebenso die jüngeren Geschwister die älteren. Und morgens, wenn die Frau den Tee gekocht hat, schenkt sie die erste Schale dem Mann ein. Wenn er gerade nicht da ist, dann läßt man die Schale mit dem Tee stehen. Die zweite, dritte Schale wird von den anderen getrunken. Ist der Mann verreist, dann ist der älteste Sohn an der Reihe, er bekommt die erste Schale.

Nun die Frau. In ihr sieht man den Anfang des Lebens. Das Weibliche wird überhaupt als der Ursprung, die Quelle betrachtet. Und in dem Kind sieht man immer die Fortsetzung. Es ist so etwas wie eine Knospe, so etwas wie ein Blatt, aus dem vielleicht ein Baum werden wird, ja werden muß. Und der Reichtum eines jeden Haushalts wird an der Zahl der Kinder gemessen. Wer also viele Kinder hat, der wird als reich angesehen.

Und in dem alten Menschen sieht man vor allem die Weisheit. Man spricht von weißen Bärten *ak sakal*, das ist ein feststehender Begriff in ganz Zentralasien. In einem alten Menschen sieht man einen künftigen Berg. Alte Menschen gleichen in unseren Augen Bergen, das sind werdende Berge, werdende Steine. So ist in diesem werdenden Stein schon der Anfang eines künftigen Berges. Daher soll man vor alten Leuten Ehrfurcht haben. Wenn die Älteren den Kindern etwas sagen, wird das ohne jegliche Widerrede angenommen. Es ist etwas Trauriges, Schändliches, wenn man irgendwann die Eltern gekränkt hat. Und wer seine Eltern in Würde zu Grabe getragen, hat seine Aufgabe im Leben erfüllt, der kann jetzt das Leben erst recht für sich genießen.

Bestmöglich erfüllt hat man letztlich seine Aufgabe erst, wenn sich die Kinder als anständige Menschen erwiesen haben. Wenn ein jedes Kind einen Haushalt und dieser die entsprechenden Herden hat, wenn in jeder Jurte die ersten Kinder auftauchen, dann betrachtet man sich als glücklich. Das ist dann ein erfülltes Leben, und dann kann man, wenn es sein muß, auch heimgehen.

Wenn der Mensch entsteht, bekommt er vom Vater die Knochen und von der Mutter das Blut. Wir sagen *söök*, Knochen, und meinen damit den Stamm des Vaters. Mein Vater Schynykbaj, Sohn des Hylbangbaj, gehört dem Stamm Irgit an; und werde ich nach meinem Knochen gefragt, so sage ich: Ich bin vom *söök* Irgit. Alle väterlichen Verwandten werden *agwa* genannt, das sind die Onkels und die Tanten und ihre Kinder, und die mütterlichen *daaj*. Und so bestimmt die mütterliche Seite die Blutverwandtschaft und die väterliche die Knochenverwandtschaft. Deshalb sagt man bei uns auch, wenn der Vater eine Knochenkrankheit hat, zum Beispiel Knochentuberkulose, dann wird es immer knochenkranke Kinder geben. Ebenso bei der Mutter, ist die blutkrank, werden auch die Kinder an einer Blutkrankheit zu leiden haben. Das ist keinesfalls nur symbolisch zu verstehen.

Die *daaj*-Leute werden als die wichtigeren Verwandten angesehen. Denn Blut füllt dich mit Leben auf, macht dich zu dem Menschen, der du bist. Blut ist der Lebenssaft schlechthin. So wie Blut der Saft des Körpers, ist Wasser der Saft der Erde, ihr Blut. Vom Blut her bin ich vom Stamme Hojt. Die Hojt-Leute kommen von den Dörbet. Seit mindestens acht Generationen waren wir in der ganzen Gegend die Hauptsippe, waren vermögend und einflußreich. Und mütterlicherseits waren es buddhistisch angehauchte Leute, denn mein Urururgroßvater war ein Bettelmönch und ist als blutjunger Mann mit nur einem Bündel aus dem Hoschuun der Dörbet bis zu uns gewandert. Dann ließ er sich nieder, heiratete. Also bin ich mütterlicherseits dörbetisch, westmongolisch und dazu noch buddhistisch angeweht.

Knochen sind das Grundgerüst fürs Leben, damit verbindet sich das Fleisch, und das Fleisch braucht das warme Blut. Knochen für sich genommen sind immer sichtbarer Überrest eines einst saftvollen Lebens und vergegenwärtigen so das Ewigvergängliche im Leben, solange, bis auch sie vergehen und eingehen in die Natur. Knochen sind aus dem

Nomadenleben nicht wegzudenken, sind eines der wichtigsten Elemente überhaupt. Denn die Menschen sind Fleischesser, sie schlachten und zerlegen die Tiere, und so sind die Knochen auch immer gegenwärtig, so in der Jurte, draußen in der Steppe. Wenn du den Altai in schneelosen Zeiten siehst, wird dir auffallen, daß die Berghänge weißbunt ausschauen. Das kommt unter anderem von den Knochen. Da liegen Hunderte, Tausende, vielleicht Millionen Stück von Knochen aus verschiedenen Jahrhunderten. Knochen sind ja etwas, was nach einigen Jahren ganz weiß wird. Der Tuwa spricht von drei weißen Dingen. Im Wachsen seien die Zähne weiß, und im Altern die Haare, und nach dem Tod seien es die Knochen.

So gesehen haben sie einen feinen, bis zu einem Kult ausgeprägten Sinn für die Knochen von Tieren. Der Schädel spielt da die zentrale Rolle. Von Pferden darf man den Schädel niemals liegen lassen, die werden unversehrt ausgekocht, von Fleischresten befreit und dann auf die höchste Stelle getragen, auf einen hohen Felsen. Oft ist das ein *owoo.* Von besonders guten Pferden bringt man die Schädel dorthin, und wenn irgendwo ein Schädel heruntergefallen ist vom Felsen oder *owoo,* egal ob dieser Schädel einem bekannt ist oder unbekannt, trägt man ihn wieder hoch. Das gehört sich einfach so. Von Kleintieren, von Schafen und Ziegen, wird der Schädel auch verwendet. Der Ziegenschädel wird gevierteilt. Der Schafschädel wird zweigeteilt, das ist wegen des Gehirns, das wird von alten Leuten gegessen. Kinder essen nie Hirn. Dann wird der Kopfknochen niemals Hunden vorgeworfen. Er wird auch auf hohe Stellen gelegt oder verbrannt.

Der oberste Halswirbel, *adyr molduruk*, ist der Knochen, der unmittelbar unter dem Kopf sitzt, wird angesehen als Sitz des Viehreichtums. Dieses Wirbelstück darfst du keinem Fremden vorsetzen. Das ist etwas, was der Familienvater essen muß. Wenn er nicht da ist, der älteste Sohn, wenn der nicht da ist, der zweitälteste. Der Knochen kommt dann ins Feuer, darf niemals draußen liegengelassen werden. Wenn dennoch draußen so ein Knochen liegt, dann trägt man ihn in die Jurte und übergibt ihn dem Feuer.

Das Bruststück ist generell etwas für Schwiegertöchter. Wenn im Ail eine ist, selbst eine im weitesten Sinne, dann darf diese immer mit Bruststückchen rechnen. Das Bruststück schmeckt gut für unser Empfinden, weil es fett ist. Und eine Fett essende Schwiegertochter ist in jeder Hinsicht in Ordnung. Denn auch tuwinische Frauen essen Fett nicht besonders gern, im Vergleich zu den Männern zumindest. Das Bruststück hat so ein Fett, das gar nicht nach Fett schmeckt, es sieht zwar danach aus, aber im Geschmack ist es fast wie Schweinespeck. Man ißt das Fleisch, das Fett, und dann ißt man darauf den Knochen mit, der ja eher Knorpel ist. Wenn du das abbeißt und zerkaust, merkst du die Flüssigkeit da drinnen, die sehr gut schmeckt, wie eine Art fettige Brühe. Die kannst du aussaugen, und wenn etwas Knochiges bleibt, brauchst du das nicht runterzuschlucken, das kannst du dann wieder ausspucken.

Die oberste und kürzeste Rippe heißt *gösüreegi*. Mit dem Wort *gösür* meint man etwas in der Steppe Verbliebenes, etwas Verblichenes. Verblichene Rippe also. Etwas nicht besonders Angenehmes, Ansehnliches einerseits, und andererseits gerade dadurch etwas Gutes. Es ist eine nomadische Vorstellung, daß das Gute, der gute Geist, immer in einem nicht besonders ansehnlichen Körper wohnen muß. So erwartet man ja die Wiedergeburt von großen Geistern immer in den ärmsten Jurten, bei den ärmsten und unansehnlichsten Frauen. So ist es auch bei der Jagd. Bei Murmeltieren gibt es Mißbildungen von Zähnen, diese sind so lang gewachsen, daß sie ein richtiges Fressen unmöglich machen, denn es sind mitunter wie bei einem Schwein oder bei einem Elefanten zwei lange Stoßzähne. Und manchmal sind die Zähne so nach außen gebogen, daß sie wieder in die Oberlippe hineinwachsen. Diese Tiere sind klein und mager. Und wenn man so eines schießt, dann sei dies ein Vorzeichen dafür, daß man reichliche Jagdbeute haben werde. Darum wahrscheinlich diese kurze Rippe, die auch als heilige Rippe gilt. Auch die darf man keinem Gast vorsetzen, und der Knochen darf nicht in der Steppe liegenbleiben. Also schön sauber mit einem Messer abschaben, ja nicht mit den Zähnen abknabbern und dann ins Feuer werfen. Und Vorsicht, einem Hund darf man diesen Knochen nie geben.

Zu den heiligen Knochen gehört unbedingt das Schulterblatt. Auf ihm gibt es Weideflächen oder Liegeplätze von allen Herden: die ganz große Fläche hinten, das ist der Weidegrund der Schafe, oberhalb ist die der Pferde, an der Seite die der Yaks, und dann die Viehwege, die da langlaufen, die verschiedenen Vertiefungen und Kanten, das sind ja alles Wege, und oben der Kelch, das ist der Kessel. Und wer so ein Schulterblatt in die Hand nimmt, muß die Eßregeln sehr genau befolgen. Ein Kind darf nie vom Schulterblatt essen, das ist etwas für erwachsene, ehrwürdige Menschen, entweder für einen Gast oder den Vater oder die Mutter, aber niemals für ein Kind. Wenn dieser Gast oder der Vater oder die Mutter eines ißt, darf er oder sie es nie allein essen. Das ganz zarte rosa Fleisch hinten, das wird unter alle, die in der Jurte sind, verteilt und dafür in Scheiben geschnitten. So erwartet man von einem, der ein Schulterblatt ißt, daß er jedem einen Teil abschneidet. Der Knochen wird besonders sorgfältig gesäubert und kommt, wenn er aufgehoben wird, unter die Dachstreben der Jurte.

Erstens wird damit orakelt. Dazu kommt der Knochen ins brennende Feuer, und nach einer Weile, wenn er anbrennt, zeigen sich Sprünge auf der dünnen Stelle, die wir Schafhürde nennen. Nach diesen Sprüngen, so wie sie sich hinziehen, orakelt man, ob eine Sache gelingt oder nicht. Bei den Kasachen gibt es besonders große Schulterblattleser. Ich kenne einige sogar. Es gibt eine neuzeitliche Geschichte. Ein Verbrecher war aus dem Gefängnis geflüchtet, bewaffnet zum Unglück. Und zwei von der Miliz reiten ihm hinterher. Und der Verbrecher sitzt in einer Schlucht, an einem Weg und hat soeben Fleisch gekocht und das Schulterblatt gegessen und wirft den sauber abgeknabberten Knochen ins brennende Feuer, und sieht plötzlich auf dem Knochen ein Zeichen, daß die Verfolger ankommen. Schnell springt er, das Gewehr in der Hand, unter einen Felsvorsprung und wartet. Da kommen auch schon die Verfolger geritten, und einer von den beiden sieht vom Pferd aus ins brennende Feuer, sieht das anbrennende Schulterblatt, erkennt auch das Zeichen darauf und sagt verwundert: «Weshalb ist das Schulterblatt verbrannt? Und weshalb wird nun aus dem Versteck geschossen?» Und genau in dem Augenblick knallt es, und jener fällt schon tot zu Boden. Soweit zum Orakeln.

Dann bearbeiten wir das Schulterblatt auch zu einer Rauchpfeife. Die Schamanen hatten alle Schulterblattpfeifen, und die Kinder natürlich auch. Ich habe viele Schulterblattpfeifen zu Ende geraucht, die werden nach einer bestimmten Zeit alt, riechen zu sehr nach Tabak, und dann verbrennt man sie, und man macht sich eine neue. In meiner Hasenköttelzeit habe ich nur aus Knochenpfeifen geraucht.

Zum dritten nun wird es als Knochen einfach genau studiert. Bekommst du bei Leuten ein Schulterblatt vorgesetzt, kannst du daran die Besonderheit dieser Sippe und Jurte erkennen. Also unterscheiden sich die Schulterblattknochen voneinander. Du kannst zehn verschiedene Knochen vorgelegt bekommen und dann selbst sehen. Man sieht den Kessel. Gut ist, wenn dieser Kessel leer ist. Dann die vielen Sitze, Wege, Plätze, die da sind. *Omak* gibt es auch, das ist Stolz, wörtlich, und im übertragenen Sinne ist das zu verstehen als Kraft, über die man verfügt. Die weitreichende Bedeutung des Schulterblattes für die Nomadenkultur wird vielleicht auch aus folgendem noch deutlicher. Vor kurzem hat einer der bekanntesten Schriftsteller und Wissenschaftler des Landes, der Präsidentschaftskandidat von 1992, L. Tüdew, eine Zeitung gegründet, die *Dal* Schulterblatt heißt, und das Hauptanliegen dieser Zeitung ist es wohl, dem Orakel mit dem Schulterblatt eine wissenschaftliche Grundlage zu geben.

Das vom Schulterblatt aus gesehen nächste Glied, der Oberarm, wird als etwas nicht besonders Gutes angesehen, sowohl das Fleisch als auch der Knochen. Wenn man einen Gast hat, dann setzt man das ihm nicht vor. Es dennoch tun, wäre eine große Unhöflichkeit. Lieber ißt man es selber.

Dann kommt die Kniescheibe, auf Tuwa *dowuk*. Die ist Sinnbild für das Kind, symbolträchtig für den Kindergeist. Jeder, der so eine Kniescheibe in die Hand bekommen hat, muß sie sauber putzen und dann gleich auf das Bett legen, indem man sagt: Auf die hübschen Kinder! Wer die Kniescheibe nicht sauber putzt, der soll ein häßliches Kind bekommen. Und wer möchte schon ein häßliches Kind bekommen!

Nun, der Knöchel vom Hinterbein, *gashyk* genannt auf Tuwa, *schagaa* auf Mongolisch. Die Holländer, die Norddeutschen und andere Völker haben die Knöchel auch zum Spiel verwendet. Bei allen Nomadenvölkern spielen sie eine zentrale Rolle. Zunächst als Spielzeug: es gibt Hunderte von Möglichkeiten, damit zu spielen. Kein Nomade kann mit einem Knöchel herzlos umgehen. Das liegt in unserem Blut, und obwohl wir nicht immer wissen, was wir damit machen sollen, putzen wir alles so sauber. In unserer Familie ist das ein Geschenkartikel geworden, billig, schön, aber sinnvoll. In Deutschland sind wahrscheinlich viele hunderte Knöchel untergebracht. In verschiedenen Lagen heißt der Knöchel unterschiedlich: Kamel, Yak oder Rind, Pferd, Schaf und Ziege. Man nimmt auch vier Stück. Vier Stück davon taugen auch zum Orakeln. Du siehst auf dem Eßtisch in jedem Haushalt immer vier Knöchelchen liegen. Bevor die Menschen morgens ihre Jurte verlassen, werfen sie solange damit, bis sie die «vier Schwierigen» rauskriegen. Schaf, Ziege, Pferd, Rind, die vier müssen da sein. Besonders mit dem ersten Versuch alle vier Figuren zusammen gewürfelt, da freut man sich und läßt die Knöchel so liegen und geht dann seiner Beschäftigung nach.

Die Schafe und die Pferde gelten als heißatmige, also gute Tiere, die anderen Tiere gelten als kühlatmige. Und das Fleisch ist genauso, Schaf und Pferd haben heißes Fleisch, und davon darf man auch als alter Mensch und als Kind beliebig lange genießen. Und die anderen Fleischarten sind kühl, als alter Mensch und kleines Kind darfst du Ziegen- und Rindfleisch nur hin und wieder essen, aber niemals tagtäglich. Wenn du das trotzdem tust, dann wirst du das bald merken. Dann mußt du immer nach dem Pferd schauen, mußt immer austreten.

Bei uns Tuwa werden die Knöchel als Wiegenartikel benutzt. Wenn eine Mutter niederkommt, wird gleich ein Hammel geschlachtet, denn sie muß mit frischem Fleisch und kräftiger Brühe gefüttert werden. Und von diesem Hammel nimmt man den Knöchel des Hinterbeins. Je nachdem, ob es ein Junge oder ein Mädchen ist, nimmt man den männlichen Knöchel oder den weiblichen, das heißt vom rechten oder vom linken Fuß. Wenn du eine Jurte betrittst, dann siehst du über der Holzwiege, vom Bogen der Wiege bis zum Fußende so einen straff gezogenen Zügel aus einem dünnen Yakfellriemen. Daran hängen längs die Knöchel, und daran erkennst du sofort, wieviel Kinder die Familie hat, wieviel sind davon Jungen, wieviel Mädchen, und wieviele sind davon möglicherweise nicht mehr da, denn wenn ein Kind stirbt, dann entfernt man den Knöchel und läßt einen Knoten.

Der Knöchel spielt in den Heldensagen auch eine wichtige Rolle. Der Recke trägt einen Knöchel vom Wildschaf ständig bei sich. Dieser ist bedeutend größer als der vom Hausschaf. Und wenn er im Kampf seinem

Gegner unterliegt, wird der ihn niemals sofort umbringen. Der Kampf verläuft immer sehr ehrenhaft und ehrlich. Der Unterlegene wird nach seinem letzten Wunsch gefragt, und in der Zeit holt er seinen Knöchel heraus und gibt ihn seinem Gegner. Das ist die Geste dafür, daß er sich geschlagen gibt, er umgebracht werden darf und sein ganzer Besitz samt Vieh, Kindern und Frau jetzt an den anderen übergeht. Er sagt: «Habe mit meiner Frau einen hübschen Jungen. Behandle meine Frau gut. Vermehre mein Vieh. Erziehe meine Kinder zu guten Menschen!» Wenn diese letzten Wünsche ausgesprochen sind, darf nun auch zugestochen werden. Dann kommt der Sieger mit dem Knöchel des Mannes zu dessen Jurte und übernimmt den Haushalt.

An dem Knöchel liegt ein weiterer, etwas länglicher Knochen, der auf Tuwa *dorsuk* heißt und auf Mongolisch *boriw*. Auch dieser muß besonders sorgfältig abgeschabt werden. Der steht für das Rennpferd. Und wird dann, wenn er gut gesäubert ist, mit dem Satz «Die Rennpferde mögen schnell sein!» aus der oberen Jurtenöffnung hinausgeworfen.

Das nächste Glied, der Unterarm, wird aufgehoben für den Schafhirten. Er kommt und ißt es, oder man kann es auch mit auf die Weide nehmen, aber man muß den Knochen, sauber abgeschabt, wieder zurückbringen. Dort gibt es eine Stelle, da laufen zwei Knochenstücke zusammen, dazwischen ist ein Schlitz und da hinein steckt man einen Grashalm oder einen Holzsplitter, und dieses Knochenstück wird als Mensch mit Gewehr, also als Jäger betrachtet. Wenn nachts eine kleine Herde oder ein Tier gefährdet sein könnte, dann sagt man zu dem Knochen: «Du wirst das Tier bewachen!» Und dabei steckt man ihn über die Jurtentür, damit er dort gut Wache halte.

Der Tuwa kommt in ein seichtes Grab, wenn er stirbt. Und es kommt vor, daß durch die Erdbewegung oder durch Tiere Knochenreste von Menschen rauskommen. Wenn der oberste Halswirbel, in dem der Geist für Reichtum sitzen soll, heraussteht, dann geht man mit *hadak* und Speisen und Getränken hin, und macht dazu auch ein Wacholderrauchopfer. Es gibt also eine Zeremonie, mit der man den Knochen entgegennimmt. Dann wickelt man diesen in die *hadak* ein, und er kommt in die Truhe im *dör*. Auf diese Weise wird der Knochen zu einem Heiligtum und über Generationen aufbewahrt. In unserer Jurte war es der

Halswirbel meiner Großmutter väterlicherseits. Er ist sehr klein und dünn und war ganz vergilbt. Du kannst fast nicht glauben, daß es ein Knochen sein könnte, ich dachte immer an Holz. Wie ein altes, ganz glattgeschliffenes Stück Birkenholz! Inzwischen müßte er bei Bruder Galkaan sein.

Hin und wieder liegen menschliche Gebeine in der Steppe herum. Was damit? – Nichts! Liegen lassen. Es ist doch ein Stück Natur in der Natur. Wie Steine meinetwegen. Wir sehen ja in den Steinen auch die Knochen der Berge. Der Mensch ist ein Berg. Jeder Mensch ist ein kleiner Berg, ein größerer Stein zumindest. Bergsteine, Menschensteine, Bergknochen, Menschenknochen liegen zusammen. Das ist das Natürlichste.

Als ich vier oder fünf Jahre alt war, hatten wir in der Jurte einen rotsamtenen Vorhang. Dieser war damals schon alt, der Stoff aber war wunderbar und hat später noch gut zwanzig Jahre dort gehangen. Da kam ein Vertreter der Kreisleitung und stellte fest, das Hakenkreuz darauf dürfte nicht sein. Solche Überwacher waren stets unterwegs und suchten einzelne Jurten auf, um die Sachen, die zur neuverordneten Weltsicht nicht mehr paßten, aus der Welt zu schaffen. Das Hakenkreuz war so etwas. Meine Mutter stand gleich auf und trennte es noch in Gegenwart des Genossen vom Vorhang ab. Nun allerdings das Schönste: Das Hakenkreuzmuster war nun noch deutlicher als vorher zu sehen, weil der Stoff darunter wie neu war. So blieb das Hakenkreuz. Und trotzdem sagte der Mensch, von der Leitung herbeordert, nichts dazu. Er hatte seinen Auftrag erledigt.

Tage und Monate vergingen, und wieder kam einer und sagte, die Holzeimer, die vielleicht hundert Jahre alt waren, müßten weg. «Was machen wir ohne Eimer?» – «Keine Angst, hier ist der Handelsagent, er hat verschiedene Aluminiumgefäße und -eimer mitgebracht.» Und diese waren auch schön für das damalige Empfinden, weil man vorher so etwas Blinkendes, Glänzendes nie gesehen hatte. Und zudem waren sie so ungemein billig, wie übrigens alle Sachen damals. Man fragte nur: «Wieviel braucht ihr? Ihr könnt haben, soviel ihr wollt!» Meine Mutter nahm natürlich nur so viele, wie sie tatsächlich brauchte. Aber dafür sollte sie die Holzeimer, die sie in verschiedenen Größen und Formen und Farben hatte, dem Parteigenossen übergeben. Und dieser nahm einfach die Axt und haute sie damit in Stücke. Es galt ja, die störrischen Überbleibsel der alten Zeiten endgültig zu beseitigen.

Ähnlich erging es uns auch mit den Schaffellschlafdecken. Da kam eines Tages ein Parteigenosse mit richtig weißen Bettlaken und Bettbezügen. Das war uns so fremd. Er sagte: «Mit diesen alten Schaffelldecken könnt ihr nicht weiter leben.» – «Weshalb?» – «Es ist so in der

Kreisleitung beschlossen worden, die müssen jetzt alle weggeschafft, als rückständige Überreste müssen auch sie vernichtet werden.» – «Gut,» sagten die Leute, «aber wie schlafen wir nun?» – «Keine Angst, wir haben Schlafdecken mitgebracht.» Gute Materialien waren das schon! Baumwolldecken, dick wattiert, und dazu weißer Baumwollstoff zum Überziehen. Und sie verlangten, daß die Felle auf der Stelle vernichtet würden. Aber dann haben sie eingelenkt. Denn meine Mutter dachte praktisch und zerschnitt die alten Felldecken zu Schutzdecken für die Jungtiere gegen die Kälte. So wurden sie wenigstens weiterverwendet.

Ganz früher hatten wir auch eine offene Feuerstelle, und das war bei Wind, der durch die Rauchöffnung einfallen konnte, nicht ungefährlich. Funken sprangen unter dem Kessel hervor, der, auf einem eisernen Feuergestell auf vier Füßen und mit vier Eisenbändern versehen, in der Mitte der Jurte stand. Da bildete sich natürlich Rauch, aber die Jurte ist ja oben offen und so konnte der Rauch durch die Öffnung abziehen. Später kamen die Öfen auf, so runde Blechkübel. Und kurz darauf gab es kleine Auseinandersetzungen zwischen Vater und Mutter. Mutter wollte unbedingt einen solchen Ofen haben. Vater war dagegen. «Weshalb?» meinte er. «Wir haben doch so ein Ofengestell.» Dann war Mutter doch die stärkere. Und so haben wir bei einem Kasachen einen Ofen gekauft. Ofen gegen Schaf, das war der Handel. Ich half, als Vater ein Schaf fing, und erinnere mich noch gut an den Kasachen, der den Ofen brachte und das schwarze Schaf mitnahm. Nun könnte man meinen, alles sei einfacher geworden. Aber dem war nicht so. Denn im Ofen Feuer machen war schwieriger als zuvor auf offener Feuerstelle. Vater schimpfte jedesmal und konnte seine kleinen Bemerkungen nicht unterdrücken. Er sprach von einem Feuergefängnis.

Die Leute von der Partei, die Überwacher, kamen wieder und wieder und setzten durch, was von oben beschlossen war. Und die Vollstreckung funktionierte recht reibungslos. Der Nomade war ja damals nicht vor die Frage gestellt: Willst du das oder willst du das nicht? Man folgte den Anweisungen. Die grausamen dreißiger Jahre mit den Verhaftungen und Erschießungen waren vorangegangen, und die Menschen waren derart eingeschüchtert worden, daß sie sich, inzwischen ziemlich weitsichtig und hellhörig, gar nichts mehr anmerken ließen.

Sie schickten sich, scheinbar dumpf und ergeben, in die Verhältnisse. Weder von oben noch von unten gesehen, gab es scheinbar irgendwelche Zweifel. Alles wurde so gemacht, wie es die Partei in der Kreisleitung beschlossen hatte.

Man sprach damals von Kulturangriffen. Das waren großangelegte Kampagnen, um das Volk zu kultivieren, genauer: um es vom Nomadentum weg- und an die neuzeitige Lebensweise heranzuführen. Während der siebzig Jahre Sozialismus gab es drei davon. Und die zielten vor allem auf die Hygiene. Gut kann ich mich daran erinnern, daß auch da ein Vertreter der Parteileitung des Kreises kam und unsere Bettwäsche auf ihre Sauberkeit hin überprüfte. Die erste Etappe hatte die Schaffelle ersetzt und brachte uns die Bettwäsche aus Baumwolle, und bei der zweiten hieß es, jeder sollte auch eine Bettwäsche zum Wechseln haben. Mit dem Waschen der Wäsche war es so eine Sache, schwierig! Man prüfte schließlich auch unser Geschirrtuch, das es inzwischen gab, auf seine Weiße hin. Erinnere mich noch, unseres war ziemlich schmuddelig, so fettig und grau geworden. Mutter hat in Gegenwart des Vertreters das Tuch waschen und trocknen müssen, aber es wurde trotzdem nicht weiß. Da wurde er ungehalten: «Geben Sie her!» Und so machte er sich daran, die eine Hälfte des Tuches zu waschen. Er rieb und rieb – nichts, seifte es nochmals und nochmals ein. Mutter saß dabei und rief gequält: «Ach, meine gute, teure Seife!» Der Mann seifte das Tuch erbarmungslos ein, dennoch wurde es nicht weiß. So nahm er es mit. Später kam es zurück. Im Kreiszentrum soll Bölembej, eine Tochter der Ringers Balbad, alle eingezogenen Tücher immer zur Hälfte gewaschen haben. Die andere Hälfte hat sie so belassen, wie sie gekommen war. Die gewaschene Hälfte sah nach unseren damaligen Begriffen schneeweiß aus. Ich vermute, sie hat sie ausgekocht.

In den dreißiger Jahren vernichtete man die Klöster. Man zerschlug sie und steckte sie einfach in Brand. Somit wurde der Buddhismus beseitigt, wie man meinte. Dann kam der zweite Angriff Ende der vierziger, Anfang der fünfziger Jahre. Da wurde das Analphabetentum beseitigt. In Schnellzirkeln brachte man den Menschen das Lesen und Schreiben bei. Und dies nannte man einen Lernzirkel. Noch sehe ich meine Eltern abends im Lichtschein bei einer Öllampe sitzen und lernen. Allabendlich lasen sie sich gegenseitig vor, was sie geschrieben hatten. Das ging immer lustig zu. Dem verdanke ich übrigens, daß ich mir sehr früh die Buchstaben eingeprägt habe. Ich stand daneben mit meinen drei, höchstens vier Jahren und habe ihnen immer zugerufen: «Das ist doch ein S! Das ist doch ein A!» Und Vater hat gesagt: «Du darfst nichts vorsagen. Mutter muß es alleine können!»

Die Jurten, die in nächster Nachbarschaft zueinander standen, gründeten einen Zirkel. Düüdej hieß die junge Frau, die den Eltern das Lesen und Schreiben beibrachte. Und die Leute aus den einzelnen Jurten kamen einmal im Laufe des Tages zusammen, oder aber die junge Frau ritt von Jurte zu Jurte und erteilte Aufgaben. Und es hat gar nicht lange gedauert, und alle Menschen konnten lesen und schreiben. Hin und wieder gab es eine Zeitung, die mit dem Postauto gebracht wurde. Und so wurden die Menschen ans Zeitungslesen herangeführt. Nicht daß jeder so still für sich las, nein. Einer kam und las immer laut vor, während die Leute Tee kochten und dann Tee tranken oder Fleisch aßen.

Ob sie richtig lesen und schreiben gelernt haben? Die konnten ihren Namen schreiben, und Lesen wurde mit kleinen Ausrissen aus Zeitungen geübt. Eine ganze Zeitung für eine Jurte, das gab es nicht. Gab es eine ganze Zeitung, dann wurde sie unter etliche Zirkel aufgeteilt. Es ging um die kyrillische Schrift, die soeben zur offiziellen Landesschrift erklärt worden war und nun vom Volk erlernt werden mußte.

Erst Jahre darauf gab es eine großangelegte, landesweite politische Aktion, die von der Zentrale sehr ernst genommen wurde. Überall sollte das Zeitunglesen eingeführt werden. Zeitunglesen einmal in der Woche, so hieß die Verordnung. Alle Menschen eines Tales wurden in einer Jurte zusammengerufen, und zu denen kam dann ein Kreisvertreter mit der neuesten Ausgabe der wichtigsten Zeitung des Landes, ‹Ünen›, die wie die russische ‹Prawda› auch Wahrheit hieß. Dieses eine Exemplar von Zeitung wurde dann von Seite eins bis Seite vier von oben bis unten vorgelesen.

Als ich dann in der Schule war und ziemlich flüssig lesen konnte, wurde ich öfters von so einem Chef mitgenommen. Der konnte zum einen nicht so gut vorlesen wie ich, und zum anderen war er faul. So nahm er mich einfach zu sich hinten aufs Pferd und machte aus mir einen kleinen Propagandistenhelfer. Und wie vornehm er mich dann jeweils vorstellte: «Genosse Galsan, der beste Schüler der Klasse 3a, wird euch jetzt die Zeitung vorlesen.» So vorgestellt zu werden, erfreut einen natürlich. Denn hatten mir die Eltern nicht immer geraten: Lerne gut! Nun würden sie von anderen hören, daß ich gut, ja sehr gut lernte und sogar anderen Zeitung vorlas!

Dieses Zeitungvorlesen hat sich bis zum Ende des Sozialismus gehalten. Es nannte sich dann nur nicht mehr *sonin unschilga*, sondern *uls törijn sonsgol* – politische Informationen. Üblich war es, daß alle Menschen eines Betriebes sich samstags eine halbe Stunde vor Arbeitsbeginn einfanden, um diese politischen Informationen zu vernehmen. Dazu kam einer und las wichtige, interessante Zeitungsartikel vor. Und selbst als die Leute mit der Zeit alle selber lesen und schreiben konnten, hat man diese Versammlung beibehalten, nur wurden dann stattdessen politische Kommentare vorgetragen. Als Kommentator der Gewerkschaftszeitung ‹Hödölmör› habe ich elf Jahre lang selber von Samstag zu Samstag Hunderte von Arbeitskollektiven bedienen dürfen. Wochen und Monate zuvor wurde ich eingeladen, war einfach ein gefragter Artikel und war ständig ausgebucht.

Manches aus den Anfängen des Sozialismus kenne ich nur vom Hörensagen. Wir hatten eine Viehknechtin. Die war eine ausgezeichnete Arbeiterin und überdies eine nette Frau. Sie hieß Pangmyschdaj. Hatte nur ein Auge, muß ehemals aber eine wirklich schöne Frau gewesen sein. Dann erkrankte sie an Pocken, wie meine Mutter auch. Mit den Pocken haben etliche ein Auge, manche gar zwei verloren. Erst wurden die Augen hellblau und dann konnten sie nichts mehr sehen. Pangmyschdaj war alleinstehend, ihr Mann war vor vielen Jahren gestorben. Sie hatte drei Kinder, zwei Mädchen und einen Jungen. Der Junge war etwa zehn Jahre älter als ich und hieß Dshurukbaj. Ich hieß ja Dshurukuwaa oder Dshuruk. Wir waren eng befreundet. Seine Mutter hütete unser Vieh und half sonst, was und wo sie konnte, mit. Dafür bekam sie zu essen, zu trinken, bekam auch sonstige Unterstützung. Tiere durfte sie frei melken, und von der Winterschlachtung hat sie ihren Teil bekommen. Von dieser Frau hieß es nun, sie sei einmal Bezirkschefin gewesen. Das muß gleich nach der Revolution gewesen sein, da hieß es: Jetzt kommt die Zeit der armen Leute. Wir brauchen arme Leute. Und sie war besonders arm. Irgendein Staatsbeamter kam damals aus dem Landeszentrum, das heißt aus dem heutigen Ulaanbaatar, zu uns aufs Land und berief eine Versammlung ein und verkündete: «Jetzt wird das Land von armen Leuten regiert! Wen kennt ihr da?» Und da hat man gesagt: «Diese junge Frau dort.» Und er fragte nach ihrem Namen und sagte dann: «Du bist jetzt Bezirkschefin.» So ein kurzer Prozeß war das. Als erstes bekam sie, die neugebackene Chefin, einen Paßgänger verordnet aus der Herde des Klosters, die soeben verstaatlicht worden war.

Alle armen Leute waren für kurze Zeit irgendwie oben. Aber das ging natürlich nicht lange gut. Die Leute waren ungeeignet für die Staatsgeschäfte. Bald ging alles pleite. Darauf holte man nach und nach fähige, auch besitzende Menschen heran. Dann kamen die berüchtigten dreißiger Jahre. Alle Menschen, die im Staatsgeschäft irgendwie eine Funktion hatten, wurden fast ausnahmslos als Konterrevolutionäre erschossen. In der damaligen Mongolei mit nur 600 000 Einwohnern waren das schätzungsweise 28 000 Personen, die mir nichts, dir nichts ihr Leben lassen mußten.

Von Dshaniwek – das ist der Vater aus ‹Eine tuwinische Geschichte› – erfuhr ich auch einiges über diese Jahre. Er war ein ungewöhnlich großer, bestimmt zwei Meter langer, hundert Kilo schwerer Mensch. Hatte einen dichten weißen Bart und war schwerhörig. Und arm. Hatte ein einziges Pferd, einen Rappen, der auf seinem rechten Hinterbein einen weißen Streifen, so lang wie eine Handspanne, hatte. Der Wallach war auch ein Pferderiese. Einmal kam ich mit Dshaniwek auf einer Jagd zusammen. Wir lebten zehn, vielleicht auch fünfzehn Tage im Gebirge zusammen, und von ihm habe ich viele Erzählungen, also Passagen aus ‹Eine tuwinische Geschichte› dann zu hören bekommen. Damals war ich vielleicht so neun oder zehn Jahre alt. Das war meine allererste Jagd. Dabei erfuhr ich auch, er sei Kreisleiter gewesen. Und zwar erst Parteileiter, dann Kreisleiter. Er sei bei der Errichtung von Kommunen sehr aktiv gewesen. Aus Ulaanbaatar war ein Staatsangestellter gekommen und hatte gesagt: «Ab heute werden die Reichen entmachtet und die Herden vom Kloster und vom Fürsten und von den Konterrevolutionären werden alle verstaatlicht. Damit gründen wir eine Kommune!» Darauf stand Dshaniwek auf und rief begeistert aus: «Laßt uns nun unsere Kommune errichten! Ab heute sind wir dann keine Knechte der Reichen mehr!» Damit fiel er natürlich auf. Sofort wurde er nach seinem Namen gefragt. Und der Mensch aus Ulaanbaatar sagte: «Gut, du bist jetzt der Kreisleiter.» Der so ernannte Kreisleiter bekam den schwarzen Paßgänger des Fürsten als Reitpferd zugewiesen.

Später kam die Parteipropaganda geballt auf uns nieder. Da lernte man von den Führern der Partei und des Staates zunächst die Namen, dann ihre Lebensgeschichten, das wurde als elementares Wissen ausgegeben. Man lernte solche Namen wie Karl Marx, Lenin, Kommunismus zu schreiben und auszusprechen. Lenin war ein schwieriger Fall, der Tuwa kann das nicht aussprechen. Er sagt entweder Lelin oder Nenin. Also l und n zusammen, das paßt der tuwinischen Zunge nicht. Wir haben selbst in der Schule, in der dritten, vierten Klasse noch Lelin gesagt. Dann Tschojbalsan, Süchbaatar, Ulaanbaatar, Moskau, Sozialismus, deutscher Faschismus, japanischer Militarismus… kurz, einige wenige politische Vokabeln. So sah die Bildung der Bevölkerung aus.

Damals lebten alle Menschen in Angst. Es war nicht die Frage, ob man die Neuerungen hinnahm oder innerlich Widerstand dagegen übte. Es war einzig eine Frage des Überlebens. Die Verhaftungen der dreißiger Jahre gingen ja bis in die sechziger Jahre hinein. Und solches läßt auf der Seele der Menschen Spuren zurück.

Besonders schlimm traf es die Schamanen. Die Verhaftungswelle der Schamanen habe ich nur gegen Ende miterlebt, den Anfang und die mittlere Periode kenne ich nicht. Mich gab es ja damals noch nicht. Ich war in der zweiten oder dritten Klasse, das muß im Frühjahr 1952 oder 1953 gewesen sein. Da passierte es eines Tages, daß die Mutter eines Mitschülers, er hieß Höwesch, verhaftet wurde. Wir kamen von der Schule zurück. Obwohl ich offiziell im Internat wohnte, war ich sehr oft und schließlich ganz bei ihm zu Hause, denn wir waren Freunde, und da er das einzige Kind der Familie war, brauchte er mich immer irgendwie. Wir gehörten immer zusammen, wir waren wie Zwillingslämmer. Anfangs war es so, daß ich nur tagsüber bei ihnen mit in der Jurte war und abends ins Internat zurückging. Aber dessen Vater Dsotsch war Lagerverwalter der

Schule, und der sagte mir eines Tages: «Du kommst zu uns in die Jurte.» Vater und Sohn haben mich sozusagen aus dem Internat herausgenommen. Also kamen wir an jenem Tag von der Schule zurück und fanden alle Truhen und Behältnisse versiegelt. Es hieß, wir dürften nichts anrühren. Schwarze Fäden hingen herunter und waren ringsum gewickelt, und in der Mitte war ein Siegel aufgedrückt. Und wir erfuhren: Leute waren gekommen und hatten drei Frauen verhaftet. Die Mutter des Höwesch war eine angehende Schamanin und hieß Dsherlik. Diese war nun verhaftet worden, dazu auch die namhafte Schamanin Schashynbaj und noch die Sürünek. Später kamen alle drei ins Gefängnis. Keine von diesen Frauen wurde erschossen. Diejenigen, die in den fünfziger Jahren verhaftet wurden, sind alle am Leben geblieben. Aber das Leben von der Dsherlik und meinem Freund Höwesch verlief dann tragisch. Der Vater hatte in der Zwischenzeit wieder geheiratet. Er war Parteimitglied und durfte so eine Zuchthäuslerin wohl nicht wieder zur Frau haben. Die Frau kam irgendwann zurück und fand ihren Mann mit einer anderen Frau vor. Darauf fuhr sie wieder zurück, nahm dabei aber den Sohn mit. Ich weiß, wie sehr später ein jeder gelitten hat, auch der Vater, dem sein einziges Kind bitter fehlte. Meine Tante Pürwü blieb als letzte übrig. Als die einzige Schamanin. Weshalb man sie nicht angerührt hat, weiß man nicht. Sie aber hat immer gesagt: «Es kann jeden Tag passieren, daß ich abgeholt werde.» Wir haben auch damit gerechnet, aber sie blieb.

Jede und jeder wird in all den Jahren schamant haben, ganz bestimmt. Schaschynbaj, eine der letzten drei Zuchthäuslerinnen, hat mir erzählt, sie sei ständig tätig gewesen, auch im Zuchthaus. Selbst die Zuchthauswächter hätten sie schamanen lassen, ja sie hätten sie um Rat gefragt und sie hätte denen auch geholfen. Offiziell war alles eingestellt, aber heimlich haben alle weitergewirkt, so wie übrigens auch meine Tante Pürwü. Sie hat lediglich öffentlich erklären müssen, sie hätte aufgegeben. Bei den Geheimvorstellungen hat sie dann ohne Schamanenkleidung gearbeitet, einzig mit *schawyd* und Spiegel, das geht auch. Meine Tante hatte in den letzten Jahren ja auch keine Ausrüstung mehr. Die hatte die Trommel, die Kleidung, alles, alles vernichten, verbrennen müssen. Und dann hat sie bekanntgegeben, sie hätte sich von ihren Schamanengeistern losgesagt und sei jetzt ein nichtgläubiger Mensch geworden. Aber den Spiegel hat sie behalten. *Döss*, so heißt ein Knäuel verschiedenfarbener Fäden und Stoffe, wo die Geister drinsitzen sollen, das ist das wichtigste, das hatte sie behalten. *Döss* heißt eigentlich Wurzel. In jenen Erschießungsjahren hat sie den *döss* zwischen zwei Filzschichten in die Jurte eingenäht. Den Spiegel hat sie auch irgendwo versteckt, aber nicht in der Jurte.

Meine Tante hat es im Verborgenen gemacht, das war wahrscheinlich der Grund, weshalb sie verschont blieb. Diese Frauen waren dagegen recht aktiv, die waren angehende Schamaninnen, deshalb hatten sie auch das Bedürfnis, sich zu zeigen. Die Mutter meines Freundes, diese Dsherlik, war so eine. Sie hat sich schauspielerisch immer ein wenig hervorgetan, hat sich gerne gezeigt, hat sich sicher gefühlt und gesagt, sie sei mächtig. Aber leider war sie nicht so mächtig. Ihr ganzes Leben ließ sie sich zerstören.

Ob meine Eltern mit mir über so heikle Themen geredet haben? Wohl nicht. Sie haben jeweils nur gesagt: «Tu das lieber nicht. Du wirst bis zum Ende gehen, wirst studieren und ein guter Lehrer werden!» Damals wollte ja jeder Schüler Lehrer werden. Lehrersein war das höchste. Zuvor hatte man gehofft, aus jedem Sohn einen Lama zu machen. Meine Tante, die Schamanin hat immer gesagt: «Du machst immer das, was deiner Zeit entspricht. So wirst du zu einem Schamanen.» Für sie waren die Lehrer neuzeitliche Schamanen. Später hörte ich sie sagen: «Nun bist du ein Schriftsteller und bist damit ein Schamane des Staates.» Wenn sie so etwas sagte, war sie meistens betrunken. Und noch immer höre ich ihr Lachen, das aus ihr hervorbrach. Sie konnte so schallend laut lachen, daß man davon eine Gänsehaut bekam.

In den dreißiger Jahren sind auch in unserer Ecke viele Menschen verhaftet worden. Jeden Tag drohten Verhaftungen. Mein Großvater, der reiche Mann, der rechnete immer damit, daß er demnächst verhaftet werden würde. Den schlimmen Sommer des Jahres 1938 hat er dann nicht überlebt. Er ist in Angst gestorben. Da gingen zwei Männer über Land, die Tag und Nacht verhafteten, und sie kamen immer an seiner Jurte vorbei. Die Verhaftungen fingen am westlichsten Rand der Hochebene an. Das Territorium, wo unsere Sippe wohnte, lag ziemlich in der Mitte. Man wollte wohl von der weitesten Ecke her säubern. Mein Vater war Vorsteher von zehn Jurten, das war eine kleine, aber doch wichtige Funktion. Vater und Großvater haben jeden Tag damit gerechnet, daß man sie verhaften würde. Betrunkene sind gekommen und haben Vater und Sohn als Kulaken angeschrien. Beide waren still veranlagt, hatten Geduld. Und so glichen sie Taubstummen und schwiegen jene nur an, bewirteten die Ungebetenen aber mit Fleisch und Milchbranntwein. Da gingen die Wendehälse der neuen Zeit gesättigt und enttäuscht weg. Dennoch rechneten Vater und Sohn fest mit der Verhaftung, und so zogen sie sich nachts nie aus. Der Sohn verbrachte, obwohl seine eigene Jurte nebenan stand, die Nächte in der Jurte seines Vaters. Verhaftet wurde immer nachts. Also schliefen Vater und Sohn angezogen, und zwei Pferde standen immer angepflockt in der Nähe der Jurte. Im Falle einer Verhaftung wollte man schnell zur Sammelstelle kommen. Flüchten? Wohin? Widerstand leisten? Wozu denn? Alle Menschen waren derart gebrochen, keiner konnte an so etwas denken. Das war in allen Ländern des Ostens so. Wenn du an die russischen Generäle denkst, die verhaftet und erschossen wurden auf Befehl von Stalin: Ihr letztes Wort lautete, während sie unter Schüssen zusammenbrachen: «Es lebe Genosse Stalin! Es lebe der Kommunismus!» Man war bis zur letzten Minute der Meinung, Stalin wüßte von all dem nichts, und die Zwischenglieder der Leitung hätten gegen den Willen der Partei und Regierung gehandelt. Man hielt alles für ein Mißverständnis. Man dachte, entweder der Genosse Lenin sei tot oder der Genosse Stalin wüßte von all dem nichts. Großvater hat Vater einmal gebeten: «Schynybaj», so nannte er ihn liebevoll, «kannst du den Leuten sagen, daß du mich zu Pferde zu der Erschießungsstelle bringen wirst? Ich habe so große Angst vor diesem *tschitschan*.» Das ist das chinesische Wort für Auto. Man wurde mit dem Auto abgeholt, aber Großvater hatte weniger Angst vor der Erschießung als vor dem eisernen Zeug, das ihn wegbringen sollte. Der Sohn brach darauf in Tränen aus: «Ach, Vater, wenn die mir das genehmigen würden, denkst du denn etwa, die würden dich überhaupt verhaften und erschießen lassen?» So stand die Sache. Dann starb Großvater plötzlich, ohne krank gewesen zu sein. Hatte tagelang nur so dagesessen, angezogen. Wartete einfach, dabei hat er seinen Milchbranntwein getrunken. Und eines Morgens sackte er plötzlich zusammen und war tot. Der Sohn weinte Tränen, rief laut: «Liebe Leute, denkt nicht, daß ich vor Trauer weine, ich weine vor Freude! Nun können sie meinetwegen kommen und mich abholen!» Aber keiner kam.

Viele waren verhaftet und zur Erschießungsstelle geführt worden. Aus unserer Ecke ist nur ein einziger von dort lebendig zurückgekehrt. Das war Aktschygyl, ein bestechend kluger Mensch, ein Volksdichter und ein Schurke auch. Heute leben noch seine Kinder, die sogar mit uns durch Heirat verwandt sind. Dieser Mensch hat überlebt, allein weil er so gerissen war und aus dem Stegreif Verse machen konnte. Er ist reingegangen in die Jurte, wo das Revolutionäre Tribunal saß, ist auf die Knie gefallen und hat angefangen, die Jurte und das Tribunal zu lobpreisen, hat stundenlang in Versen geredet, die Jurte gelobt, den Teppich, worauf die Richter saßen, die Richter selbst, die neue Zeit und diese Ordnung, hat weiter Lenin, Marx genannt, und dann – das ist der Gipfel – hat er gesagt: «Also bin ich ein schlechter Mensch, habe die Erschießung verdient, weil ich, in dieser schrecklich schönen Zeit lebend, ein rückständiger Viehzüchter geblieben bin. Weil ich nur ein Viehzüchter geblieben bin!» Man hat ihm zugehört. «Wenn es nur das ist, daß Sie ein Viehzüchter geblieben sind. Wir haben gedacht, Sie seien ein Spion Japans.» So wurden damals alle genannt: Spione des Feindes. Die Menschen wußten natürlich nicht, was Japan war, wo es lag. Aber alle wurden als japanische Spione abgeknallt. Das Revolutionäre Tribunal hat den Stegreifdichter entlassen, und er kam zurück.

Abertausende von Menschen sind erschossen worden, alles Männer, und zwar diejenigen, die etwas taugten. Meistens waren es die Handlanger der neuen Volksmacht, die die Menschen verhaften und erschießen ließen und die dann Tage darauf, höchstens Wochen später selber an der Reihe waren. Jemand brauchte nur bekanntzugeben, wer seine Freunde, seine Komplizen wären. Streng wurde verhört, genau Protokoll geführt. «Also weiß ich, du läßt mich erschießen. Dafür werde ich mich bei dir rächen, du Hund!» sagten manche offen, und sie machten ihr Versprechen dann auch wahr. Jeder Name, der irgendwie ins Protokoll kam, wurde daraufhin in die nächste Liste der Verdächtigen aufgenommen. Schwer zu glauben, aber so war es.

In jenen Tagen lebte auch unter uns Tuwa ein Stalin. Der Mann hat zunächst natürlich anders, Dschigshin geheißen. Das ist mir ein *daaj*. Das heißt, er ist das älteste von vierzehn Geschwistern. Und das zweitjüngste Kind dieser Geschwister war meine Mutter. Auch unser Stalin wurde in vieler Hinsicht berühmt. Erstens hatte er eine verblüffende Ähnlichkeit mit dem anderen, allbekannten Mann, der die Weltgeschichte stark beeinflußte, davor aber auch anders hieß: Dshugaschwilli. Und zweitens hatte auch er einen zäh-schweren Charakter. War streng mit sich und anderen, nachtragend, geizig. Und wenn in der Verwandtschaft ein Kind geizig und hartherzig geraten schien, dann hieß es jedesmal, aus dem wird eines Tages ein Stalin! Und das war etwas, was am härtesten ein kindliches Gemüt traf. Ich hörte diese Worte immer wieder, meistens von Seiten der Mutter, und da war ich jedesmal zutiefst beleidigt. Zum dritten wurde der Mann dadurch berühmt, daß er eine um sehr viel jüngere Frau zu sich nahm. Seine Frau starb, als er siebenundfünfzig Jahre alt war. Da nahm ein vielleicht gerade mal zwanzig Jahre altes Mädchen die Stelle der alten, nun toten Frau ein. Das war die Hausknechtin, die die Frau jahrelang gepflegt und dann mit zu Grabe getragen hatte. Als die alte Frau starb, kam der Vater von diesem Mädchen und wollte es mitnehmen. Dieses aber wollte nicht mitgehen und sagte: «Ich werde mit diesem Mann leben!» Der Vater verprügelte die Tochter schwer, aber alles half nichts. Sie blieb.

Und die beiden führten eine stürmische Ehe, von beiden Seiten her, denn diese Ehe war ein bißchen zu sehr von Eifersucht beschattet. Das kam nicht, wie man erwartet hätte, nur von seiner Seite, nein, von ihrer Seite kamen die meisten Eifersuchtsdramen. Sie konnte es nicht ertragen, wenn er draußen übernachtete, und besonders wenn in der Jurte, in der der alte Mann ein Schlaflager bekam, eine etwas jüngere Frau zugegen war. Darauf gab es viel Tränen. Andererseits kam die Eifersucht auch von seiner Seite. In seiner Abwesenheit durfte bei ihm zuhause keine männliche Person in noch brauchbarem Alter einkehren. Wenn jemand dahin kam und mehr als eine Flasche Milchbranntwein trank, gab es auch großen Ärger. Das war eine Sache, die die Öffentlichkeit jahrelang beschäftigte. Ich glaube, sie haben sich aufrichtig geliebt, denn als der Mann mit siebenundsiebzig Jahren starb, war die Frau ja nach dem

Alter immer noch ziemlich jung. Aber sie wollte in Tränen vergehen, und die Geschichte fand erst mit ihrem Tod ein endgültiges Ende.

Und dieser tuwinische Stalin hatte aus der ersten Ehe eine Tochter, und sie war von üblem Charakter. Als dann die neue Frau guter Hoffnung war, kam jene und verprügelte nicht nur den Vater, sondern auch die Stiefmutter, und zwar so schlimm, daß diese davon eine Fehlgeburt bekam. Fast hätte Stalin es geschafft, noch zu einem zweiten Kind zu kommen, aber dieses wurde also durch das erste vernichtet. Die Balmy, so heißt die Stalintochter, war wohl die Hexe, die eine jede Ecke auf der Erde immer zu haben scheint. Und diese gerade führte ein sehr interessantes, stürmisches, ja komisch-tragisches Leben. Die hatte nämlich sehr viele Männer. Ich kann nicht glauben, daß sie irgendwann besonders schön gewesen sein könnte. Aber ich habe auch selbst in jungen Jahren irgend etwas empfunden, das mir die Frau sehr begehrenswert machte. Viele Männer kamen zu ihr, und daher gab es immer wieder Liebesdramen. Das trug sich so ziemlich öffentlich zu. Die gebar fünf Kinder, natürlich von fünf verschiedenen Männern, unter denen ein Kasache und ein sinisierter Tuwa war, der Ende der fünfziger Jahre vom Jenseits der südlichen Grenze herüber geflüchtet war und sich hier niederließ. Das war ihr letztes, öffentliches Abenteuer.

Ein-, zweimal vielleicht hat sie mit einem Mann richtig zusammengelebt. Aber ansonsten waren die Männer am Kommen und Gehen. Die Frau durfte sie wechseln, bestimmt öfters, als daß andere Frauen ihre Unterwäsche wechseln konnten. Und vor ihrer Jurte gab es so manches Mal große Prügeleien. Oft passierte es, daß sich dort zwei Männer trafen, einer kam und der andere war im Begriff zu gehen. Da gab es Kämpfe, und das hat wahrscheinlich der Frau so imponiert, daß sie diese Lebensweise sehr lange beibehalten hat. Dann hat sie einen behalten, diesen Flüchtling. Losol hieß der Mann. Und meine Mutter ist diejenige gewesen, die sie dazu überredet hat, diesen Mann endlich doch zu behalten. Denn sie hat gesagt: «Du bist spät dran. Also wenn du auf den verzichtest, dann wirst du für immer allein bleiben.» Und die Nichte hörte auf die Tante und blieb mit ihm vielleicht zehn Jahre zusammen. Aber auch da gab es große Szenen, denn wenn die Frau wieder ihren Wutausbruch bekam, dann wurde der Mann verprügelt und einfach hinausgestoßen. Und der Ärmste stand da vor der Tür ihrer Jurte. Manchmal kam er zu uns und bekam ein Nachtlager.

Du wunderst dich, das bringt dein Bild vom Nomadischen durcheinander, ich sehe schon. Gesagt hat natürlich ein jeder etwas, aber gehört hat sie darauf wohl nicht, wollte nicht hören. Die hat gemeint, wir lebten in Freiheit. «Leben wir denn immer noch im Feudalismus?» lautete ihr Lieblingsargument. «Ich als Frau», hieß es weiter, «habe die gleichen Rechte, und ich möchte die genießen!» Sie kochte gut, war sauber, war freigiebig, konnte sehr nett sein. Und so konnte sie wahrscheinlich die Männer anziehen. Aber die Männer kamen und kamen und kamen immer wieder, selbst solche Männer, die vorher bitterböse von ihr betrogen worden waren, aber die fanden immer wieder den Weg zurück zu ihr. Sie konnte großzügig und berauschend sein. Und davon lebte sie wohl.

Im Augenblick ist sie einundachtzig Jahre alt, das ist das Alter, in dem man nicht sterben darf. So kamen zum letzten *schagaa* alle Menschen zur ihr, viele mit einer *hadak,* und baten sie darum, noch zu bleiben, mindestens bis ihr einundachtzigstes Lebensjahr vorüber ist. Daß sie in diesem Jahr nicht sterben darf, ist natürlich ein Trumpf in ihrer Hand. So kann sie sagen: «Wenn ihr mich ärgert, dann werde ich euch wegsterben!» Heute erst habe ich zur ihr gesagt: «Tante, Sie werden dieses Jahr nicht sterben, weil die Bonbons, die ich Ihnen schenken wollte, auseinanderpurzelten. Seht nur, die vielen weißen Kügelchen, die Hülle ist geplatzt – von selber!» Da lachte sie zufrieden und sagte: «Tatsächlich, dann werde ich eben noch nicht sterben!» Und sie versprach mir als Gegengeschenk ein weißes Schaf – kleinlich ist sie wahrlich nicht! Und setzte genau und ungeschminkt hart hinzu: «Du mußt dich schon beeilen, denn wenn ich doch sterbe, wer weiß, ob meine Kinder, diese Geizhälse, dir das Schaf so ohne weiteres geben!» Du versprachst ihr ein Geschenk, wenn du nächstes Mal kommst, und darauf sagte sie: «So? Dann werde ich erst recht nicht sterben!»

Das ist sie.

Nein, als Nutte hätte man sie überhaupt nicht bezeichnet. Eine leichte, eigenwillige Frau. Die Person selber ist stolz darauf, wenn sie das hört, lacht laut auf und sagt: «Ja, ich habe ein interessantes und langes Leben geführt. Die Menschen können mich nur darum beneiden!»

Sie hat sich die Männer selber genommen. Und keiner der Männer wird ihr eine Hammelkeule oder eine Kanne Milch gebracht haben. Das Gegenteil, sie wird einen jeden gesättigt und gesäubert haben.

Ein weiteres Vergehen von ihr: Sie hat mit dem Vater ständig, ständig prozessiert. Wir hatten ja kein Gericht hier im Ort. Auch jetzt haben wir keins. Im Laufe des Jahres kam ein Gericht aus dem Bezirk so drei-, viermal hierher. Und da hieß es jedesmal: Stalin ist vor Gericht geladen. Denn die Tochter hatte schon wieder ein neues Gesuch eingereicht. Da gab es verschiedene Anlässe. Als die Mutter gestorben war, da hieß es: «Meine Mutter hat mir dieses und jenes Vieh versprochen.» Darauf gab es einen Prozeß, und diesen gewann natürlich sie, und sie bekam das gewollte Vieh. Und dann hieß es, die junge Frau in der Jurte des Vaters sei ungesetzlich, die sei unter seiner Würde, und ein weiteres Argument von ihr lautete: Der Vater sei ein Konterrevolutionär. Und dieses behauptete sie wiederholt. Und die Behörden untersuchten lange, lange, zwar war der Mann reich und hatte obendrein einen üblen Charakter, aber vielleicht gerade dadurch, daß er Stalin hieß – und damals war ja Stalin der große Gott – kam nichts heraus. Kein Mensch konnte ihm nachweisen, daß er tatsächlich ein Konterrevolutionär war.

Dann kam der Zweite Weltkrieg, der uns auch betraf, wenn er auch in etlichen tausend Kilometern entfernt von uns stattfand. Die Folgen dieses Krieges bekamen wir alle zu spüren: Die Warenlieferungen blieben aus oder waren sehr spärlich. Nicht nur das. Die einfachen Menschen haben alle die Rote Armee unterstützt. Wir, unsere Sippe und meine Familie, mußten die Rote Armee ganz aktiv unterstützen. Zum einen aus der Notwendigkeit, daß der deutsche Faschismus besiegt werden mußte. Und das hatten die Menschen auch gut begriffen. Ich glaube, jeder hat das gern getan. Aber zum zweiten gab es eine andere Überlegung: Mein Großvater ist ein Reicher, ein Klassenfeind gewesen. Deshalb mußten seine Kinder sehr aufpassen. Die mußten alles, wenn es ging, hunderteinprozentig genau erfüllen. Und dann nie den gesetzlichen Organen und den Genossen irgendeinen Verdacht bieten, daß sie Sabotage machen oder volksfeindliche Elemente sein könnten. So hat mein Vater bei Kriegsausbruch einfach alle seine Pferde an die Rote Armee weggegeben. Von diesen ist nach zwei Jahren ein brauner Hengst zurückgekommen. Es war noch im Winterlager, inmitten der Nacht, da hörte mein Vater Hufgetrappel. Und daraufhin ein Pferdebrummen. Da meinte er: «Das ist doch mein brauner Hengst? Aber das kann nicht sein!» Schnell sprang er auf und lief hinaus – da stand er, sein brauner Hengst. Mein Vater hat geheult, als er das Pferd sah. Noch hatte es Fesselreste an allen vier Beinen. Das Tier blieb natürlich.

Sonst hatten wir zu der Zeit, als ich laufen und reiten lernte, nur ein Pferd. Alle anderen waren weggegeben. Mein Vater war nicht klug im Vergleich zu meinem *daaj*, dem Mutterbruder Stalin. Der war nicht nur ein sehr tüchtiger Arbeiter, sondern auch ein sehr listiger Mensch. Er hatte mit Kriegsbeginn alle seine Wallache gegen Stuten getauscht. Er muß etwas geahnt haben, woran andere Leute nicht gedacht hatten. Denn die Front brauchte nur Wallache, nie Stuten und nie Hengste.

Die Frauen haben die Front auch beliefert. Meine Mutter hat in der Nacht im Lichtschein der Ölleuchte dagesessen und aus Schaffellen Fäustlinge und Stulpen genäht. Und die Fäustlinge, hat mir meine Mutter erzählt, mußten so sein, daß der Zeigefinger von Mittel-, Ring- und kleinem Finger getrennt war. Es mußten ja Soldatenhandschuhe zum Schießen sein. An bestimmten Tagen wurden sie eingesammelt und gelangten dann irgendwie an die Front. Als Lohn bekamen die Leute so verschiedene Urkunden mit lobendem Text und Dankesworten.

Im Koreakrieg ging diese Tradition weiter. Da haben die Leute auch Hilfe geleistet. Aber bei weitem nicht so. Ich kann mich gut erinnern, daß Vater ein zweijähriges, männliches Schaf zur Sammelstelle brachte, einen weißen Jährling mit einem roten Kopf und mit Hörnern. Und wir haben gefragt, wohin das Schaf geht. «Die Amerikaner machen in Korea Krieg. Und wir unterstützen das koreanische Volk.» Und ich habe gefragt: «Wo liegt dieses Korea?» Kein Mensch wußte es: «Das muß irgendwo liegen, aber das sind unsere Freunde.» Das fand ich seltsam. Also kein Mensch wußte, wo dieses Land war. Aber jeder wußte, daß dort unsere Freunde waren. Und ich habe gedacht, dieses Schaf würde dorthin, nach Korea gebracht werden. Später erst begriff ich, nicht das Schaf, sondern das Geld für das Schaf war wahrscheinlich dem koreanischen Volk zugute gekommen. Und dann gab es auch eine Urkunde: «Lieber Genosse Schynykbaj, wir danken Ihnen für Ihre Hilfe in der

Aktion für das koreanische Volk. Hiermit bestätigen wir, daß Sie ein Schaf gespendet haben.»

Die Entbehrungen in den Nachkriegsjahren habe ich noch ein kleines bißchen miterlebt. Mehl gab es nicht. So haben sich die Leute ihr Mehl selber gemacht. Auch ich habe mitgemacht. Getreidekörner wurden mit einem runden Holz zerklopft zu Flocken und dann weiter bearbeitet, bis wir endlich unser Mehl hatten. Dieses war dunkel und hat nicht besonders geschmeckt. Aber heute würde man sagen, das sei das gesündeste Mehl gewesen, so grobkörnig.

Dann gab es lange kein Salz. Wir aßen monatelang salzlos. Zunächst ist es ungewöhnlich, salzlosen Tee zu trinken, salzlosen Nudeleintopf zu essen. Aber mit der Zeit gewöhnt man sich daran. Schließlich haben wir ein bißchen Erdsalz gesammelt und das verwendet. Nur bekommt man davon Magenblähungen.

Und als es keinen Ziegeltee mehr gab, haben wir angefangen, im Wald wildwachsende Teeblätter zu sammeln. Im Altai wachsen so manche Teepflanzen. Die haben wir gesammelt als Kinder. Jetzt werden die wieder wichtig. Mit dem Einbruch der Armut besann man sich auf die natürlichen Ressourcen. Inzwischen sammeln sehr viele Menschen davon, die finden den wildwachsenden Altai-Tee im Geschmack besser als den Ladentee. Und Tee ist ja heutzutage teuer.

In früheren Jahrzehnten ging man auf Karawane bis nach Biesk, eine sibirische Stadt, die 670 km nördlich der mongolischen Grenze im russischen Altai liegt. Alle Waren kamen von dort, wo die Waren für die Mongolei umgeschlagen wurden. Für die Karawanen benötigte man Kamelwallache, und die wurden nun von uns eingezogen. Wir hatten ein, zwei Kamele, die waren ständig unterwegs. Nur unser Stalin war wiederum der Klügere. Er hatte bei Kriegsausbruch, nein schon zuvor, seine Wallache gegen Kamelstuten eingetauscht. Kamelstuten und -hengste durften nämlich bleiben, Wallache aber mußten gehen. Einmal mußte Vater mit einer Karawane ziehen. Erst wehrte er sich: Er sei allein, seine Kinder seien klein. Dann ging er doch, glaube ich, aber nur bis nach Ölgij mit. Dort wurde er entlassen und kam zurück. Als Gegenleistung hat er seine beiden Kamele mit der Karawane ziehen lassen. Nach vielen Monaten kam die Karawane zurück und brachte Mehl, Ziegeltee und Salz.

Es gab auch kleine Karawanen mit nur zehn, zwanzig Kamelen. Die Leute stellten sie auf, wenn Salz fehlte – und Salz hat man aus Uws, wahrscheinlich vom Uwsnuur geholt. Später gab es Heukarawanen. Gepreßtes Heu kam aus Bögenbüren in Uws. Das lag etwa 120 km weit entfernt. Ich fand es sehr schön, wenn viele beladene Kamele daherkamen, so dreißig, vierzig Hügel. Die sahen mächtig aus. Ich stand als kleines Kind da und wußte noch nicht, daß ich eines Tages selber eine Karawane zustandebringen würde, viel größer und bekannter als diese.

Sobald wir Ulaanbaatar verlassen, werde ich dir die Verantwortung für das Geld und die Ordnung unterwegs geben. Du kennst mich. Ich komme sehr schlecht zurecht mit meinen sieben Sachen. In Europa ist es noch schlimmer. Wo immer ich einen Zwischenaufenthalt von zwei, drei Tagen mache, lasse ich alles liegen. Es fällt mir schwer, mein bißchen Hab und Gut zusammenzuhalten. Das ist wahrscheinlich durch die vielen Räume bedingt, die ich unmöglich überschauen kann. Zur Ordnung in dem Sinne bin ich nicht erzogen worden. Bin überhaupt nicht erzogen worden, habe alles den Menschen um mich herum abgeschaut. Was die Eltern, die anderen älteren Leute machten, habe ich mir einfach angewöhnt. Diese Leute tragen ja bei sich nicht so einen Koffer, den sie dann aufmachen, um die Sachen herauszunehmen. Man hat seine Stiefel, seine Mütze, seinen Deel an, bestenfalls eine Tabakflasche. Und das ist es. Man geht so raus, wie man in die Jurte hineingekommen ist.

Erziehen, aufziehen – diese Wörter kennen wir nicht, dem entspricht also nichts in unserer Nomadenwelt. Das kleine Kind vergleicht man in einem tuwinischen Sprichwort mit einer Yakblase voll gelber Butter. Die gelbe, das heißt die zerlassene Butter wird in die Harnblase eines geschlachteten Yaks gegossen, und erkaltet und erstarrt, hält sie sich derart beliebig lange. Für die nomadische Welt ist dies etwas sehr Kostbares. Gelbe Butter ist wie Gold oder Silber, ist wie Honig. Ein Rätsel lautet: Eine Blase mit gelber Butter wird von allen Menschen eines Ails genossen und wird und wird nicht alle. Die Lösung: ein Säugling! Jeder, der in die Jurte kommt, kann das Kind knutschen, küssen und beriechen. Gleichwie ist das Kind, in wessen Jurte es auch ist, gemeinsames Eigentum, gemeinsame Freude, aber auch gemeinsame Sorge und Pflicht. Alle Menschen tragen für jedes Kind die gleiche Verantwortung, genießen die gleichen Rechte. Also wenn ein Kind dabei ist, eine Dummheit zu begehen, egal wessen Kind es ist, kann ich es zurechtweisen, darf ihm sogar einen Klaps geben, keiner ist mir deswegen böse.

Genauso bin ich verpflichtet, bei jedem Kind, das mir über den Weg läuft, zu schauen, ob die Nase gut geputzt ist, egal ob ich das Kind kenne oder nicht. Und wenn sie läuft, bin ich verpflichtet, hinzugehen und dem Kind das Näschen zu putzen.

Kleinkindern beschmiert man das Gesicht mit Ruß, sobald man sie nachts aus der Jurte trägt. Auf die Nasenspitze, die Stirn, die Wangen kommen kleine Rußflecken, die mit dem Finger aufgetragen werden. Denn das Kind soll für die bösen Geister gefährlich ausschauen. Wenn ein Kind im Schlaf öfters zusammenschrickt, dann schneidet man ein Füchschen aus einem Stück Filz zurecht und hängt es an die Wiege. Das Füchschen soll es vor bösen Geistern beschützen. Fängt ein Kind zu früh an zu laufen, dann näht man ihm einen erbsengroßen Stein an den unteren Rand der Kleider. Ist eines zu aufgeweckt, heißt es aufpassen. Denn der Tod nimmt immer die besten Menschen, auch bei Kindern ist das so. Zu intelligente und zu begabte Kinder sind am anfälligsten. Was wie Aberglauben anmutet, kann aber auch eine tiefgehende Erkenntnis sein. Denn zu früh laufen lassen soll man kleine Kinder nicht, weil sie sonst krumme Beine bekommen können. Beim Laufenlernen läßt man ihnen Zeit, nichts wird erzwungen. Laufen soll es erst, wenn es das von selber will und kann. Bei einigen Kindern kann es vorkommen, wenn die Zähnchen wachsen, daß sie anfangen darauf herumzubeißen und damit zu knirschen. Bei Jungen wird es als gutes Omen angesehen, bei Mädchen als schlechtes. Im letzteren Fall schnitzt man aus Holz einen winzigen Gerbestock und befestigt ihn am Kleid des Mädchens. Das böse Omen, das sich damit ankündigt, soll so abgewendet werden. Kinder werden überall, in jeder Jurte gleich behandelt. Wenn ein Kind hereinkommt, bekommt es sofort seinen Anteil, in wessen Jurte auch immer. Und wenn jemand mit Süßigkeiten und Keksen heimkommt, dann verteilt man die unter alle Kinder des Ails gleich. Ein Kind kann auch in jeder Jurte schlafen, wenn es sich verspätet. Ist ein Kleinkind erst einmal eingeschlafen, weckt man es nicht mehr, sondern läßt ausrichten: «Der kleine Mensch ist unser Gast!»

Kinder sind aber nicht nur Nehmer und Verbraucher. Nein, sie fangen frühzeitig damit an, nach ihren Kräften zu geben und haben mitzumachen. Helfen überall mit. Wenn ich viele Hände bei einer Arbeit brauche, dann kann ich alle Kinder zusammenrufen: Kommt her und macht dies und das. Kein Vater, keine Mutter wird denken, ich würde ihr Kind ausbeuten. Das ist mein gutes Recht. Zurechtgewiesen wird nicht, denn Kindern lebt man vor. Das ist die einzige Erziehungsmethode. Wenn ein Erwachsener etwas Unanständiges macht, tadelt man ihn und sagt: «Hör auf, Kinder schauen zu!»

Das Kind spielt eine zentrale Rolle in jeder Jurte. Das Leben ohne Kinder ist schwer vorstellbar. Seelisch gesehen gründet das Nomadenleben auf Kindern, wenn du so willst. Die vielen Redensarten, welche Kinder betreffen, verdeutlichen das.

Alle Völker haben es irgendwie gewußt, daß die besten Menschen immer früher sterben. Im Deutschen heißt es: Unkraut vergeht nicht! Mongolen sagen: Schlechte sterben nicht! Unser Leben kennt genug Beispiele dafür, daß hochintelligente und begabte Kinder am anfälligsten sind. Dumme und Dickhäutige werden nie krank; sensible, begabte Menschen sind dauergefährdet. Wenn ein Kind Begabung zeigt, freuen sich die Eltern natürlich, aber sie leben deswegen auch unentwegt in Angst. Daher auch unsere Namensgebung, die vorbeugen, das Kleinkind schützen soll.

Zunächst aber zur Geburt. Wo Menschen mit Tieren zu tun haben, ist die Geburt nichts Verborgenes. Jedes Kind weiß, wie ein Lamm entsteht und wie es nach einer bestimmten Zeit zur Welt kommt. Geschlechtsverkehr und Geburt sind daher ein offenes Thema. Schon Kinder helfen den Muttertieren bei der Geburt. Jedes weiß Bescheid und schaut von klein auf zu, und so kann es auch jederzeit als Geburtshelfer einspringen.

Wenn nun bei einer Frau die Wehen einsetzen, gehen die Menschen aus der Jurte, nur einer, der Geburtshelfer, bleibt. Dieser wird dann das Kind im Leben empfangen und die Nabelschnur durchschneiden. Jeder weiß, wie man das macht. Mich hat mein Vater ins Leben geholt, und so hat er auch meine Nabelschnur durchgeschnitten. Vor mir waren Zwillinge verlorengegangen, beides Jungen. Und die Eltern warteten mit Ungeduld auf meine Ankunft. Es hieß nämlich, ich würde zurückkommen. Meine beiden Geschwister, die Schwester, die vier Jahre alt war, und der um ein Jahr jüngere Bruder, haben mitbekommen, daß da zuvor kleine Brüderchen waren, die dann plötzlich ausblieben. Also haben sie wieder und wieder gefragt: «Wo sind die kleinen Brüderchen?» Die sind ins Salz gegangen, werden aber wiederkommen, lautete die Antwort. So haben sie jeden Tag auf mich gewartet, auf meine Rückkehr. Als es dann soweit war – ich bin frühmorgens zur Welt gekommen – schliefen die beiden Geschwister noch. Von meinem Ankunftsgeschrei wurden sie wach und sahen mit an, was da vor sich ging. Die Schwester, als erste wach, fragte sogleich: «Wem gehört das Baby?» Und Vater, der seine Sinne ganz woanders hatte und aufpassen mußte, gab ihr zur Antwort: «Dir natürlich!» In dem Augenblick meldete sich der Bruder: «Das meine holst du auch heraus!» So offen geht das zu.

Die tuwinische Frau, die sich sonst nicht auszieht und sich auch nicht nackt zeigt, darf das bei der Geburt schon. Obenherum hat sie ja etwas an. Man holt, wenn die Wehen soweit fortgeschritten sind, einen Dungkorb herein und stellt ihn auf der linken Seite der Jurte mit dem Boden nach oben auf die Erde. Die Frau legt sich mit dem ganzen Oberkörper so darüber, daß die Arme vorne herunterhängen und sie mit gespreizten Beinen in Hockstellung kommt. Unten liegt ein altes Schaffell oder ein Stück Filz. Wenn das Baby dann herunterfällt, kann es die Mutter nicht erdrücken, weil sie diesen Halt ja vor sich hat. Diese Methode ist übrigens viel besser als die moderne Geburtslage im Liegen, bei der dem kommenden Baby seine Erdenschwere nicht gut beistehen kann.

Nimmt man das Kind in Empfang, schneidet man mit einer Schere die Nabelschnur durch. An dieser Schere ist immer ein weißer Wollfaden oder ein weißer Stoffstreifen befestigt, das ist symbolisch zu sehen. Die Schere ist, da sie schneidet, eine Waffe, etwas Gefährliches also. Das Weiße soll die gefährliche Seite der Waffe mindern, und der Faden oder Streifen das Leid, das im Schneiden steckt, lindern. Darum geht es auch, wenn Jungtiere kastriert und markiert werden. Man bindet an das Messer, mit dem man arbeitet, auch so ein Stück weißen Stoffs. Die Schere, mit der einem die Nabelschnur durchgetrennt wurde, hebt man dann das ganze Leben lang auf.

Nach der Geburt bleibt die Frau zwei Tage im Bett. Am Morgen des dritten Tages aber muß sie aufstehen. Denn nun kommt die Wäsche. Der Unterleib der Frau wird, wie übrigens auch das Neugeborene, sofort nach der Niederkunft gewaschen. Nun aber kommt der ganze Körper dran.

Unmittelbar nach der Geburt wird ein Hammel geschlachtet, ein möglichst alter Hammel wegen des guten, also zähen Fleisches und der guten, starken Brühe. Die stillende Mutter muß viel Hammelfleisch essen und viel Brühe trinken. Das zähe Fleisch tut vor allem den Zähnen gut, die wieder gekräftigt werden müssen, denn es heißt, sie lockern sich unter den Geburtsschmerzen leicht. Nach der Wäsche am dritten Tag nach der Geburt sollte die Frau wieder aufstehen und ihren alltäglichen Beschäftigungen nachgehen. Sie kann ohne weiteres melken gehen, im Haushalt arbeiten, muß sich aber trotzdem noch ein Weilchen schonen.

An diesem dritten Tag wird das Kind in die Wiege gelegt. Das ist genauso ein Fest wie die Wäsche für die Mutter. Die Familie und die Nachbarn der umliegenden Jurten begehen es festlich, man ißt und trinkt reichlich, wie bei Festen üblich, und dem Kind werden Geschenke überbracht. Die übliche Frage lautet: «Wie ist die Beute?» Mit der Beute meint man das Kind. Man sagt: *Örge dusaktaar.* Das bedeutet: einer, der Zieselmäuse mittels Schlingen fängt, ein Junge also. Oder: *Öschgü saar*, eine, die Ziegen melkt, ein Mädchen. Dann übergibt man sein Geschenk. Das können symbolträchtige Geschenke sein. Heutzutage auch Geldscheine. Die althergebrachten Geschenke sind: Krallen vom Wolf oder Bären, auch Reißzähne von diesen oder vom Wildschwein. Oder auch Federn vom Adler, sogar Patronen, meistens entschärfte, seltener scharfe. Alle diese werden entweder an den Kleidungsstücken oder aber an der Wiege befestigt. Dann wendet man sich mit Segenssprüchen an das Kind. Alte Leute sagen: «Nimm mein Alter! – Werde so ein gebückter, weißköpfiger Alter, wie ich einer bin. – Du sollst weiße Haare und gelbe Zähne bekommen.» Das heißt: Du sollst alt werden. Du sollst ein langes Leben haben und Frieden und Glück genießen. Du sollst hinter dir viele Geschwister führen.

Die Namensgebung erfolgt ebenfalls meistens durch einen hochbetagten Menschen. Mit einem «Und geben Sie bitte diesem Hundejüngchen einen Namen», wendet man sich an den ehrwürdigen Menschen. Das Hundejüngchen ist das Kind. Man versucht, das Kind nach etwas Unscheinbarem, Niedrigem zu benennen. Die Wiege wird das Hundenäpfchen genannt. Das Hundejüngchen wird in das Näpfchen gelegt, sagt man. Die Namen für die Kinder sind verschieden. Es können

Wunschnamen sein. Erstens kann einer *Möngü* heißen, das heißt der oder die Ewige. *Urtunasyn* heißt Langes Leben, *Baatyr* Recke, *Aldyngys* Goldenes Mädchen.

Dann gibt es unauffällige Namen, wie der meine zum Beispiel. *Dshurukuwaa:* Fellbaby. Ich bin in ein Stück Fell eingewickelt worden, und als es darum ging, mir einen Namen zu geben, haben sie mir nicht einmal einen richtigen Namen gegeben. Dafür habe ich viele Kosenamen. Fellbaby ist der wichtigste von diesen. Dann heiße ich noch *Galdaruwaa* Schmutzfinklein, *Gidisuwaa* Filzbaby. Baby wurde beim Rufen des Namens oft weggelassen. Also nur Filzchen, Fellchen, Schmutzli.

Dann gibt es eine Reihe von abstoßenden Namen, das ist besonders bei Familien, wo die Kinder oft erkranken und einige Kinder bereits gestorben sind. *Myjagban* heißt Scheißerchen oder *Osurugban* Fürzchen. *Mangys,* das ist ja das Ungeheuer aus dem Märchen. *Dscholbun,* der Herumstreunende. *Dscherlik,* der Verwilderte.

Und dann gibt es geschlechtswidrige, vortäuschende Namen. Jungen werden mit *-gys* (Mädchen) in der Endung genannt. Mädchen werden in der Endung mit *-ool,* das heißt Junge, genannt. Das ist wieder in Familien der Fall, bei denen ein bestimmtes Geschlecht nicht gut gedeiht. Bei meinem zweitältesten Bruder Badar war es so. Vier Mädchen wurden hintereinander geboren, alle starben aber im frühesten Kindesalter. Die Jungen dagegen gediehen, drei hatten sie schon. Als unsere Schwägerin wieder schwanger war – ich war gerade siebzehn Jahre alt – verordnete die Schamanin, daß ich die Nabelschnur durchschneiden sollte, und zwar mit einem langen, gelbgriffigen Messer. Gelb ist immer das Ziegenhorn. Ich habe vor der Jurte gewartet, da gesessen, und man hat gut aufgepaßt, daß ich nicht weglief. Die Frauen hantierten drinnen, denn die Schwägerin lag schon in den Wehen. «Läufst aber nicht weg, bleibst schön hier, verstanden?», so legte man mir ans Herz, und das muß wohl seinen guten Grund gehabt haben. War ich mit meinen siebzehn Jahren doch immer noch so ein unberechenbares Kind, das unentwegt weglief, irgendeiner Sache hinterher war, um hier und da mit etwas zu spielen. Dann hörte ich plötzlich das Kleinkindgeschrei, und darauf wurde ich in die Jurte geholt. Als erstes drückten sie mir das lange, gelbgriffige Messer in die Hand. Und als ich dieses glitschige, blutige Wesen vor mir sah, schien mir die Nabelschnur ziemlich dick, so verdreht, wie sie da lag. Ich dachte noch, sie sei hart zum Durchschneiden, aber da stellte es sich heraus, sie war weich wie Kollostrum, die Erstmilch. So habe ich meine Aufgabe erfüllt. Dann habe ich dem Kind noch einen Namen gegeben. Und dieses Mädchen ist seltsamerweise am Leben geblieben, und es ist unter den am Leben gebliebenen sieben Geschwistern das einzige Mädchen, mein Nabelkind. Dieses Kind sagt bis heute zu mir Mutter, eigentlich richtiger Nabelmutter. Nabelmutter ist derjenige Mensch, der, nach der eigenen Mutter, dem Kind für das ganze Leben lang am nächsten stehen soll. Wenn ich zu ihr komme, sie hat inzwischen selbst Kinder, da bin ich einfach der Großfürst.

Jedesmal, wenn ein Kind etwas Neues anzuziehen bekommt, wird es von den Leuten gesegnet. Und das sind auch hier meist ältere Menschen. «Heute hast du einen Deel aus Baumwolle bekommen, nächstes Jahr um diese Zeit sollst du einen aus Seide bekommen. – Dein Deel soll sich immer schnell abnutzen, du selbst sollst ewig und lange gesund bleiben. – Der innere Saum ist die Weide für Schafe und Ziegen, der hintere Saum ist die Weide für Pferde und Yaks.» So kann es lauten. Und jedesmal, wenn ich einen Deel bekam oder auch ein Paar Stiefel, lief ich aufgeregt von Jurte zu Jurte und sagte: «Schau, Tante, schau, Onkel, hier habe ich neue Stiefel. Hier habe ich einen neuen Deel.» Und ich stand da und wollte gesegnet werden und das mir zustehende Geschenk in Empfang nehmen.

Im Alter von drei Jahren wird das Haar zum ersten Mal geschnitten. Das ist auf europäisch gezählt allerdings erst mit zwei. Wir berechnen ja das Alter eines Menschen, indem wir die Zeit seit der Empfängnis mitrechnen. – Das Haarschneiden ist für das Kind eigentlich das größte Fest. Und so kommt von allen Seiten die Verwandtschaft angereist und bringt ein Zicklein, ein Lämmchen, ein Kälbchen zum Geschenk, in der Regel weibliche Tiere, es sei denn beim Pferd, das auch ein männliches Fohlen sein kann. Das ist der Grundstock für eine künftige Herde. Das, was man einem dreijährigen Kind schenkt, kann sich unter günstigen Umständen tüchtig vermehren.

In meinem Fall war es etwas anders. Meine Eltern hatten beschlossen, bis zu meinem fünften Lebensjahr zu warten, denn ich hatte, als es soweit hätte sein sollen, kaum Haare. Und das, obwohl ich mit einem ordentlichen Haarflaum geboren wurde. Ich kann mich noch gut erinnern, wie ich mit der Schere, an der eine kleine weiße Schleife hing, ganz alleine von Mann zu Mann, von Frau zu Frau ging und ein jeder von ihnen mir eine Haarsträhne abschnitt und mir dabei etwas versprach. Ich glaube noch in den Ohren zu tragen, was die Leute mir damals sagten.

Erinnerst du dich, wie du einmal sagtest: Leben ist an sich Schwingung. Und Klang und Gesang sind Schwingungen. Und das Leben kann durch Klang, durch eine Stimme, durch Gesang gelenkt und bestimmt werden. Laß mich daran anschließen.

Die Wissenschaft will erst jetzt bewiesen haben, daß die Tiere auch so etwas wie eine Art Sprache haben. Das ist für uns Nomaden eine längst bewiesene Tatsache. Der tuwinische Jäger lockt den Wolf, den Fuchs, den Bären und auch die Vögel durch lautmalerische Töne an. Das ist unsere grundsätzliche Jagdmethode. Er weiß die einzelnen Laute des jeweiligen Tieres genau zu unterscheiden, denn er läßt sich viel Zeit, um die Tiere und ihr Verhalten eingehend zu beobachten. Um einen Wolf herbeizulocken, muß der Jäger dreimal hintereinander unterschiedliche Heultöne ausstoßen: erstens aufmerksam machen, zweitens auf sich zu bewegen lassen und drittens noch weiter heranbringen. Hat er den Wolf in Abschußnähe, darf er ihn nicht noch näher herankommen lassen, muß ihn zum Stehen bringen. Das ist zweifellos eine Kunst, die Geduld, ein feines Ohr und Übung voraussetzt. Ein ungeübter, womöglich unmusikalischer Mensch wird sich schwer tun, die gleichklingenden Stimmen zweier Vögel auseinanderzuhalten. Ein Feinhöriger jedoch kann zu einem Jäger taugen, und kennt er obendrein noch die Lebensgewohnheiten und Verhaltensweisen der unterschiedlichen Wildarten, kann er zu einem erfolgreichen Jäger werden.

Wir wissen eben, daß Tiere ihre eigene Sprache haben, nur sind wir bei weitem nicht so begabt und auch nicht so geschickt, all die Tiersprachen nachzuahmen. Es gelingt uns nur so ungefähr, aber wir haben dafür eine andere, wirkungsvolle gemeinsame Sprache mit allen Tieren, so wie auch mit den Wäldern, den Bergen, den Gewässern. Das ist der Gesang, das ist die Musik. Ein jedes Tier ist musikalisch. Singend oder pfeifend unterhält man sich mit ihnen. Wenn man mit einem Tier etwas vorhat, dann muß man erst so lange singen, pfeifen oder musizieren, bis sich das Tier beruhigt und sich an einen gewöhnt hat. Keiner sattelt schweigend sein Pferd, keiner melkt schweigend die Kühe oder Ziegen, jeder pfeift oder singt dazu. Das ist die gemeinsame Sprache, und die Tiere sind auch so daran gewöhnt, daß sie darauf eingehen. Vom Gesang, von der Musik müssen die Schwingungen ausgehen, von denen du sprichst, die so beruhigend auf die Wesen wirken. Ich kann mir nicht vorstellen, daß man durch Popmusik jemals, an welchem Ende der Erde auch immer, ein Tier beruhigen könnte.

Weißt du, in jedem von uns liegt mindestens eine so große innere Welt brach wie die äußere, die uns umgibt. Nur hat der Mensch in der eckigen Kultur die Fähigkeit verloren, dem nachzugehen, darüber nachzudenken. Eines Tages muß er an den Punkt gekommen sein und gedacht haben: «Jetzt habe ich alles, was ich zum Leben brauche, und all diese niederen und niedrigsten Triebe sind mir lästig.» Daß sich der westliche Mensch aus dem Tierreich herausgearbeitet und von den Tieren, ja von allen anderen Lebensformen soweit entfernt hat, glaube ich, klingt bei ihm wie höchstes Lob, und ist ja weiterhin erstrebenswertestes Ziel. Was euch als Gewinn, als Höherentwicklung gilt, ist uns nur ein Verlust. Also wenn ich einen sich brüsten höre, wie gut er sich von den Schafen, den Vögeln, den Fischen wegentwickelt habe als Mensch, dann ist das für mich einfach zum Heulen. Ich als Spatzenbruder, als eine andere Form eines bestimmten Fisches, freue mich eben gerade darüber, daß ich meinen Wurzeln nahe geblieben bin.

Zu allen Tieren empfinden wir eine große Verwandtschaft, vor allem stehen die Pferde uns sehr nah. Das verstehst du besonders, wenn du die Epengesänge hörst, die zwar den Kampf um das geliebte Mädchen zum Thema haben; davon hörst du aber bald weniger, dafür mehr vom Roß des Recken, das für Stunden zum Gegenstand eines Lobgesanges werden kann. Dennoch: Pferd bleibt Pferd. Kein Mensch fällt bei uns einem Pferd um den Hals und küßt es. Ein Tier zu küssen, das käme einem Nomaden zu keiner Zeit in den Sinn.

Der Hund gehört unmittelbar zur Familie, zählt als Familienmitglied. Habe ich vier Kinder und eine Frau, sind wir zu sechst, kommt nun ein Hund hinzu, dann sind wir zu siebent. Und mit einer Hündin mit sechs Welpen wären wir zu dreizehnt. Wenn wir einen Hammel geschlachtet oder sonst an einem bestimmten Tag ein festliches Essen zubereitet haben, dann wird das alles durch dreizehn geteilt. Aber dennoch kommt der Tuwa nie auf den Gedanken, so einen Welpen auf den Schoß zu nehmen. Der Schoß des Vaters oder der Mutter gehört den Kindern. Natürlich spielen die Kinder mit den Welpen, aber nicht so, daß sie den Hund irgendwann küssen oder beriechen müßten. Kraulen und streicheln gehört dazu. Der Hund kommt nie in die Jurte rein, er bleibt draußen. Die Herden bleiben ja auch in den Hürden.

Unsere Hunde werden nicht so uralt wie eure. Mit dreizehn Jahren war unser Basar schon so alt, daß er die eigenen Leute häufig nicht mehr erkennen konnte und einen kläffend anfiel. Aber kaum sagte man: «Halt, was machst du?» gab es eine rührende Hundeszene, denn der Hund warf sich hin und wälzte sich schwanzwedelnd und mit Gewinsel auf dem Boden. So werden die Hunde alt, und vermutlich lassen die Augen eher nach als die Ohren. Und so mitanzusehen, wie ein Wesen, das wir gern haben, altert und schwach wird, fällt uns schwer. Bei Lieblingspferden, bei -yaks, -schafen, -ziegen und -kamelen ist es dasselbe.

Wenn nun ein Hund ins Alter kommt, trifft man eines Tages die Entscheidung, ihn aus der Welt zu schaffen. Vorher aber wird er mit den besten Sachen – in unserem Fall mit einem Nudeleintopf mit viel Fleisch drin – gefüttert, und man gibt ihm so reichlich davon, bis er nicht mehr fressen kann. Dann erdrosselst du den Hund. Dazu führst du ihm eine Schlinge um den Hals und das Ende des Stricks um einen hohen Felsen. So stößt du ihn in die Tiefe. Der Hund fällt, und es bricht ihm rasch das Genick. Ein wirklich schneller Tod. Nun holst du den toten Körper herauf, schneidest ihm den Schwanz ab und umwickelst diesen mit einer dünnen Scheibe Hammelschwanzfett und steckst ihm den ins Maul. So trägt man den Hund fort. Es ist eine stille Feier, und man erinnert sich an die Jahre mit dem Hund und erzählt so die verschiedensten Geschichten. Ist alles getan, was zu tun ist, besorgt man sich einen neuen Hund.

Ähnlich soll es früher auch mit alten Menschen gewesen sein. Verschiedene Legenden berichten davon, wie das Leben alter Menschen von deren Lieblingsenkeln durch Ersticken beendet wurde. Konnte ein alter Mensch nicht mehr so gut mitkommen, nicht mehr mithelfen und fiel der Sippe nur noch zur Last, dann hat man ihn satt gemacht und ihm anschließend ein großes gekochtes Fettstück vom Hammelschwanz in den Mund gestopft, daß er ersticken mußte. Das besorgte das Enkelkind. Bis heute gibt es in Tuwa eine Redewendung, die dem Lieblingsenkel gilt: «Das ist mein Enkel, der mich zum Ersticken bringen wird.»

Kommen wir zurück zu den Tieren. Ein jedes Tier ist uns so lieb wie ein Mensch, ist uns ein Bruder, einerlei, ob dieses fliegt, läuft, kriecht, nur befindet es sich in einem anderen Stadium des großen Kreislaufes. Ein Tier kann eines Tages zu einem Menschen werden, ein Mensch wird ja ohnehin zu einem Tier: Es ist ein ständiges Hin und Her.

Die Tuwa sind ein Jägervolk, waren und sind gezwungen zu jagen, denn das Fleisch der Herdentiere reicht nicht immer aus. An erster Stelle von allen gejagten Tieren steht das Murmeltier. Es gibt unzählige Sagen und Geschichten über dieses Lebewesen. Eine lautet: Das Murmeltier war ursprünglich ein Mensch, ein ausgezeichneter Schütze, denn jeder Schuß ging ins Ziel. Einst gab es sieben Sonnen am Himmel und alles lief Gefahr, auszutrocknen. Da sollten die todbringenden Sonnen abgeschossen werden. Das Murmeltier schoß mit sechs Pfeilen die ersten sechs Sonnen ab, beim letzten Schuß aber flog der Milan dazwischen. Und der Murmeltierschütze verfehlte die letzte Sonne. Seitdem hat der Milan eine Gabelung am Schwanz. Das Murmeltier ärgerte sich und biß sich darüber die Daumen ab und schwor: «Ab jetzt werde ich kein schwarzes Wasser mehr trinken und kein trockenes Gras mehr fressen und werde in einem Loch unter der Erde leben!» So grub es sich ein Loch in der Erde und war schwupp! – weg! Seit jenen Tagen hält es Winterschlaf, wenn das Gras anfängt zu trocknen. Und fließende, selbst stehende Gewässer meidet es, begnügt sich mit Tau. An die alte Existenz erinnern immer noch so seltsame braune Drüsen unter den Achselhöhlen, die man beim erlegten Tier, ehe man es zubereitet, herausschneiden muß. Diese gelten als Reste von Menschenfleisch.

Murmeltier heißt auf Tuwa *tarwaan*. Aber sobald ich mich liebevoll dem Tier zuwende, kann ich es auch *burgu* nennen. Gerade auf der Jagd verwende ich nicht den gewöhnlichen Namen, sondern hebe es auf eine höhere Ebene. *Burgu* ist so ein Teil des Himmlischen. Jedes Tier hat seine eigene Bezeichnung: *synggyj* heißen die kleinen Murmeltiere mit so ungefähr einem Monat, wenn sie zum ersten Mal rauskommen aus ihren Löchern und sich ans Sonnenlicht gewöhnen müssen. Zur Eingewöhnung liegen sie vielleicht eine Woche so da, können noch nicht fressen und trinken nur an den Mutterbrüsten. Mit einem Jahr sind sie dann *bardam*, im zweiten Lebensjahr *gespel*, und im dritten Jahr werden sie *hara guduruk* genannt, und so geht es weiter. Für jedes Alter eine andere Bezeichnung. Im absteigenden Alter heißen sie dann *saryg schalbyyr* und sollten eigentlich abgeschossen werden. Die Weibchen heißen wieder anders. Die stillenden Murmeltiere, *gögüüle,* anders als die fetten, die ein Jahr ausgesetzt haben: *dartschy*. Diese Murmeltierweibchen, die keine Kinder zu nähren und zu stillen haben, sind am fettesten und gelten als die besten und wohlschmeckendsten. Wer ein *dartschy* abschießt, hat einfach *das* Murmeltier abgeschossen.

Sehr schöne Frauen werden in Volksliedern auch mit *dartschy* in Zusammenhang gebracht: *Tarwagannyng dartschysy galbak daschtyng aldynda, Tanyschgannyng ekisi tangdylarnyng ischtinde*. Tangdy heißt der russische tuwinische heilige Berg. Und so heißt es also: Die besten Murmeltiere liegen unter flachen Steinen und die schönsten Mädchen, die es gibt, sind unter den Tangdy-Leuten zu finden. Tangdy-Leute sind die mongolischsprechenden, also die mongolisierten Tuwa, die sich heutzutage als Urianchai bezeichnen und auch in der Westmongolei leben. Sie fühlen sich eine Handspanne höherstehend als wir. Und der Tuwa scheint das irgendwie hinzunehmen, denn seltsamerweise empfindet er das von seiner Tiefe heraus sogar als eine Form von Vornehmheit. Und vornehm sein ist erstrebenswert. So ist der Traum eines jeden tuwinischen Jünglings, so ein Tangdy-, genauer Urianchai-Mädchen zu heiraten.

Laß mich dir aber noch weiter von den Murmeltieren erzählen, die unser liebstes Jagdwild sind. Schon Anfang bis Mitte September gehen sie in den Winterschlaf und erwachen erst wieder Ende März, Anfang April. Der Winter im Altai ist kalt, und daher müssen die Murmeltiere ihren Bau sehr sorgfältig abdichten. Und stell dir vor, die arbeiten dafür zwei, ja bis zu drei Wochen lang. Erst schleppen sie Gras herbei, und du kannst ganz genau beobachten, wie sie die Grashalme abbeißen und im Maul anbringen. Da ist eine Geschäftigkeit um ihren Bau herum, und das wissen natürlich die Menschen. Denn jetzt kann man sie leicht abschießen, ihre Aufmerksamkeit ist gering, jegliche Vorsicht scheint vergessen. Gras wird zuhauf angeschleppt und in den internen Teil des Baus geschleppt, wo eine große Höhle liegt, jener Platz, wo sie eingerollt überwintern. Schließlich schaffen sie Steine herbei, die auch in den Bau kommen, in einer Linie, die bis zu fünf Meter lang sein kann. Über der Erde bleibt soviel offen vom Schlupfloch, daß sie sich gerade noch hindurchzwängen können. Einmal drinnen, verschließen sie den Bau von innen her erst mit Steinen und polstern dann alles ein bis zwei Meter weit hineinreichend mit Gras und Erde ab. Alles muß dicht sein, weder Kälte noch Schnee dürfen eindringen. Da aber die Bauöffnung nie ganz dicht von innen her verschlossen werden kann, besteht die Gefahr eines Wind- und Kälteeinbruchs, und deswegen läßt jede Sippe ein Murmeltier draußen, das von außen den Bau endgültig abzudichten hat. Das ist jeweils das älteste Murmeltier oder ein kränkelndes, womöglich auch angeschossenes, dessen Leben jetzt sinnlos geworden ist. Dieses Murmeltier geht von Bau zu Bau und scharrt alle Baueingänge zu und setzt zuletzt noch einen kleinen Steinhaufen obendrauf. Wenn die ganze Sippe derart vor dem Schnee gesichert ist, hat das Mitglied seine Aufgabe erfüllt und kann auch gefressen werden. Es wird erfrieren oder aber von einem Adler gegriffen oder einem Wolf erjagt. Menschen erlegen so ein Murmeltier in der Regel nicht. So wird jedes Jahr das schwächste Glied einer Murmeltiersippe geopfert.

Dann beobachtet man bei Murmeltieren noch etwas Rührendes. Auch sie brauchen Erdsalz und bestimmte Mineralien. Und das findet sich ja nicht überall. Erdsalz gibt es immer nur dort, wo es am tiefsten ist, und die Murmeltiere leben ja oben in den Bergen. Also geht jeweils ein Murmeltier auf Erdsalzsuche. Und wie es die Legende will, gehen die Tiere nicht ins Wasser. Aber dieses eine Murmeltier, das nun Erdsalz holen soll, macht sich naß und wälzt sich auf der salzhaltigen Erde. So bleibt das Salz an ihm kleben. Wenn ein Murmeltier vom Salzholen zurück ist, dann ist das für die ganze Murmeltiersippe ein großes Fest. Alle kommen und lecken es ab.

Wenn nun so ein Murmeltier unterwegs ist, siehst du nur einen kleinen, weißen, mit Erdsalz besudelten Klumpen behäbig über die Steppe hopsen. Solche Tiere schießt keiner. Hunde und Wölfe bezeugen ihnen leider nicht denselben Respekt, und so kommt es vor, daß sie eine leichte Beute werden.

Kehrt das ausgezogene Murmeltier nach einer bestimmten Zeit nicht zurück, dann geht das nächste auf Salzfahrt. Vielleicht kommt es auch von den Murmeltieren, daß wir den Tod mit ‹ins Salz gehen› umschreiben.

Unsere Verbindung zu den Tieren ist eng, wie du siehst. Ein jedes ist uns nahe, und wir kennen es, weil wir es oft lange beobachten. Nimm den Hasen, unser Sinnbild für die Feigheit. Sein Herz soll man nicht essen, obwohl es ausgezeichnet schmeckt. Dennoch haben wir Kinder heimlich davon gegessen, obwohl die Eltern darauf bestanden, daß wir es nicht täten, denn sonst würden wir furchtsam wie ein Hase werden. Der Hase wird als das oberste Glied in der Reihe vom Wild betrachtet. Es heißt, wenn ein Hase und ein Hirsch gleichzeitig zu sehen sind, darfst du auf den Hirsch nicht schießen, ohne wenigstens auf den Hasen angelegt zu haben. Dies mußt du aus Achtung vor diesem Wild tun.

Hier im Hochaltai gibt es zwei Arten von Bären, den braunen und den schwarzen. Gestern, als wir das Tal herunterkamen, erzählte man uns doch, ein Verwandter von mir hätte letzthin hier, ganz dicht beim Ortszentrum, einen Bären abgeschossen. Die Tuwa essen das Bärenfleisch nicht nur so, sondern auch als eine Art Heilmittel. Bärenfett ist für vieles gut, für Wunden, für Verbrühungen und vieles mehr. Am wertvollsten ist die Bärengalle, zur Zeit übrigens ein bekannter Schmuggelartikel, der in China und anderen südostasiatischen Ländern äußerst gefragt ist. Wer nur eine Bärengalle aus dem Land schmuggelt, der bekommt, so wird erzählt, eine gute Handvoll Yüan dafür.

Zum Bären haben wir auch ein eigentümliches Verhältnis. Der Bär steht als Sinnbild für die Kraft schlechthin. Aber er steht auch für die Güte, da er unter den Tieren etwas Liebevolles, auch Unbeholfenes und Vergeßliches haben soll. Unsere Sippe hat ohnehin eine besondere Beziehung zum Bären. Böge Tarta, mein Ururururgroßvater, also das achte Glied rückwärts, ist ein landesweit bekannter, da ganz großer Ringer gewesen, ein echt bärenstarker Mann. Einmal mußte er gegen einen Bären kämpfen, und es soll recht lange gedauert haben, bis er den Bären besiegte. Von ihm ist das berühmte geflügelte Wort überliefert worden: «Im Rücken ist *er* stärker und in den Gliedern bin *ich* es!»

Seitdem verehren wir in unserer Sippe den Bären und nennen ihn bei festlichen Anlässen, wenn wir uns an den Himmel und die Geister wenden, immer gesondert. Wir nennen ihn beim Namen und betrachten ihn als unseren Vorfahren.

Kindern bringt man früh bei, wie sie sich zu verhalten haben, wenn sie plötzlich einem Bären begegnen. Ruhe bewahren, heißt es als allererstes. Wenn ihr steht, einfach stehenbleiben, wenn ihr sitzt, sitzenbleiben, wenn ihr daliegt, liegenbleiben. Und kommt ein Bär auf euch zu, dann müßt ihr euch totstellen. Keine Angst, selbst wenn er anfängt, euch überall zu beschnüffeln. Wenn ihr Pech habt, kann er euch fortschleppen. Aber auffressen wird er euch nicht sofort. Er wird euch erst einmal liegenlassen, ein Weilchen lagern, denn er frißt seine Beute nur, wenn sie anfängt zu verfaulen. Wir wissen auch, daß der Bär ungemein kitzelig ist. Wenn dieser über einem stehenbleibt und wirklich im Begriff ist, einen aufzureißen, muß man das Äußerste wagen und ihm kräftig in den Bauch treten und das Glied mit den Hoden packen und daran ziehen. Kitzlig und einfältig wie er ist, müßte er sich laut schreiend auf und davonmachen. Verfolgt dich aber ein Bär, dann mußt du versuchen, irgendwie einen Weg bergab zu finden, und laufen, laufen, damit er richtig in Schwung kommt. Erst wenn er ganz dicht hinter dir ist, springst du plötzlich zur Seite. Der Bär kann sich nicht auffangen und läuft weiter bergab. Findest du Steine, dann mußt du die hinterherrollen.

Unter den Bären sind die sauber braun ausschauenden die friedlichen. Die Schwarzbären dagegen sind angriffslustig. Unter den Braunbären muß man allerdings unterscheiden zwischen solchen mit weißem Halskragen, die auch gefährlich werden und einen angreifen können, und solchen ohne.

1978 war ich im Jöröö-Wald, 300 km nordöstlich von Ulaanbaatar. Die Waldarbeiter hatten dort zwei kleine Bärenjunge gefunden, die vielleicht erst zwanzig Tage alt waren. Sie wollten die Bärenjungen töten und abhäuten, weil sie so schönes Fell hatten. Die althergebrachte Ehrfurcht vor dem Bären meldete sich in mir, und ich redete auf die Leute solange ein, bis sie mir schließlich die beiden Bärenkinder schenkten. Ich nahm sie im Jeep mit nach Ulaanbaatar. Meine Dienstreise brach ich ab und fuhr ohne Unterbruch in Richtung Stadt. Die beiden blieben einige Tage bei mir in der Wohnung. Ich beobachtete sie, die kleinen drei- oder vierjährigen Kindern glichen. Und meine Kinder spielten mit ihnen. Zuerst hatte ich vor, sie ihnen zu schenken, auf daß die Menschenkinder und Tierkinder in einer Gemeinschaft aufwuchsen. Außerdem hatte ich etwas vor: Damals arbeitete ich meistens nachts im Zeitungsbetrieb. Und wenn ich nachts arbeiten ging, wollte ich einen der beiden gegen die Halbstarken mitnehmen. Erfahrene Leute sagten jedoch: «Laß das lieber sein, denn die Bären könnten ja deine Kinder gefährden. Das sind starke Wesen, die könnten deinen Kindern, ohne ihnen schaden zu wollen, einfach im Spiel etwas zuleide tun.» Ich sah das ein und schenkte sie dem staatlichen Zirkus weiter. Der Bärendompteur freute sich. Als Vater der beiden Bärenjungen durfte ich ihnen Namen geben, und ich entschied mich für die beiden Namen: Der eine war drall und sah etwas dunkler aus als der andere. Er bekam den Namen Hüder, denn der Berg dort, wo sie herkamen, heißt so. Und den anderen nannte ich Oorzog, aber die Kinder bestanden auf Boorzog. Du weißt ja, das bekannte Jurtengebäck heißt so. Das war so ein kleines, rundes, in der Tat wie ein gut gebackenes *boorzog*, so ein herzrundes Dingchen.

Jetzt kommt das wilde Berghuhn, der Ular, auch Altai-Ular genannt. Das Fleisch dieses Vogels ist gut für jegliche Art Wunden. In meiner Kindheit sah ich große Schwärme von diesen Vögeln, vor allem im Winterlager. Tagsüber weideten sie wie Schafe auf dem Bergrücken, nachts nisteten sie in den Felswänden. Wolltest du eine besonders kräftige Brühe trinken, fingst du dir einen mit der Schlinge. Das Fleisch, so dicht und fest, ist recht schmackhaft. Besonders wertvoll ist der Magen, der eigentlich aus zwei Mägen besteht, dem Grasmagen und dem Steinmagen. Dieser letztere besteht aus vier großen dunklen Muskeln. Drinnen arbeiten unzählige kleine Kieselsteine und zermalmen die Nahrung: die würzigen, aber sehr harten Wurzeln. Das ist die steinerne Mühle des Vogels. Dieser Steinmagen nun wird immer getrocknet und aufgehoben. Und so findest du in einer Truhe jeder Jurte bestimmt ein, zwei Steinmägen vom Ular, von denen manche sicherlich schon seit Generationen dort liegen. Bei einer Verletzung brauchst du nur ein bißchen davon abzufeilen und das Pulver über die Wunde zu streuen und so zu verbinden.

Schon am nächsten Morgen war die Wunde geheilt und das Vogelfleisch einfach eingewachsen. Die Flickstelle bleibt dunkel und verliert sich nicht, wie du bei vielen Tuwa sehen kannst. Selbst beim Verlust eines halben Daumens brauchst du nur ein Stück vom Ularmagen darauf festzubinden und es verwächst rasch und heilt. Ein Leben lang aber wirst du das dunklere Vogelfleisch von dem hellen Menschenfleisch unterscheiden können.

Früher hieß es, einen Fremden dürfe man nicht wissen lassen, daß man Ularfleisch gegessen habe. Eine Legende lautet: Es herrschte Krieg im Mandschu-Reich, und eines Tages fragte ein Heerführer seine Gefolgsleute: «Wer von euch hat Ularfleisch gegessen? Der bekommt eine große Belohnung!» Ein dummer Kerl meldete sich und ein kluger schwieg. Der Dumme blieb dann verschwunden. Man hatte ihn geschlachtet, um mit seinem Fleisch die Wunden der Versehrten zu behandeln.

Der Ular ist heute so gut wie ausgestorben, denn die Stadtleute haben ihn entdeckt. Die Verschlagenen machen damit längst Geschäfte. Denn sie schießen ihn zu Hunderten und Tausenden ab und verkaufen ihn zu teuer, besonders als Heilmittel für Magengeschwüre. Ob das tatsächlich hilft, weiß ich nicht zu sagen. Aber im Volk ist der Glaube verbreitet, daß Ularfleisch einfach für alles gut ist. Vor wenigen Tagen las ich in der Zeitung, daß ein Ularsteinmagen in Deutschland etwa 4000 DM einbringt. Der nächste Kreuzzug gegen das aussterbende Berghuhn ist also gewiß.

Erstmals stark hat der Ular in den Jahren des Zweiten Weltkrieges gelitten. Die Russen hatten gehört, daß sein Fleisch gut bei Wundverletzungen ist, und so wurden sie zu Zehntausenden abgeschossen und an die Front geschickt.

Der Wolf ist der Inbegriff für Männlichkeit, Kämpfergeist und Klugheit. Wer den Wolf wirklich aus der Nähe kennt, wird uns rechtgeben. Wolf heißt auf Tuwa *bör,* aber kein Mensch spricht diesen Namen aus, Kinder erst recht nicht. Wir sagen lieber *eshej,* das heißt Großvater. Und darin liegt Ehrerbietung und Achtung. Die Menschen haben große Angst vor ihm: nicht ihrer selbst wegen, sondern ihrer Herden wegen. Und da unternimmt man vieles, um die Wolfsgefahr abzuwenden. Das beginnt bei der Bezeichnung für den Wolf, den man nie beim Namen nennt. Ihn nennen, hieße ihn herbeizitieren. Umschreibungen sind zahlreich, eine ist *dsher dshiwesi* – Erdding/Steppending, oder *dsher ydy* – Steppenhund. Das ist so eine liebevolle, verharmlosende Bezeichnung.

In unserer Familie hatten wir einmal ein sehr schweres Erlebnis mit dem Wolf, das war in den Jahren des Ausbruchs der großen Tollwut. Mitte der vierziger Jahre kam eine große sowjetische, veterinärmedizinische Delegation in die Mongolei. Das waren einige Dutzend Menschen, bestimmt eine der größten Delegationen in der Geschichte der sehr intensiven sowjetisch-mongolischen Beziehungen. Und die hat das riesige Land im Laufe etlicher Monate gründlich bereist und schließlich befunden: «Den deutschen Faschismus haben wir ja beseitigt, nun werden wir auch die mongolischen Wölfe besiegen!» Die Mongolei war tatsächlich ein Land der Wölfe. Dann haben sie uns Gift geschickt. Und dieses Gift sah dem heutigen Eßsalz verflixt ähnlich und war zudem spottbillig. Gift gab es in jeder Handelsvertretung in großen Säcken und wurde kiloweise verkauft. So kam es vor, daß Vater ins Zentrum ritt und am Abend mit einem prallen Ledersack nach Hause kam, in dem Ziegeltee, Mehl, Sandzucker und Bonbons, Kerzen, Salz und Wolfsgift neben- und übereinander plaziert waren, jedes für sich verpackt in Zeitungspapier. Und er sagte nur: «Vorsicht! – das ist Gift.» Und damit wurde es ein bißchen zur Seite gelegt. Über die anderen Sachen durften wir Kinder uns sofort hermachen. Mit dem Gift beschäftigte sich allein der Vater. Wie es damals zuging, wird ja auch in meinem Roman ‹Der blaue Himmel› beschrieben. Mein Hund Arsylang vergiftete sich eben an diesem, vom Vater ausgelegten Gift.

Die Folge des übermäßigen Giftkonsums war, daß die Tollwut ausbrach. Was unter anderem auch vom Gift, von der Köderportion herrührte, die nur halb wirkte. Die Wölfe, die krepierten, blieben sofort auf der Strecke, aber der Großteil von ihnen wurde geschädigt, halb wahnsinnig, und das führte eben zur Tollwut. Als ich so sechs, sieben Jahre alt war, wimmelte der ganze Altai von tollwütigen Lebewesen. Da waren Wölfe, Füchse, Hunde, selbst Iltisse, Hermeline, all die waren tollwütig, ja selbst Eichhörnchen wurden tollwütig, und zuletzt wurden Yaks und Schafe davon angesteckt.

Eines Tages, als wir im Winterlager waren, kam ein tollwütiger Wolf zu Vaters Schafherde. Vater hatte kein Gewehr dabei. Der Wolf verfolgte ihn den ganzen Tag. Am Ende mußte Vater sogar mit der Peitsche zu Pferde gegen den Wolf losgehen. Der Wolf wich ihm zwar aus, kam aber dennoch immer wieder und folgte der Herde bis ins Winterlager. In der Nacht passierte es dann, daß er in die Hürde einbrach. Die Tiere scheuten, und als die Eltern rausgingen, mit einem Stock ausgerüstet, sahen sie, wie der Wolf über einem Hammel hing. Vater versetzte ihm einen Schlag, darauf trottete der davon. Wenig später aber schrie Mutter auf: «Der ist ja tollwütig!» Wir wurden in die Jurte eingesperrt, und die Tür wurde von außen festgebunden. Wir Kinder standen hinter dieser und hörten, was draußen vor sich ging.

Und später, genau neunundvierzig Tage später, passierte es, daß ein Jährling mich bespringen wollte, wie ein Bock ein Schaf bespringt. Ich rannte weg, erzählte Vater davon. Er sagte darauf, ohne das Tier sich erst angeschaut zu haben: «Also doch!» Kam raus und fing und band das Tier fest. Es war tollwütig geworden, und drei weitere mit ihm. Alle wurden dort angebunden, wo die Asche ausgeschüttet wurde, und standen dort tagelang. Vater arbeitete damals im *örtöö*, dem Kurierdienst der alten Zeit, und mußte bald zum Dienst auf der Pferdestation einrücken. Die Hirten arbeiteten mit eigenen Pferden und eigenen Lebensmitteln dort, jeder vielleicht einen Monat lang. Alles, was es dort zu tun gab, wurde durch sie erledigt. Vater brauchte Verpflegung, und die Schafe kamen ihm gelegen, er schlachtete sie und nahm das Fleisch gegen Mutters Bedenken mit. Die Innereien wurden verscharrt.

Wie man die Tollwut in den Griff bekommen hat? Alles, was sich daran angesteckt hatte, wurde abgeschossen. Jägertrupps waren tagelang auf der Jagd und verfolgten alles, was an Tollwut erkrankt war und vernichteten es. Man mußte selbst auf Yaks schießen.

Da war erst einmal Schluß mit dem Gift. Alle sollten ihr Gift abgeben, aber ich glaube, keiner hat es getan, ein jeder hat behauptet, er hätte das seine eben verbraucht. Was übriggeblieben war, wurde in ein Loch geworfen.

Gusgunnug heißt dieses Seitental des Haraaty. Das ist die Sommerheimat meiner Jugendjahre. Siehst du die Mulde dort hinten, wo jetzt die Schafe weiden? Dort schrieb ich einen leidenschaftlichen Liebesbrief. Ich war erst dreizehn Jahre alt, aber schon schwer verliebt. Du hast meinen Roman ‹Zwanzig und ein Tag› gelesen und ahnst schon, wen ich da meine: Fatima natürlich, die in Wirklichkeit anders hieß.

Es war also vor vielen Jahren, daß ich, junger Bursche, an einem stürmisch-regnerischen Tag wie heute den Brief schrieb, der übrigens nie abgeschickt wurde. «Hier nun sitze ich und friere in der Bergödnis, während du durch die geraden Straßen deiner Stadtwelt gehst und die Füße im dritten Gang bewegst», fing der von Weltschmerz durchdrungene Brief an, wie ich mich erinnere. Das mit dem Gang wird für dich unverständlich sein. Die Autos im Osten hatten damals nur drei Gänge, und der dritte Gang war also der Inbegriff für Schnelligkeit.

Weshalb ich so früh und mächtig verliebt war in jenes Kasachenmädchen, muß vor allem mit ihr als Person zusammengehangen haben. Ich war nämlich nur einer ihrer vielen Umschwärmer. Doch das schmerzhafte Glück, in dem ich steckte, war nun einmal echt, und ich stand wirklich wie verzaubert und verwandelt da. War das doch der Anfang zum langen Weg der Liebe, die mich nun fortan zahllose Male beglücken und peinigen sollte. Gewiß war das Mädchen schön, aber dies im Sinne von vornehm. Denn es hatte sogar einen richtig europäisch geschneiderten Mantel an, trug eine Ladenbluse, und ich glaube, sie kannte sogar Kölnisch Wasser. Wenn ich in ihre Nähe trat, nahm ich einen betörenden Duft wahr, und diesen hielt ich für ihren Atem. Ich dachte, ihr Wesen wäre so fein, daß es duftete.

Und heute? Obwohl ich inzwischen auch in Sachen Liebe europäisch angesteckt sein muß, bin ich dennoch in vieler Hinsicht der Nomade geblieben. Von der Liebe so direkt zu reden, habe ich selbst bei aller Erfahrung eine gewisse Scheu. Ganz bestimmte Ausdrücke könnte ich überhaupt nicht verwenden. Ich würde so manche Wörter einfach nicht in den Mund nehmen, nicht aufs Papier setzen. Es ist mir früh aufgefallen, daß junge Männer aus verschiedenen Kulturen unter anderem diese eine Gemeinsamkeit haben: Schamlos offen unterhalten sie sich untereinander über das Weibliche und dringen, gleich Maden, diesem bis aufs Fleisch und Mark unter die Haut, indem sie sich an der eigenen Beschreibung darüber berauschen, wie es mit einer bestimmten Frau gewesen sei. Dazu habe ich keinen Mut. Also wenn ich mit jemandem etwas erlebt habe, dann ist das nur zwischen uns beiden gewesen und geht keinen etwas an.

Wie das ist, wenn man sich verliebt? Ich muß weit ausholen. Wir unterscheiden zwischen Vater- und Muttergräsern. Und reden von männlichen und weiblichen Steinen. Selbst den Kamelhaaren weisen wir ein Geschlecht zu. Die langen, harten Haare vom Hals, von den Höckern und den mittleren Beingliedern, das sind die männlichen, und die von sonstigen Körperteilen, das sind die weiblichen. Und wir ziehen das männlich-schwarze Leder dem weiblich-gelben vor, da das erstere unnachgiebig fest ist. Du siehst, wir empfinden die Welt als einheitlich gerade deshalb, weil sie bis in ihre Einzelheiten lauter Paare darstellt.

Tiere lieben, und sie tun es mit Leidenschaft. Nehmen wir eine Hengstherde. Der Hengst besitzt zehn bis fünfzehn Stuten, er bewacht jede von ihnen mit mörderischer Eifersucht, fühlt sich zuständig und verantwortlich für die Sicherheit der Stuten und deren Fohlen. Wenn du einen Hengst und eine Stute genau beobachtest, so wirst du begreifen, was Eintracht ist: Tag und Nacht, in welche Richtung der Hengst mit dem Kopf steht, dahin schaut auch die Stute. Geht der Hengst weiter, muß die Stute mitkommen. Nun wirst du einwenden: Liebe, ja meinetwegen, aber gleichzeitig zehn, fünfzehn Stuten?!

Hier frage ich dich: Woher kommt diese tierische Vielweiberei? Und meine Antwort darauf: Wir Menschen sind es, die sie dazu zwingen, indem wir die eingegebenen männlichen Wesen bis auf ein einziges kastrieren und so der Natur Gewalt antun! Und wie edel der Hengst, der die Verantwortung und Pflicht aller seiner verstümmelten Brüder auf sich nimmt und mit verzehnfachter Kraft nun sich anstrengt, die verwitweten Schwestern zu beglücken und zu beschützen! Für den

Hengst ist eine jede Stute alle Male das Weibliche an sich, egal ob sie braun oder schwarz ist. Die fünfzehn Stuten, die er in seiner Herde hat, sind ihm ein einheitliches Weibliches.

Wie nun die Nomaden lieben? Im Grunde nicht anders, als Menschen andernorts. Aber so, wie sie es äußern, ist schon anders als in anderen Kulturen. Denn die Liebe ist für sie nicht unbedingt eine Sache, die in die Öffentlichkeit getragen werden muß. Schon die Benennung des Vorganges ist schlichter: Ich bin gut zu ihr, sagt der Nomade, wenn er sein Gefühl für die geliebte Frau offenbaren will. Und in dem Augenblick, wie er sich verliebt hat, kann es sein, er sagt es ihr, aber das ist eher unwahrscheinlich. Sie muß es schon von selber merken. Da braucht man nicht große Liebesbriefe zu schreiben oder laut zu erklären: Ich liebe dich! Wenn zwei Menschen einander gut sind, so steht das ihnen doch hundertfach angeschrieben. Da ist der Blick, da ist der Klang der Stimme, da ist der Fluß der Bewegungen.

Nun lieben sich zwei Menschen. Das ist wahrscheinlich so wie überall, dort ist kein Platz für einen Dritten. Also der Treffpunkt der verliebten jungen Menschen ist die Steppe draußen bei der Herde. Verliebte bewegen ihre Herden in eine Richtung, um sich da zu treffen. Das ist ihr Spielplatz, ihre große Jurte. Angenommen, ein Mädchen wird schwanger vor der Heirat, ist das zwar nicht das Erstrebenswerte, aber bei weitem keine Schande. Kommt nun ein solches Mädchen mit Kind in die Familie, sind es die Eltern des Jungen, die als erste zu ihr sagen: «Mein Kind, schäme dich nicht, das kommt vor. Du hast uns einen schwarzköpfigen Menschen gebracht. Unsere Sippe ist um zwei Mitglieder reicher geworden.» Schwarzköpfiger Mensch im Sinne von Mensch gebraucht, der als Wesen würdig und teuer ist. Also sind die Worte ein Trost und als Anerkennung zu verstehen.

Wie sich die Menschen in der Jurte lieben? Danach wurde ich vor Jahren gefragt, und damals antwortete ich: «Wie die Stachelschweine.» Die nächste Frage war natürlich: «Wie lieben sich die Stachelschweine?» Und meine Antwort lautete: «Ganz vorsichtig!» In einer Jurte schlafen viele Menschen, und dann müssen sich die zwei, die sich lieben, entsprechend verhalten. Als Nomade ist man also dazu gezwungen.

Wie ein Liebender seine Absicht der Geliebten mitteilt? Herrlich von deiner Warte aus gefragt! Und schon deshalb werde ich darauf entsprechend antworten, und zwar genauso herrlich schemenhaft. Es ist doch immer das männliche Wesen, das sich um das weibliche bemüht, oder? – Ich sehe, deine Augen werden spitzer, du scheinst damit nicht einverstanden. Nur muß ich dir da eine gewichtige Tatsache entgegenhalten: die Natur besorgt es eben genau so. Der Junge wird seine Herde in die Nähe von der des Mädchens bringen und es grüßen. Und das Mädchen wird ihm den Gruß mit gesenktem Blick recht leise erwidern. Und schon ist er davon ermuntert und versucht, ein Gespräch anzufangen. Und nach und nach kommt dieses auch zustande, und er wird ganz auf Umwegen seine Absicht erkennen lassen. Das Mädchen sagt auf keinen Fall: «Gut, das machen wir.» Es wird auf alle Fälle eine verneinende Antwort geben. Aber diese vorläufige Verneinung ist durchaus nomadisch-diplomatisch in dem Sinne: Ich bin doch für dich nicht gut genug. Oder: Es gibt ja viele schöne Mädchen, nimm dir eines von ihnen, du bist doch ein so vortrefflicher Junge! Und das wird von ihm dann so verstanden: Sie ist nicht dagegen! Damit ist der Weg eröffnet, die Liebe darf keimen. Und der Junge läßt dann die Eltern davon wissen. Es ist selten, daß ein Sohn den Eltern unmittelbar sagt, ich möchte dieses Mädchen heiraten. Das erfahren die Eltern auf Umwegen. Der Junge wird irgendeinem Verwandten oder sonst jemandem davon etwas sagen, und derjenige setzt die Eltern davon in Kenntnis. Darauf vergewissern sich diese bei ihrem Sohn und können mit Brautgeschenken herausrücken. Aber es sind eigentlich nur Kleinigkeiten: Milchbranntwein mit einem Stück Käse – beides symbolisch gemeint: Kostprobe vom Geist des Weißen, schwarz in der Farbe, und deshalb in Ergänzung dazu etwas Weißes. So paart man die Sachen. Und als Hauptgabe eine *hadak*. Mit solchen symbolträchtigen Geschenken reitet man nun zu den Brauteltern hin und bittet sie offiziell um die Hand ihrer Tochter. Sind die Eltern einverstanden, nehmen sie die Gabe entgegen; sind sie es nicht, dann halten sie davon Abstand. Aber auch dann, wenn sie damit einverstanden sind, bleiben sie abwartend, sagen diplomatisch: «Wir wissen davon nichts, unsere Tochter ist volljährig, die wird schon selber entscheiden, was haben wir hier als Eltern uns einzumischen.» Dann sagt derjenige, der gekommen ist: «Wir haben von unserem Sohn erfahren, daß die jungen Leute willig sind, einen Haushalt zu gründen, und wir sind gekommen, um den Sitten Folge zu leisten.»

Was aber, wenn das Mädchen Nein meint, schon auf der Steppe? Dann wird sie sagen: Ich habe schon jemanden. Oder: Das kommt nicht in Frage! Ist kein Wille da, wird es der Junge schon gleich merken.

Du willst nun wissen, wie du merken sollst, daß sich jemand in dich verliebt, wenn alles so leise geschieht? – Ach, das wirst du schon merken. Liebe verrät sich immer. Der Bursche sucht deine Nähe, will dir bei diesem und jenem behilflich sein, und wenn er auf dich schaut, dann siehst du ja jenen weichen Schleier in seinem Blick. In den äußersten Fällen wirst du von anderen darauf aufmerksam gemacht.

Nomaden sind schüchterne und nach außen verschlossene Menschen. Als in Sachen Liebe früh dressierte und aufgeklärte Europäerin könntest du ihnen leicht einen Schrecken einjagen. Vor ihnen darfst du nicht die laute, auf Fleisch und Emanzipation pochende Liebe erwarten. Dabei ist die Frau dem Mann eindeutig untergeordnet. Ich weiß es nicht genau, glaube aber, das Bettleben wird sich nicht so sehr nach *ihrem* Wunsch richten. Sie wird schon zufrieden sein, wenn sie weiß, wenigstens der Mann ist zum Zuge gekommen.

In deiner kantigen, fortschrittsüchtigen Welt wird der Mensch auf Schritt und Tritt, in alle Richtungen hin zu Konsum und Genuß erzogen, so auch im Bett. Wir sind noch nicht so weit, kennen die Ansprüche nicht, die ihr inzwischen zu einer Lebensnotwendigkeit gemacht habt. Auch hier stehen wir auf einer unteren Stufe, den Wurzeln näher, also natürlicher. Das sage ich nicht, um zu prahlen. Bei Hengst und Stute dauert es ja auch nur Sekunden. So sind wir wohl auch. Den Geschlechtstrieb haben wir noch nicht zu einem Kult hochzüchten können.

Kommen wir noch einmal auf die Tiere zurück. Damit will ich nichts kommentieren, sondern nur etwas in Erwägung ziehen, ja nur nennen: Kaum werden die Stutfohlen zwei Jahre alt, werden sie von ihrem Vater, dem Leithengst, aus der Herde ausgeschlossen. Er jagt sie alle fort. Und wehe so einer Jungstute, wenn sie sich dem väterlichen Willen nicht fügt! Dann gibt es unbarmherzige Huftritte. Tierischer Instinkt beugt hier der Inzucht vor. So streng sind auch die Nomaden in der Brautauswahl.

Die Entstehung und Ankunft des lebenden Körpers ist bei den Nomaden nie tabu gewesen. Die Kinder bedürfen kaum Aufklärung. Sie sehen doch bei den Schafen, Yaks und Pferden wie es vor sich geht, wie sich zwei Tiere paaren und später Jungtiere zur Welt kommen. Man hilft schon in sehr frühen Jahren den Tiermüttern bei der Geburt. Und so ist bereits jedes Kind eine kleine Hebamme. Daher ist es gar nicht verwunderlich, wenn die Männer den Frauen bei der Niederkunft beistehen und auch sofort begreifen, was zu tun ist.

Die Scheu der Asiaten vor der Nacktheit ist allgemein bekannt. Diese hat ihren Ursprung bei den Nomaden der kühlen Berge und Steppen. Da und auch woanders gibt es ungeschriebene Verhaltensmuster und Gesetze, die du von deinem aufgeklärten Standpunkt aus womöglich leicht geringschätzen und als rückständig abtun könntest. Auffällig ist jedoch, daß diese Verhaltensnormen in den Städten seit einiger Zeit aufs Derbste gebrochen werden. Es macht sich ein Kult um den Sex nun auch bei uns breit, womit das Allernatürlichste, und damit auch der intimste Trieb eines jeden Menschenwesens, zu einer schmierigen und schwierigen Sache herabgewürdigt wird, die anstatt Leben nun Geld gebären soll. Sex rückt unverschämt laut und geil jedem vor die Nase.

Die neuzeitliche Kultur bringt Änderungen. Schon hat das Land mit seinen 2,3 Millionen Einwohnern über 600 Zeitungen, von denen eine dicke Hälfte Sex als Hauptfutter für die Leser bringt. Die übertrieben naturalistischen und krassen, bis ins Vulgäre gehenden Beschreibungen dieser Boulevardblätter, bei uns die gelben Gazetten genannt, dienen der mongolischen Nuttenwirtschaft einer noch wenig ausgeklügelten Halbwelt als Lehrbuch. Ich kenne eine Dichterin, die mit dem Einbruch der Marktwirtschaft aufgehört hat, Verse zu machen. Dafür macht sie nun eine Sexzeitung, die ‹Ene hüüchnüüd› heißt, frei übersetzt: Wir tollen Frauen! Vor einiger Zeit sprach ich sie auf ihre neue Arbeit hin an und mußte mir einen harten Tadel einholen: «Ihr Männer dieses Landes taugt ja im Bett nichts! So wie ihr es macht, wird nicht geliebt. Der Mensch muß mit allen seinen Sinnen und Körperteilen lieben, mit der Haut, mit den Fingern, mit der Nase, den Augen, auch mit der Zunge, drum beschreibe ich ja die Regeln!» So soll sich also das Sexualverhalten der Menschen ändern.

Was ich möchte? Ich möchte nicht mehr und nicht minder, als daß Liebe immer eine süße Illusion bleibt, die für diese und jene Fehler Spielraum hat. Neuerdings hatte ich ein Gespräch mit der achtzehnjährigen Tochter einer wohlsituierten deutschen Familie. Das Kind ist inzwischen bei ihrem sechsten oder siebten Freund angekommen, und der neueste scheint ihr auch recht zuzusagen. Ich war so einfältig, sie zu fragen: «Ist das nun endlich etwas auf Dauer? Vielleicht gibt es eine Hochzeit und Enkelchen für deine Eltern?» – «Ach wo, in dem Alter stößt man doch nicht auf etwas Bleibendes!» sagte sie ganz nüchtern, und fügte dem wenig später hinzu: «Wir werden wahrscheinlich noch so ein paar Monate zusammenbleiben, vielleicht bis zum Frühjahr.» So nüchterne, von jeglicher Illusion ferne, altkluge und eiskalte Gedanken passen für mich gar nicht zu dem Alter von achtzehn Jahren. Ich weiß, diese Aussage macht mich bei dir nicht besonders anziehend, damit habe ich mich als konservativ, womöglich als ein verknöcherter und verkrampfter Moralprediger entpuppt. Dennoch sage ich dir, ich weiß nicht, was Moral ist, so etwas haben wir nicht, das ist einer der Begriffe, die uns das christliche Abendland beizubringen trachtet.

Das intime Leben zwischen zwei Menschen ist eigentlich ein Thema, das den Dritten nichts angeht. Da du nun gefragt hast, will ich dir einiges dazu sagen, aber nur bis zu einem gewissen Grad. Es gab natürlich ein-, zweimal Erlebnisse mit deutschen Frauen, damals in meinen preußisch-sächsischen Jahren, und wenn ich das verallgemeinern darf, würde ich dir Folgendes anvertrauen: Die Europäerin ist ein spielerisches Wesen, kann einem Uneingeweihten am Anfang ganz und gar den Kopf verdrehen, da sie Lust vorzutäuschen weiß. Vorspiel ist ein Luxus, den man sich bei euch zu Lande bestimmt leisten kann, bei den Nomaden aber nicht. In einer Jurte, wo nebenan lauschende Ohren liegen, kann man sich vieles nicht erlauben. Und soviel Zeit hat man auch nicht, da muß man, wenn es dunkel geworden ist, ins Bett gehen, und sobald es hell wird, schon wieder aufstehen. Daher muß es ziemlich einfach und schnell vor sich gehen. So geschieht es bei den Nomaden auch. Zu unseren Besonderheiten gehört vielleicht auch dies: Wenn wir als Mann und Frau einander in die Augen schauen, uns an den Händen fassen oder den Körper auch woanders berühren, ist die Lust schon da. Und man hat dabei keine Zeit, an irgendwelche Regeln zu denken.

Ich glaube, der zivilisierte Mensch hat sich auch in der Intimsphäre des Lebens Regeln und Umwege geschaffen, daß da ein eher trügerisches als wirklich notwendiges und dennoch uneindeutiges und geheimnisvolles Etwas entstanden ist.

Wieder muß ich dir mit den Tieren kommen. Wir leben mit ihnen und beobachten sie, seien es unsere Herden oder sei es das Jagdwild in der Bergsteppe. Sie führen uns die Natur in Reinform vor Augen. Vom Hengst und seinen Stuten erzählte ich dir bereits. Sie sind gewaltig in der Liebe, die von allen einfach gesehen und anerkannt werden muß. Schau ich nun den Rostgänsen zu, muß ich bald einsehen, wie bei diesen die Liebe nicht etwa durch ein schlau erdachtes Spiel sichtbar wird, als vielmehr durch ihr friedliches, wohlwollendes Verhalten zueinander: Das Vogelpaar sitzt da und genießt ganz einfach das Beisammensein, in dem jeder dem anderen seinen Fund aus dem Teichwasser in den Schnabel schiebt. Ich sehe, sie tauschen nicht Würmer, sondern Gefühle. Nehmen wir die Wölfe. Der Rüde kann noch so toll sein, das Weibchen bestimmt alles. Der große Wolf, der so eine kleine Wölfin in Sekundenschnelle kaputtbeißen könnte, tut ihr außer Liebe einfach nichts an. Sie dagegen ist so verwöhnt, kann sich alles erlauben, beißt ihm ins Fell, er aber bleibt friedlich und läuft ihr ergeben hinterher.

Ich weiß, es gibt diesbezüglich manch böswillige Witze über uns. Es wird erzählt, die Nomadenfrau liege draußen in der Steppe und der Nomadenjunge über ihr; und während er sich so bemühe, liege sie da, betrachte die Wolken, zupfe so Gräser und Blümchen und sage inmitten der Arbeit: «Beeil dich, es wird gleich anfangen zu regnen!» Selbst solches, von bösen Zungen erzählt, halte ich für einen Beweis für die Gefühlsruhe, die bei uns herrscht. Der Vorgang, den die Fachliteratur Orgasmus nennt, scheint bei den Nomaden schnell einzutreten. Und der Liebesakt ist nicht so sehr Selbstzweck als vielmehr ein Ausdruck der Liebe, die zwei Menschen auf Fleisch und Blut verbindet.

Schaust du dir so ein Nomadenpaar an, so wirst du schon sehen, daß sie sich mögen. Es sind ganz einfache, kleine Gesten, kleine Gefälligkeiten, die sie füreinander tun. Sie sitzen an der Fleischschüssel und essen, und da schneidet der Mann so ein weiches Stück von dem Teil, das er gerade in der Hand hält, ab und schiebt es der Frau in den Mund. Und die Frau ihrerseits findet auch hin und wieder so ein fettes Scheibchen, das sie ihm in den Mund schiebt. Solche Kleinigkeiten haben wahrscheinlich mehr Bedeutung als die lauten Liebeserklärungen, indem einer den anderen ständig fragt, liebst du mich, so daß der Gefragte gezwungen ist, mit Ja darauf zu antworten.

Erst gestern hab ich dir Oberflächlichkeit vorgeworfen, und ich sehe, heute willst du genau sein und so mehr hören, schön! Die Frauen haben die Besonderheiten ihrer Heimatländer in sich. Wo es laut zugeht, da sind es auch die Frauen, sind laut. Wo mit unechten Dingen gespielt wird, da täuschen die Frauen Gefühl und Lust vor. Wenn ich die Nomadin, die Tuwa mit den verschiedenen Frauen der verschiedenen Länder in einen Vergleich rücke, regt sich bei mir der Geschmackssinn: Eine Chinesin ist als Konsumartikel für den genußsüchtigen Mann etwas Eigenwilliges, sonderbar Schmeckendes, ist etwas, das man nur einmal genießen kann. Genauso ist das mit einer Deutschen, die kann man vielleicht zwei-, dreimal gut und gern genießen. Die Nomadin dagegen halte ich für einen Nudeleintopf. Der stellt zwar nichts Besonderes dar, ist aber etwas Handfestes, den kann man Tag für Tag haben, und wir Nomaden werden davon nicht überdrüssig. Wir genießen ihn immer wieder gern, wir leben davon.

Eines Tages machte ich bei mir folgende Entdeckung: Nicht nur jedes Gedicht, jedes Buch, das ich schreibe, sondern auch jede Bekanntschaft, jede Liebschaft, die ich eingehe, ist im weitesten Sinne des Wortes eine Schöpfung. Denn alles, in das ich Gefühle hineinstecke, enthält auch eine Portion Idealismus, der von einer anderen Warte aus auch Eitelkeit genannt werden kann. So oder so geht es hier um die Kraft, die zur Schöpfung führt.

Aus dieser Überlegung heraus legte ich mir daraufhin eine Anita zu. Hier handelte es sich um einen Extrakt all der edlen, leselustigen, schreibwütigen und erlebnishungrigen Frauen. Hölderlin hatte seine Diotima, Goethe – zumindest zeitweilig – eine Ida. In beiden Fällen müssen das durch und durch vergeistigte Wesen gewesen sein. Meine Anita sollte dagegen aus so viel Fleisch und Blut bestehen wie aus Geist und Seele. Ja, denn sie ist ein Vielfaches. Und ich kann mir dieses vielfach objektive Subjektivum leisten, da ich für sie ja im Grunde genommen auch nichts anderes bin als ein Traumgebilde.

Ich bin der leibhaftige Dichter, von dem die trotz allem Materialismus doch noch sehr zum Idealismus neigende weiße Frau vielerorts träumt. Bin der Prinz, bekrönt und betrachtet, zum Anfassen körperhaft. Bin der Exot, der immer dort, wo ein satter Magen und eine hungrige Brust im Widerstreit zueinanderstehen, hoch im Kurs ist. Bin der Nomade, das geheimnisumwitterte Wesen aus der fernen, unbestimmten Steppe. Und bin schließlich und endlich der Mann des anderen Typus, Pascha zwar, wie jeder meiner weißen, schwarzen und gelben Konkurrenten auch, aber nun einmal grundsätzlich anders; von einer so einfältigen Direktheit, daß er immer und überall unschlagbar echt wirken muß.

Ich nehme an, du wirst, wenn du so viele Jahre deines Lebens im Ausland verbracht hast, die Außenwelt bisher wesentlich mehr durch die männliche als weibliche Haut zu spüren bekommen haben. Deine ganze ethnologische Forschung ist in ihrem Grundgerüst maskulin, und die sich dem anschließende Lebenserfahrung kann unmöglich feminin besaitet und beseelt sein. Denn es wird in der Mehrheit der Mann gewesen sein, der sich dir angeboten, zu Diensten gestellt hat. So ist die Natur der Dinge eben.

Ich hörte dich von Lakota und Dakota, von Ladakh, Tibet, Indien, Nepal, Myanmar, Sri Lanka, Senegal, Tunesien, Mexiko… reden. Und dabei sah ich dich in einer glückseligen Selbstherrlichkeit, die dich, unangemessen zu deinem Alter und dem Alltag deiner europäischen Welt, geradezu schweben ließ. Die Mongolei habe ich nicht erst miterwähnt, da ich weiß, was dahintersteckt für dich. Nun weiß ich auch, ohne daß du mir gegenüber Geständnisse ablegen müßtest, es hat Indianer, Tibeter, Inder, Nepalesen, Myanmaren, Sri Lankesen, Senegalesen gegeben, denen du dich eröffnet hast. Ich weiß das und werde dich trotzdem nicht ein leichtes Mädchen nennen. Denn ich weiß auch anderes und damit Wesentlicheres: Es sind nicht so sehr die Männer gewesen, die dich erkämpften, es waren vielmehr die Länder, die hinter jenen standen.

So war und ist es jedenfalls mit mir. Deutsche stehen heutzutage nicht gut zu Geistern. Aber ich sage, Deutschland hat seinen Geist immer noch, und er ist stark. Mich hat er immer gepackt. Obwohl er als Wort in der Sprache männlich ist, mir hat sich der gute deutsche Geist mehr durch Frauen offenbart.

Ob die betreffende Person nun wirklich Anita heißt oder Christa oder Helga oder Selma, ob sie in der Tat gertenschlank und strohblond und blauäugig – germanisch also – ist oder nur das eine oder andere oder gar nichts von all dem, immer ist sie deutsch für mich, ein Stück quicklebendiges, hauchwarmes und hautweiches, klopfendes und loderndes Deutschland. Sie ist vor allem die klingende Sprache, die mir, dem von deutschen Landen um Tausende von Kilometern getrennten Ausländer, ständig fehlt. Sie ist mir, dem schwerfälligen und unbeholfenen Nomaden, die Leichtigkeit und Fähigkeit, sich um sich selber zu kümmern, und die Kultur. Und sie ist mir, dem Biologiefaktor Mann mit dem angeborenen Trieb und dem eingepflanzten Anspruch, das andere Weib, ist die Abwechslung schlechthin. Ist das andere, schmälere und hellere Aussehen, der andere, zwieblig-morgentauige Geruch, die andere, herzlich-vorsichtige Art. Ist das erhoffte und nun erträumte Mehr: die Eindeutigkeit ohne Hülle, die Hingabe ohne Grenzen.

Was ist ein Name? In vielen Fällen nichts. Jeder Eigenname ist zufällig, steht weniger für den, der ihn trägt, als vielmehr für den, der ihn diesem gegeben hat. Nichts also hat zu bedeuten, daß die eine Helma heißt, während die andere Selma und wieder eine andere Wilma. Wesentlicher als dieses ist etwas anderes, für mich Außenstehenden zumindest das, was allen diesen gemeinsam ist: Die weiße Frau mit ihrer Erziehung und Bildung, ihrem europäischen Körper und ihren Stärken und Schwächen, die in diesem stecken.

Anita also. Ich habe sie, wenn du es so willst, aus einer Vielzahl wimmelnder Teilchen zusammengeflickt und mit Lebensfakten aufgefüllt; sie wachsen ineinander ein, die Nähte sind nicht mehr sicht- und abtastbar. Und jedesmal, wenn eine neue am Horizont erscheint und Anspruch auf eine Beteiligung an meiner Gefühlswelt erhebt, da nehme ich sie in die Anita-Familie auf.

Zur Zeit sieht es so aus: Prinzessin Anita ist fünfunddreißig, immer noch so jung, wie sie vor fünf Jahren gewesen, als ich sie erfand. Und es sieht nicht so aus, als würde sie je auch um ein Jahr älter werden.

Mongolische Epen berichten von Ewigfünfundzwanzigjährigen. Eine Weiße mit den kosmetisch-medizinischen Möglichkeiten, die ihr heute zugänglich sind, ist längst in der Lage, zehn Jahre zu einer nomadisch-asiatischen Konkurrentin wettzumachen.

Prinzessin Anita hat ein Auto, einen Hund und zwei Wohnmöglichkeiten, die sie mit einem Mann teilt, den sie als ihren Freund bezeichnet. Wie ein gemeinsames Leben mit so einem Freund funktioniert, weiß ich nicht, will es auch nicht wissen. Andererseits, daß ich gebunden bin, zu Hause eine Familie habe, stört sie nicht, denn es ist ja nur ein Traum. Und dieser Traum erlaubt uns, daß wir die beiden Königskinder sind und für uns eine Welt in Sicht stellen, in der wir früher oder später selber König und Königin sein möchten.

Anita residiert abwechselnd in beiden Wohnungen, den Freund bekomme ich selten zu sehen und höre meistens, er sei unterwegs. Es sind große, volle Häuser, ein jedes von beiden verfügt über mehr Wohnraum als unsere Stadtwohnung, Landjurte und Reisezelte zusammengenommen. Und die Häuser sind voll-voll! Es sind Tausende von Gegenständen, die je für sich wertvoll und auch nützlich, aber so in der Menge sinn- und wertlos sind. Sie sind ausgestellt und aufgehortet, sind verstaubt und lebensfeindlich, da sie Lebensraum wegnehmen.

Das alles ist nun nicht nur meine Meinung, auch die der Mitbesitzerin der großen und doch längst überfüllten Häuser. Nur hat sie kein Herz, sich von dem überflüssigen Zeug zu trennen. Das heißt, sie würde schon können, denn sie meint, ich soll sie aus der Gefangenschaft der Gläser und Tassen und Teller und Schüsseln und Bestecke und Bretter und Kisten und Kästen und Tische und Stühle und Decken und Röcke und Blusen und Hosen und und und… herausreißen und entführen in ein besseres Land. Ich meine, nirgends gibt es dieses bessere Land. Sie selber soll es aus der Ecke, wo sie gerade steckt, schaffen. Wie nun das? Als Heilübung habe ich ihr verordnet: Jeden Morgen ein Glas zerschlagen, jeden Abend einen Rock zerschneiden!

Wenn sie Angst vor Scherben und Schnipseln hat, dann soll sie das Zeug zur Sammelstelle tragen. Und so sich vom Müll trennen lernen! Aber sie tut es nicht! Auch hört sie nicht auf, von einer Welt zu schwärmen, die besser, heilend und rettend sein soll für ihre leidende Seele.

Meine nomadische Welt? Anders ist sie schon. Aber deswegen muß sie nicht besser sein. Für mich, das entführte Nomadenkind, könnte sie es schon eher sein. Für sie, das Kind der eckigen städtischen Zivilisation, der christlichen europäischen Welt, auch? Ich bezweifle es stark.

Anita hat meine Welt besucht und sich darin wohl gefühlt. Doch auch dies hat nicht viel zu sagen. Als ein mit Dollarscheinen weichgepolsterter, mit elektronischen Hilfen voll ausgerüsteter Gast in warmen, üppigen Monaten nur zu Besuch sein ist anders, als dort das ganze Jahr, viele Jahre lang, von so manchen, lebenswichtigen Quellen abgeschnitten, zu leben.

Sie sieht in meinem Zweifel hin und wieder eine Verneinung von vornherein. Dem ist aber nicht so. Ich möchte ihr und mir, uns beiden also herzlich gern eine Chance geben, in die Traumwelt zu gelangen. Nur weiß ich da allzugut, daß dies sehr viel Selbstüberwindung voraussetzt. Vor allem für sie. Sie muß sich darüber im Klaren sein, daß sie ihre äußere Welt aufgeben, davor aber Ordnung in ihrer inneren Welt schaffen muß. Dies heißt im Klartext, daß die seelische Anita die materialistische besiegen, in diesem Fall, jene nicht bloß zurückstellen, sondern schon abtöten muß. Sie muß und muß und muß. Nicht von Mögen, auch nicht von Sollen, sondern nur von Müssen ist nun die Rede.

Das Glas, das sie jeden Morgen zu zerschlagen, der Rock, den sie jeden Abend zu zerschneiden hat, dies sollte die Vorübung auf dem Wege zu der Traumwelt sein. Dazu hat ihr Mut nicht gereicht, oder sie hat das Gleichnis nicht verstanden. Nun entführe ich sie ihrer Burg und zerschlage damit nicht nur das Glas, zerschneide nicht nur den Rock, nein, ich zerschlage ihre Welt und schneide ihre Wurzeln ab. Ob der Preis, den sie nun auf diese Weise zahlen muß wegen eines Mannes, ihr doch nicht zu hoch erscheint? Sie muß mit sich selbst so im Reinen, seelisch und körperlich so abgehärtet sein, daß sie die Schmerzen des Verlustes überstehen kann.

Auch ich muß mir im Klaren sein darüber, in was für ein Spiel ich mich einlasse. Dumm, zu glauben, meine Welt, die einfacher strukturierte Sippengesellschaft, würde jubelnd hinter mir stehen, wie bei der Aushändigung einer Spende, und die fremde Prinzessin mit offenen Armen aufnehmen. Nein, man würde in ihr einen Eindringling und in mir den Altersdummen, Unzurechnungsfähigen, mehr noch, einen Verräter sehen. Ja, der Verrat an der Ehe in fortgeschrittenem Alter kommt einem Verrat an der Sippe, am Vaterland gleich. So sind die Denkmaßstäbe eben.

Werde ich über so viel Mut verfügen, wegen eines Weibes all die Last auf mich zu nehmen?

Angenommen, wir nehmen das alles in Kauf, tun den schicksalhaften Schritt, dann bleibt immer noch sehr Wichtiges: Wir müssen voreinander bestehen, tagtäglich, und dies viele Jahre lang, die wir hoffentlich noch haben. Wir sind Pflanzen zweier Welten, zwar einer Gattung zugehörig, mit unterschiedlichen Wurzeln, Erfahrungen und Angewohnheiten aber.

Theoretisch ist alles machbar. So könnten auch wir zwei neben- und miteinander wachsen und es auf eine gemeinsame Frucht doch noch bringen. Dies wäre dann ein würdiger Ausklang des Traumes, der kühn angefangen hat und gegen den Fluß der Dinge trotzig fortdauert und eine immer deutlichere Gestalt annimmt. Dann würde unser Leben eine Legende gebären.

Mein bisheriges Leben gleicht einem wahnsinnigen Traum. Wenn mir einer noch vor zehn Jahren erzählt hätte, es würde diesen Verlauf nehmen, den ich auch für mich selber mit Kopfschütteln begleite, ich wäre vor Angst und Scham vergangen. Doch wenn ich mir selber gegenüber ehrlich sein soll, dann muß ich zugeben: Ich habe mein Leben irgendwie in diese Richtung geträumt und bin den Träumen hinterhergelaufen. Bis jetzt sind sie alle so in Erfüllung gegangen, wie ich es in schwindelerregenden hellbunten Visionen vorausgesehen habe.

Immer noch bin ich am Überlegen: Ob ich noch dreister werden darf, so dreist meinetwegen, den Traum, der mein Leben sein soll, auf eine Legende zu lenken?

Anita hat es eigentlich viel leichter als viele andere Menschen. Es gibt im greisen Europa viele, die einsam dastehen, bestenfalls mit einem Hund, und in diesem Hund einen Ersatz sehen möchten, so etwas wie einen Lebensgefährten. Aber ich weiß doch, es ist ein Betrug, so meine ich, ein Fluch des Höchsten, womit es diese bestraft; ja, sie sind verdammt dazu, ihre Liebe an ein Hundevieh zu verschwenden.

Nun, es gibt Streitereien mit Anita. Sie hat Befürchtungen, ob wir nicht, wenn wir neu beginnen, eine Niederlage erleiden würden. Ich sage: Diese Niederlage darf es nicht geben. Wir haben einfach kein Recht, rückfällig zu werden, nachdem wir alle Wege hinter uns abgeschnitten haben. Wir können nur vorwärts gehen. Und da wir beide einen starken Willen haben, so glaube ich, werden wir es schaffen. Wir werden nur vorwärts gehen. Aber ihre Befürchtung lautet, sie werde in der nomadischen Welt immer eine Fremde bleiben. Sie werde ein Baum sein, der von dort hierher überführt und eingepflanzt worden ist. Aber warum sollte sie das nicht bleiben und sein? Ich fände das so in Ordnung! Sie kann auf ihre Art hier leben, sie kann das bleiben, was sie ist. Man braucht ja hin und wieder was Fremdes. Der Altai kann nicht nur aus Eigenem bestehen. Es ist Zeit, daß er endlich auch Fremdes in sich hat. Dadurch kann er nur reicher werden.

Da denke ich an die Mandschu-Prinzessin, die der Kaiser einem mongolischen Fürsten zur Frau zugespielt hat mit dem Auftrag, sie möge den Hof ausspionieren und nach Peking immer Berichte erstatten. Das tat sie aber nicht, das Gegenteil geschah, sie berichtete alles, was sie von Peking erfuhr, hier ihrem Mann und den Mongolen. Das erfuhr der Kaiser nach einigen Jahren und ließ daraufhin seine eigene Tochter schnell vergiften. Aber der Dank ist geblieben, es gibt bis heute einen großen Tempel über ihrer Grabstätte, und die Leute sagen ‹Gündschijn Süm› dazu, das heißt Tempel der Prinzessin. Sie ist zu einer Nationalheldin der Nomadenwelt geworden. Eine schöne Legende, denn Ähnliches könnte auch Anita werden in meinem Altai.

Genug geschwärmt. Aber ich muß dir gestehen, nach diesem Märchen fühle ich mich erweicht und erleichtert. Und du bist nun verblüfft, wie ich sehe, das amüsiert mich. Es sagt meiner Eitelkeit als Dichter zu. Ich sehe, ich hab wieder eine Geschichte erzählt, in der du die Wahrheit nicht von der Dichtung zu trennen weißt. Da ich ein Dichter, also ein Schöpfer bin, der dazu noch in drei Zeiten, in Vergangenheit, Gegenwart und Zukunft leben muß als Bewohner dreier Welten, die mir zur Verfügung stehen, hat man mit mir manchmal seine Schwierigkeiten, ich weiß.

Und wie es sich in diesen Welten leben läßt? Einfacher als du denkst: In Europa wird angegeben und Geld verdient, in Ulaanbaatar wird gearbeitet und im Altai wird gelebt. Wie könnte ich es auch anders bewältigen? Das Leben hat mich herbeibestellt, hat mich so erschaffen und hingestellt.

Du kennst mich und meine gelegentliche Zähflüssigkeit. Die muß von der bedächtigen Trägheit des tief in mir immer noch schlummernden Urnomaden herrühren. Urplötzlich bin ich, wie vom Himmel bestellt, nicht mehr preußisch korrekt und häute mich zu jenem, der an die Vorzeiten erinnert, als wir als Volk noch jung, im Geist noch wach waren. So versuche ich dann jedem Wort hinterherzugehen, es zu belauschen. Zufall ist eines davon. Ihr sagt und benutzt dieses Wort so viel. Wenn wir uns auf der Steppe treffen – das ist Zufall, natürlich. Zufällig habe ich den Alten heute morgen getroffen. Zufällig hat in dem Augenblick jemand angerufen. Aber dabei wissen wir ja, wenn man an jemanden denkt, den man sehr lieb hat, den man vermißt, dann kommt ein Brief von dem oder das Telefon geht los und dieser Mensch steht am anderen Ende. Man weiß es und tut es trotzdem als Zufall ab.

Was ist Zufall? Das ist etwas, was mir zufällt, etwas, was ich verdiene, was für mich bestimmt ist. Ich freue mich, wenn mir Dinge, Menschen zu-fallen. Du bist mir ja auch zugefallen. Erinnerst du dich, wie ich dir einmal schrieb: Daß wir uns treffen mußten, war vorprogrammiert. Nun ist es geschehen, wann auch immer.

Laß mich ausholen. Wir reden vom *sawa,* dem *dshajaan sawa. Sawa* ist Gefäß, Beutel, Sack, *dshajaan* ist das Maß, also zusammen Schicksalsgefäß. *Üren sawasy* ist Fruchtbeutel oder Kindsbeutel, und beide stehen aber auch für Gebärmutter. Jeder kommt im Leben mit einem bestimmten Gefäß an, und dieses Gefäß hat ein bestimmtes Maß. Das entspricht bei euch vielleicht dem, was ihr unter Schicksal versteht. Ich trete ins Leben mit einem mir eigenen Gefäß, und dieses hat verschiedene Augen, wie wir sagen. Ihr würdet sagen Fächer, da ihr Schränke kennt. In dem einen Auge steht geschrieben, wie viele Frauen ich in diesem Leben haben werde: drei. Und in dem nächsten Gefäß steht, wie viele Kinder ich in diesem Leben haben werde: neun. Und wie lange ich leben werde: achtundachtzig Jahre. Dann steht, wie viele Jahre ich glücklich sein werde: fünfzig Jahre ungetrübtes Glück. Und wie viele Jahre ich leiden werde: dreißig Jahre. Und so geht es weiter. In dem Gefäß steht auch drin, sage ich jetzt, wann ich meine Anita zu mir nehme. Nur ob ich sie verdauen werde?

Verdauen ist ein weiteres Grundwort in der Nomadenphilosophie. Da wird stehen: Ich werde sie vielleicht nicht verdauen. Weshalb? wird die einfache Frage sein. Deshalb, weil sie in ihrer europäischen Zivilisation zu tief verwurzelt ist. Weil sie eine große Welt zurückläßt, die ihr immer hinterhergelaufen kommt. Sie besitzt so viel. Will die ach so kostbaren zwanzig Silberbestecke, die antiken Gläser, zehn Tische und mindestens vierzig Stühle nicht vergessen. Alles sind Gegenstände, an die der Mensch sein Herz gehängt hat. Kommt nun so ein Gegenstand zu Schaden, sagen wir ein sogenanntes teures Weinglas oder ein alter Tisch aus dem achtzehnten Jahrhundert, dann bricht ihm das Herz, ja er bricht für die nächste Woche fast wirklich zusammen; er ist so gut wie tot. Aber da er ja nun, sagen wir, noch dreißigtausend andere Gegenstände besitzt, muß er ja schon allein ihretwegen weitermachen, obwohl er sehr stark darunter leidet, daß ein Weinglas kaputtgegangen ist, und dazu noch ein alter Tisch. Und weil ich nun weiß, wie der Europäer in solch einem Fall ist, muß ich sagen, es wird mir sehr schwer fallen, dies zu verdauen.

Warum muß man Dinge verdauen? Verdauen, auf Tuwa *süırer,* ist ein Begriff, der besagt, daß die Dinge bei einem bleiben. Wenn ich Anita als Weib mitnehme, dann werde ich versuchen, sie unterzubringen bei mir. Sie kommt an, kommt bei mir unter, und wenn sie bei mir bleibt, als Teil meines Lebens, und nicht zurückläuft, dann habe ich sie verdaut. Aber wenn sie nach drei Jahren sagt: Ich kann hier nicht weiterleben, ich muß zurück, und sie dann wirklich zurückgeht, dann habe ich sie nicht verdaut. Ich konnte sie nicht an mein Herz binden, es fällt ihr leicht zu gehen, sie ist und bleibt wie ein längst mit der andersheimatlichen Erde verwachsener Fels, für mich unverdaulich.

Wenn uns ein Pferd abhanden kommt, es wahrscheinlich gestohlen wurde, dann sagen wir: «Kein Dieb wird mein Pferd verdauen!» Dazu ist mein Pferd viel zu bekannt und ein jeder würde es wieder erkennen. Also: Dieses Pferd wird von keinem verdaut. Wenn ich dagegen Bargeld verliere, kann dieses jeder verdauen, denn Geld hat keine Markierungen, keine Farbe und Gestalt, da gibt es keine Brandzeichen wie bei Pferden und Schafen, Geld ist namen- und gesichtslos. So kann es jeder verdauen. Es gibt Menschen, die kann man leicht verdauen, nicht gezeichnete, einfache Menschen. Aber dann gibt es schwierige Menschen, die lassen sich nicht verdauen.

Die Vorstellung, daß jeder Mensch mit einem Gefäß geboren wird, ist nomadisch und astrologisch, das ist hier ein- und dasselbe. Die Nomaden haben große Astrologen, und bis jetzt steckt in jedem Nomaden auch ein kleiner Astrologe. Fast alles wird mit astrologischem Wissen getan. So sagst du nicht einfach, morgen werden wir die Lämmer kastrieren, nein! Vorher beobachtest du die Sterne, den Mond und dann überlegst du, wo das geschehen soll. Zehn Tage im voraus gibst du bekannt, an dem und dem Tag werden wir unsere Tiere kastrieren. Oder eine neue Jurte aufstellen, das geschieht nicht einfach an dem Tage, an dem du zu deinem Jurtengerüst kommst. Möglicherweise hat schon ein Jahr zuvor der Zeitpunkt festgelegen.

Die Vorstellung vom Gefäß und daß man Dinge, die einem im Leben begegnen, verdauen muß, laß mich noch weiter ausführen.

Wenn wir nach Bräuten suchen, dann geht es immer um die Sippe. Aus der und der Sippe, das ist meine Traumvorstellung. Aus der Sippe der weißen Irgiten, da hole ich mir eine Braut. So zieht der Vater mit dem Sohn auf Brautschau, von Jurte zu Jurte. Und finden sie ein Mädchen, das in Frage kommt, dann denkt man an den Vater, an die Mutter. Und die ist wichtig, denn die stammt immer von einer fremden Sippe. Er stellt sich vor: Ist die Mutter gut? Könnte ich die verdauen? Wenn ja, dann erst beginnt die Werbung um das Mädchen. Es gibt Sippen, die gar nicht in Frage kommen. Diese eine Sippe von Räubern und Dieben und Lügnern, nein, die nicht.

Vom Nomadischen aus gesehen ist es fast immer so: Wir gehen mit einer Vorahnung an etwas heran und stellen uns dazu noch handfeste Dinge vor, die dann wie selbstverständlich durch das Leben bestätigt werden. Wenn ein Nomade hört, da hat einer eine gute Stellung bekommen, eine, die mit Geld, mit Waren zu tun hat, denn er ist Lagerverwalter im Kreiszentrum geworden, dann wird es notgedrungen aus ihm herausplatzen: «So? Der wird es bestimmt nicht verdauen, der hat ja ein zu geringes Gefäß!» Wenn einige Zeit darauf zu hören ist, er mußte wegen Veruntreuung entlassen werden, dann kommt so etwas heraus wie: «Sein Gefäß hat ja dazu nicht ausgereicht.» Vorsehung? Eignung oder Schicksal? Wir gehen immer von einem Gefäß aus, das ein bestimmtes Maß hat. Eine Redewendung wird das verdeutlichen: Wenn im Gefäß nichts ist, was soll man ausschenken? Wenn im Verstande nichts ist, was soll man sagen? Und von einem dummen, aber hochtrabenden Menschen sagt man *sawasy bitsche, sagyshy ulug* – mit einem kleinen Beutel, aber dennoch großen Gedanken.

Ich will dir nun von meinem Werdegang als Dichter und als Schamanenschüler erzählen und dich so einmal über den Rand meines Gefäßes hineinschauen lassen. Mein Gefäß bestimmte mich zum jüngsten Kind: Schicksalsfügung würdet ihr sagen. Und du weißt, wie ich verwöhnt wurde. Kinder werden sowieso bei uns sehr großzügig behandelt. Wenn es nichts kaputtschlägt oder sonst einen Unsinn macht, dann geht kein erwachsener Mensch an ein Kind heran. Jedes Kind ist eine kleine Welt, die erst wachsen und sich formen muß. So verstehen wir es. Kinder sind ja ein großer Reichtum. Es gibt drei Reichtümer. Ein Sprichwort besagt: Der niedrigste Reichtum, das ist Geld und Vieh. Der Reichtum, der in der Mitte steht, das sind die Kinder. Und der Reichtum, der ganz oben steht, das ist der Geist im Sinne von Wissen.

Ich hatte ja die große Schamanin Pürwü – das ist eine andere Fügung des Schicksals – zur Tante. Sie wird mein Gefäß erkannt haben, denn sie förderte mich bis zuletzt. Wenn sie schamante, machte ich ja als Kleinkind schon mit, und das war meine Vorschule, die des zukünftigen Dichters.

Dichten und Schamanen, wie kommt das zusammen? Zunächst zum Schamanen. Er ist ein Mensch mit feinsten Fühlern, die noch nicht abgeschnitten, noch nicht abgestumpft sind. Diese Fühler haben wir eigentlich alle, nur sind sie nicht mehr in Gebrauch und inzwischen verkümmert. So haben wir sie vergessen. Die heutigen Menschen haben Geräte und sonstige Lebenshilfen, müssen nicht mehr selbst hinhören, hinschauen. Die arbeiten nun für uns. Unsere Fühler sind verkommen, während sie bei den Tieren noch funktionieren. Hunde können zehntausendmal besser riechen als Menschen. Und der Nomade mit seinen Antennen riecht zehnmal besser als ein Europäer. So ist es auch mit dem Gehör. Wenn ich mit Europäern unterwegs bin, fällt mir immer wieder auf, wie schlecht die Leute hören. Ist es doch verständlich, wenn man euer lautes Leben und die Abermillionen Autos, die Tag und Nacht den europäischen Kontinent in jeder Hinsicht zerfahren, mit in Betracht zieht.

Ein Schamane hat von Geburt her stärker arbeitende Fühler. Und wenn er das erst einmal bei sich entdeckt hat, wird diese Fähigkeit weiter gepflegt und kultiviert. Zunächst aber muß er erkranken und dabei verliert er plötzlich den Verstand. Er ißt, trinkt und schläft nicht mehr, wird richtig ver-rückt. Auf dem Höhepunkt fängt er an zu schamanen. Verse kommen – die ersten Schamanengesänge!

Verrückt sein scheint mir bei euch etwas nicht gerade Wünschenswertes. Bei uns ist das ein Gemütszustand, der hoch geschätzt wird, wenn es sich um einen zukünftigen Schamanen handelt, der ja verrückt, ent-rückt, aus dem Gleis des grauen Alltags herausgesprungen sein muß. Denn ihm ist etwas Besseres geschehen. Er rotiert, lebt plötzlich heftiger.

Und in diesen Zustand gerate ich als Dichter auch. Oh, wenn ich nur öfters ver-rückt sein könnte! Das will nur gelingen, wenn ich anfange zu singen, mich heiß singe, mir die Erdenschwere wegsinge. Oder wenn ich Gedichte mache und mich wie ein Schamane hineinschicke in die Worte, die aus mir dann in einer endlosen Kette herausbrechen. Das, was sich ein Dichter nur wünschen kann und was ihm günstigenfalls auch gewährt wird, ist dem Schamanen selbstverständlich, denn ein Schamane wird zum Schamanen zunächst durch die Worte, mit denen er aus sich selbst heraus alles erzeugt und sich so immer von neuem an sich selbst entzündet und in Flammen setzt. Der Schamane wie der Dichter erfindet aus dem Unsichtbaren heraus, erfindet aus dem Stegreif Worte und Melodien und gerät bald in einen Fluß ohne Ende. Die Worte müssen so gewaltig, so voller Ladung sein, so wie ein Sturm über ihn selbst und seine Zuhörer hinweggehen, so daß es alle fortreißt und in die Lüfte hebt. Trance sagt ihr dazu. Die Gewalt der Worte erweckt die innere Welt, die nach außen bricht – endlich.

Zurück zu mir, dem kleinen Schamanen. Komme in die Schule. Da bin ich schon in Übung, Verse zu machen. Habe meine kleinen Geister, die ich herbeirufe und manchmal, so glaube ich, zu Gehilfen zu haben. Dann lerne ich das mongolische Alphabet, das fünfunddreißig Buchstaben hat. Ich kann nun schreiben. Also habe ich gleich fünfunddreißig Hilfsgeister mehr. Und so kann ich Verse machen. Das geht weiter, bis eines Tages das Schicksal es will, daß ich nach Deutschland komme und mich einer völlig fremden Sprache hingeben muß und in dieser Sprache jetzt anfangen muß, die Geister herbeizurufen.

Was ist nun die Aufgabe eines Dichters und die eines Schamanen? Es gibt Menschen, die beides streng voneinander trennen, aber auch solche, die das nicht gerne tun. Einer, der zu den letzteren gehört, war mein deutscher Lehrmeister: Erwin Strittmatter. Er hat seltsamerweise genau das geschrieben, was meine Schamanentante, meine Lehrmeisterin mir zuvor auch einmal gesagt hatte, nämlich – und das findest du in seinem letzten Buch –: «Ich werde immer da sein, in welcher Form auch immer.»

Ich wäre, wenn nicht gerade Dichter, ganz bestimmt Schamane geworden in meiner Jurte, in meinem Ail. Der kleine Schamane mußte gewaltsam aus der Mitte seiner runden Kultur herausgeholt und gewaltsam in die eckige Kultur hineingesteckt werden. Er mußte aufhören, Schamane zu sein. Er mußte Schüler werden und künftig ein kleiner Kommunist.

Aber da ich nun – um ein christliches Wort zu gebrauchen – eine Mission zu erfüllen habe, bin ich als Dichter oder als ein anderer Schamane über die Grenzen hinausgekommen. Bin Schamane der Neuzeit, rage aus unserer Urgesellschaft heraus in andere Welten hinein, die den Keim zur Zerstörung in sich bergen. Ich befruchte mit meiner Urwüchsigkeit die müden Seelen, ich nage mit meinen wilden Zähnen am Stolz einer Zivilisation, die sich auf der Höhe weiß, ich wehe mit meinen Winden den würzigen Geruch der Steppe und der Steine herbei, und mein Salz macht rostig das glänzende Triebwerk der Eitelkeiten. Und alles ist wie im Märchen. Aber je unwahrscheinlicher es klingt, um so wahrhaftiger ist es.

Bin immer noch ein behüteter Mensch als Nomade, bilde ich mir ein. Gehöre zu den Menschen mit Herz, ja bin einer mit *et dshürek,* Fleischherz, oder *han dshürek,* Blutherz, wie wir Tuwa sagen und meinen damit einen, der dem Leiden, der Schwere der Erdexistenz ausgesetzt ist. So nagt auch in mir der Zweifel, selbst in seligen Stunden: Wer bin ich? Habe ich all das wirklich verdient? Kann ich der sein, für den mich die Welt hält? Doch etwas verpflichtet mich, richtet den schlaffen Körper auf, macht jung wie am ersten Tag: Denke ich an mein Volk, das sich die große Ruhe bewahrt hat und wie ein Fels auf der Berghöhe, himmelsnah und doch erdenschwer, allen Wettern ausgesetzt verharrt, werde ich auch wieder so alt wie die Erde, so fest wie der Fels und so zornig wie die Winde, die über die Steppe fegen. Ja, werde zum Fels im Wind: Was kümmert mich euer überfließendes, überbordendes Leben, eure fetten Jahre? Bin vor dem Luxus geschützt. Selbst wenn wehmütige Erinnerungen an Zeiten aufkommen, in denen ich manchmal als devisenloser Kleinnomade der östlichen sozialistischen Welt vor den bunten Büchsen und dem anderen glitzernden Zeug in den Schaufenstern des Westens stand und verständnislos darauf starrte.

Du bist gemünzt auf deine europäische Welt, trägst ihre Kultur in dir. Deine ganzen Sinne, all das unsichtbare Gerät in dir tendiert auf ein Mehr, auf ein Größeres, noch Schöneres. Du würdest gerne im Luxus schwimmen. Bist viel anfälliger als ich. Mir ist ja all das unbekannt. Bei mir regt sich nichts. Ich sehe, das ist schön, und dabei bleibt es. Meine Phantasien reichen nicht weiter. Genauso wird es bei dir mit der Steppe sein, in der freien Natur. Da habe ich nun weitere Kanäle und Wege. Meine Phantasie reicht in die Ebenen hinaus und hört nicht auf zu arbeiten. Du würdest finden: Die Steppe ist ja gewaltig, weit; der Berg ist mächtig hoch, die Gletscher, die Urwälder, die klaren Seen und Flüsse – alles sehr schön. Dann ist es für dich zu Ende. Aber bei mir beginnt da erst alles. Ich atme mit, lebe davon, gehe ein in die Gräser, reite auf dem Wind, zerfalle zu Staub, sprudle mit den Wassern und träume mit den Steinen.

Bei euch ist die große Gefahr: Es wird übertrieben, ihr seid maßlos, bodenlos, grenzenlos. Es ist kein beschauliches, in sich gefestigtes Leben. Wer einmal oben ist, etwas besitzt, will mehr. Und das wird kultiviert, ja wird zum Selbstzweck. Und das Höchste ist: Ich will das haben. Dabei ist jedes Wort gleich betont. Hörst du's? Es klingt steinherzig, sich erhebend über andere und die Welt. *Ich* will. Mir ist, als marschierten die Menschen auf den großen grauen Tag zu, an dem alle als seelische Krüppel dastehen werden. Auch in meiner Heimat. Du kennst die mongolischen Städte, da siehst du unzufriedene Menschen, merkst die Nervosität. Obwohl man diese mit der euren nicht vergleichen kann.

Vor aller Welt Augen sind die Nomaden, wir Tuwa allemal, die Armen, die Besitzlosen, die anspruchslos Umherziehenden. Aus unserer Sicht jedoch nimmt sich das anders aus: Seßhaftigkeit bedeutet zivilisiertes Leben mit all dem schweren Gerät und der Vielzahl der Besitztümer. Besitz aber ist für uns Ballast, ist beschwerlich, ja lästig. Dafür sorgen müssen hieße Lebenszeit mit dem Hüten der Dinge zuzubringen, anstatt mit dem Hüten des Viehs, das unsere Lebensgrundlage ist. Unser Leben bedeutet ein Überleben mit unseren Tieren auf den Weiden und mit unseren Kindern und Alten in den Jurten. Diese vielen Dinge, die ihr habt, anhäuft, hütet, hegt und umhertragt – schau dich nur an, was du alles für die wenigen Wochen, die wir in den Bergen verbringen, mitgeschleppt hast –, sind wie Stolpersteine im Leben.

Nicht, daß es bei uns keine Besitzgierigen gäbe. Barhiraa besaß 20 000 Stück Vieh, hieß es. Der sei nie glücklich gewesen damit. Jeden Tag gab es kranke Tiere, tote Tiere und so viel, viel Arbeit. Schnell mußte ein Tier enthäutet, ein anderes notgeschlachtet werden. Dann fehlte eins, das kommt jeden Tag vor. So war dieser Mensch ständig auf der Suche. Dann gab er seine Herden auf und behielt nur fünfundsiebzig Tiere, wie es ihm das Gesetz vorschrieb. Da meinte er: «Heute bin ich glücklich.» – «Worüber, Herr Barhiraa?» fragte man ihn. «Erstmals habe ich mich sattgegessen, und dabei so richtig dagesessen. Ich habe jetzt Zeit zum Essen. Und erstmals habe ich mich ausgeschlafen. Ich habe keine Angst mehr, etwas zu verlieren.»

Die große Natur macht den Nomaden, diktiert ihm seine Lebensweise.

So muß er sich ständig frei bewegen in seiner Umgebung. Die Bewegung ist wichtig, das allerwichtigste. Alle Nomaden haben eine Behausung: die Jurte. Aber sie ist nur klein und vorübergehend, nur eine Behausung auf Zeit. Die große Behausung, das ist immer der Berg, die Steppe, die Natur draußen. Wir sind Menschen, die nicht unglücklich sind, wenn die kleine Behausung, die Jurte, irgendwie nicht in Ordnung ist. Dagegen sind wir sehr empfindlich, wenn die große Behausung, die Steppe oder das Gebirge nicht in Ordnung ist. Wir fühlen uns eins mit allem, was uns umgibt, und Ruhe und Befriedigung kommen, wenn wir die große Natur in all ihrer Vielfältigkeit um uns haben, betrachten und erkennen. Das ist nomadisch: immer hinschauen, hinhören, die Nase in den Wind stecken, Dinge beriechen, erschmecken. Aber wer ist sich dessen schon bewußt? Alles ist so selbstverständlich. Frühmorgens, aus der Jurte tretend, gilt der erste Blick dem Himmel. Ist der Himmel bewölkt, klar? Dann gleitet der Blick herunter, erdwärts. Wie sind die Horizonte: klar oder dunstig? So wird alles von oben bis unten abgetastet, und wenn man gepinkelt hat, hat man im wesentlichen alles gesehen und weiß, wie der Tag werden wird. Genauso ist es abends.Vor dem Zubettgehen tritt man noch einmal aus und bleibt draußen eine Weile stehen. Und wieder wird der Himmel beobachtet, man lauscht und riecht in die Nacht hinaus und sinnt nach. Und so weiß man, so wird die Nacht, aha! Das ist das Wesen des Nomaden. Und tags, er kann mit anderen Dingen beschäftigt sein und alles überhören und übersehen, aber eines nimmt er immer wahr: alles, was mit dem Himmel zusammenhängt. Schläft er in der Steppe und zieht eine Wolke heran und bedeckt die Sonne, so merkt er es sofort. Wenn große, schwere Vögel vorbeifliegen, selbst in weiter Entfernung, sofort merkt er es. Wenn einer über die Steppe reitet, sofort hört er es. So ist der Mensch in der Steppe, er gleicht einer Antenne und nimmt alles auf. Ist unmittelbar verbunden mit Mutter Erde. Und nur so kann er die heilende Kraft der Erde auch empfangen. Einem Seßhaften ist Erde nichts, vielleicht Dreck, weil da Sand, Boden und Lehm sind. Er würde sich gar nicht so hinhocken, wie wir es jetzt tun. So hat der Seßhafte nie die Möglichkeit, die Welt und überhaupt alles so unmittelbar von der Erde zu empfangen. Ein Seßhafter kann nie eine Antenne sein. Willst du den Himmel und die großen Entfernungen wahrnehmen, so mußt du mit lang ausgestrecktem Körper auf der Steppe liegen. So merken wir, welch kleine, winzige und vergängliche Wesen wir sind, nur ein Teil des Alls. Der Nomade will alles zusammen in sich aufnehmen, Teilstücke liebt er niemals. Der seßhafte Mensch will sich abtrennen, will alles von allem abkapseln, lebt verstückelt, sieht und kennt nur Teilstücke. So kann der Seßhafte das Ich groß heranzüchten. Er will über die Natur herausragen, will selber etwas gelten. Der Nomade will genau das Gegenteil, eingehen ins Ganze, und er ist in dem Augenblick mit sich zufrieden, wenn er sein Ich überwunden hat.

Will dir sagen, was die Steppe für mich ist. Zuerst und vor allem der hohe Himmel. Der Himmel über der Steppe ist der gewaltigste Himmel. Die Steppe selbst ist die Weite. Und Steppe ist immer verbunden mit Wind. Und dann mit Gras und mit Kieselsteinen und mit Hügeln. Das ist alles sehr sinnlich, körperhaft. Ich denke, wenn ich von einer langen Auslandsreise zurückkomme und das erste Gras sehe: Auch ich bin ein Grashalm! Versuche, alles auszuhalten. Auch ich bin den Winden ausgesetzt, den Windstürmen. Ich schwanke und schwanke, und halte doch durch. Aber wie lange? Und du, Bruder Gras, du Grashalm stehst ja immer noch. Und wie lange? Wirst du diesen Winter überdauern? So sind die Fragen. So unterhalte ich mich dauernd mit den Elementen.

An den Staub gerichtet, denke ich: Auch ich bin Staub! Heute bin ich noch fester Körper. Aber ich bin Staub gewesen. Und aus dem Staub ist Leben in mich gekommen. Ich bin geformt worden vom Leben. Und bald werde auch ich wieder zu Staub. Da sind wir gleich. Staubatem, denke ich, das ist ein Teil von mir, der ich nur jetzt in der Gegenwart ein fester Körper bin, kein Staub. Bin nur ein Mensch vielleicht, der sich vor dem Staub ekelt oder der den Staub lästig findet, aber eigentlich bin ich Staub.

Es geht weiter. Ich betrachte diesen einen Kieselstein. Unterhalte mich mit ihm: Irgendwann bist du ein großer Berg gewesen. Dann bist du zerfallen. Und jetzt liegst du in Milliarden Teilen da. Auch ich werde eines Tages zu euch gehören. Ich werde zu Stein, denn ehe ich zu Staub zerfalle, werde ich eine Weile Stein sein.

Und die Berge? Dort auf der Höhe beginnt das Leben des Berges für mich: Großvater Berg, du bist ein lebendiger Körper! Und in einem jeden Stein sehe ich eines deiner Kinder. Da regt sich ein Stein! Und dort sehe ich einen anderen. Sehe, wie dieser rote Stein bewegt worden ist. Ich sehe doch die Spuren! Vielleicht hat dieser Stein fünf Millionen Jahre am selben Ort gelegen? Nun ist er vor fünfzehn Jahren, sagen wir, einmal bewegt worden. Und dazu kommt mir das Sprichwort in den Sinn: Ein Stein, der bewegt worden ist, weint drei Jahre lang. Schau, das ist nur ein Beispiel für eine der unzähligen Bewegungen, für das Leben um uns herum und in uns, das pulsierende Leben in der Steppe, in den Bergen. Und genauso wird es gewesen sein bei dir, ehe du diese Besitztümer hattest. Jetzt sehe ich dich die Dinge vernaschen, hier etwas, da etwas. Du bist ein Luxuswesen, wann wirst du in meiner Steppe ankommen?

Komm, laß uns zum Bach hinunter gehen. Noch sind wir nicht da, und schon kommt bei mir die Neugier: Woher kommst du, Schwesterlein? Dann die Fragen: Wessen Wasser bist du? Welcher Gletscher, welches Eis, welcher Schnee warst du bis gestern, bis heute? Wasser ist ja das Blut der Berge. Und welcher Puls ist es, mit dem du jetzt so hinpulsierst? Bist du ein Arm oder ein Fuß dieses Bergkörpers Altai? Ach, du weißt es schon, Wasser sind immer weiblich, und die gehen jetzt, wenn sie fließen, bald eine Ehe ein hinter den vielen Bergen. Zu wem gehst du als Braut? Die Tochter des Altai fließt als Braut hinaus aus dem Altai. So frage ich, und ich bekomme Antworten.

Bin ich im Wald, so sehe ich gleich, wie ich von einer großen Familie umgeben bin. Da stehen die Eltern, die Großeltern, die Kinder. Die jungen Bäume, die wachsen, die sterben. Auch Leichen von Baumkörpern liegen da, vertrocknete, halb verfaulte. Ich sehe in ihnen gewesene Bäume, gewesenes Leben. Da denke ich an mein eigenes Leben. Ich werde eines Tages auch so ein Baumstamm sein. Der Mensch kommt ja nicht umsonst quer in die Erde. Kommt hier in die Erde und bleibt als ein Baum in der Erde drin. Wir gehen alle den gleichen Weg, sage ich. Was für ein Baum bist du gewesen? Wann bist du gestorben? Aber du hast ja prächtige Kinder. Dieser Wald ist im Wachsen. Aber wenn ich sehe, es liegen nur geschlagene Bäume umher, es ist mehr ein toter

Wald, dann sage ich: «Ach Bruder, es geht ja auch mit dir bergab. Du hast Sorgen, du hast nicht genug Nachwuchs! Da und dort liegen Leichen.»

Bei den Winden denke ich: Ich bin euch immer ausgesetzt. Aber auch ich bin eigentlich Wind. Ich fege über die Leben anderer Menschen hinweg und halte diese frisch. Und zersetze sie auch. Ich bin ein anderer Wind. So sind alle Elemente miteinander verbunden. Kein Element existiert für sich.

Und schließlich denke ich, die Steppe ist meine große Jurte. Durch dich reite oder fahre ich zu meiner kleinen Jurte. Zu dir bin ich gekommen, meine große Jurte. Dich gibt es. Die kleine Jurte wird irgendwann vielleicht aus der Geschichte gehen. Möglich, daß die sogenannte Hochzivilisation unter anderem auch die Jurte einholt und zum Stillstand zwingt. Das wäre das Ende des Nomadentums. Aber die große Jurte, die wird bleiben. Und das ist meine letzte Hoffnung.

Wir gehören in die große Jurte. Und wir sind Menschen mit *et dshürek* und *sug garak*, mit Fleischherz und Wasserauge, das will heißen hilflose Sterbliche, leidende Menschen, die Angst haben und feige sind. *Et dshürek* steht auch für Angst haben und *sug garak* für Weinen, und ist somit stellvertretend für Leiden. Menschen mit *dash dshürek*, mit Steinherzen, sind solche, die überhaupt keine Angst empfinden, die grausam sind, nicht mitfühlen können.

Du hast es gesehen, jeden Morgen wenden wir uns an die Berge, an den Himmel und da heißt es: Ich bin ein *et dshürek-, sug garak*-Mensch, ich bin so ein schwaches, hilfsbedürftiges Wesen, seid gut zu mir, steht mir bei! Mit Wasser meint man vor allem Tränen. Und Tränen stehen für Leiden. Ich bin ein Mensch, der Leiden ausgeliefert ist, laßt mich nicht leiden! Versucht mir beizustehen! Und die Flüssigkeit im Auge nennen wir auch im wörtlichen Sinne Wasser. Wenn ein Auge ausgestochen oder sonstwie verletzt wird, dann läuft das Wasser aus. Wir sagen: *garaktyng suu.* Und wenn ein Mensch im Sterben liegt, dann sagen wir: *Gara suglug durarda baryp hargysch!* – Geh und triff ihn, solange sein Auge Wasser hat! Und quält ein Erwachsener ein Kind oder ein Mann seine Frau, dann heißt es: *Oon garaanyng suun ischbe!* – Trinke nicht sein/ihr Augenwasser! Das ist sehr stark mitfühlend und voller Anteilnahme für den schwächeren Menschen gesagt. Es bedeutet so viel wie: Laßt das Kind nicht weinen! Laßt die Frau nicht in Tränen vergehen!

Besonders, wenn eine Frau gekränkt wurde von ihrem Mann, sagt sie ihm: *Sen meen garaam suun ischding.* – Du hast mein Augenwasser getrunken. Sie meint damit: Hoffentlich hast du deinen Durst gelöscht!

Wie du hörst, ist unsere Sprache sehr bildhaft. Mehr noch, sie ist herzhaft, ist natürlicher Ausdruck unseres Lebens. Ja, wir sind von unseren Wurzeln noch nicht entfernt, wir stehen noch bei unseren Wurzeln, und die Dinge haben noch ihren ursprünglichen Sinn.

Hör mal das Lied:

Der Ruf des Singekuckucks hat
Den krummen Baum getroffen.
Und das Wort, das der einzige gesagt,
Hat mein Fleischherz getroffen.
Des streunenden Kuckucks Ruf
Hat das Baumkind getroffen.
Und des einzigen Freundes Worte
Haben mein Herz mit Fett getroffen.

Das Herz steht hier für die Seele. Aber *dshürek*, Herz, ist auf Tuwa ein zweideutiges Wort. *Dshürek* steht einerseits für Mut, also *dshürektig gishi*, ein beherzter Mensch oder einer mit Herz, ein mutiger Mensch also. Das Herz ist der Wohnort für den Mut und die Angst, was dann keinen Mut haben heißt. Ich habe ein Herz, das nur aus Fleisch besteht, ich bin ein angstvoller, schwacher Mensch. Mut und Angst gehören zusammen, das Grundgefühl ist gleich, nur hast du hier die beiden Extreme.

Man darf kein Hasenherz essen, heißt es bei uns, weil man davon ängstlich wird. Die Eltern haben immer gesagt, ich soll kein Hasenherz essen. Aber weil es so schön weich und so schön mager war, da habe ich immer davon gegessen. Bin ich nun ängstlich? Aber andererseits gibt Herz auch Kraft. Früher soll man, wenn man im Zweikampf einen Recken überwunden hatte, ihn getötet und aus seiner Herztasche eine Handvoll warmes Blut getrunken haben. Das, um sich seinen Mut einzuverleiben, aber auch aus Achtung vor dem besiegten Feind.

Dshürek steht schlechthin für das Leben, für das beendete Leben vom Mann, wenn er im Kampf gefallen ist, und für das geschlachtete Tier, das man aus dem Leben gerissen hat. Wenn man einen Hammel schlachtet, dann nimmt man das Herz nach dem Kochen und bringt es als Opfer dar auf der höchsten Stelle gegenüber der Tür, im *dör.* Dieses Herz bleibt eine Nacht lang dort. Man darf es bis zum nächsten Morgen nicht berühren. Erst wenn die Nacht vorbei ist, darf man das Herz essen. Dann wird es aufgeteilt und alle essen davon, vor allem die Kinder.

Zum Herzen sagen wir auch *ala dshürek*, geschecktes Herz, also mit Fleisch und Fett versehenes Herz. Damit meinen wir aus dem tiefsten Herzen. Und dann sagen wir *bora dshürek,* braunes Herz. Damit will gesagt sein: im Innersten seines Wesens. Dann sagen wir auch, wenn es um den Glauben geht, *hara dshürek*, schwarzes Herz. Wir sagen: Meinen Glauben will ich keinem Menschen anvertrauen, ich möchte vermittels keines anderen Menschen im Himmel ankommen, ich vertrete mich selber, und das mache ich durch mein *hara dshürek,* mein schwarzes Herz, und damit ist gemeint mit der tiefsten Tiefe meines Herzens. Das bedeutet: alles selber empfinden. Ja, selbst Erkenntnisse gewinnen, vielleicht auch durch festen Glauben an sich selbst. Nur durch mich selbst hindurch. Der Glaube gilt nur, wenn ich es aus mir heraus zustandebringe. Das ist mit *hara dshürek* gemeint. Herz hat noch die Urbedeutung, es klingt das Pochen des Herzschlags mit, wenn du das Wort aussprichst, du siehst das strömende Blut und die Maserung des Fettgewebes. Das ist eigentlich bei allen Begriffen so, die den menschlichen Körper betreffen. Merkst du, daß das zutiefst schamanisch ist? Buddhismus ist als Lebensphilosophie annehmbar, aber die Institution und die Mönche haben uns Tuwa nie imponiert.

Wieder siehst du, das Wort gilt. Die herzlich unumwundene Sprache steht für die herzlich unumwundene Art der Menschen miteinander. Wir haben keine Scheu vor dem Körperlichen. Der Mensch, so wie er ist, mit seinen kleinen Schwächen und Unzulänglichkeiten, Gebrechen und Leiden, mit seinen Unvollkommenheiten, das macht ihn ja gerade so liebenswert. Dieser Mensch stellt sich nicht über die Schöpfung, und er sieht die Schöpfung auch nicht als endgültig abgeschlossen. Er steht mitten drin im Werden und Vergehen, weiß um die Endlichkeit des

Seins, weiß um die kurze Zeit des Erdenlebens, weiß auch, daß die Natur so vollkommen ist, daß sie keiner Verbesserung, keiner Vervollkommnung mehr bedarf. Der Mensch muß sich in der geringen Zeit, die er hat, einfügen.

Die Sprache ist der Spiegel der Lebenswelt. Wir sagen: Der Mensch verkommt zuerst in der Sprache, dann in der Lebensweise. Weinen ist bei uns keine Schande, gehört zum vollen Leben dazu. Wie wörtlich wir das Weinen nehmen, soll die Redewendung zeigen, die man bei Feierlichkeiten hin und wieder hört. Man sagt, wenn man ein Fest verläßt und den Leuten noch ein gutes Fest weiterhin wünscht: Singt weiter, weint weiter! Da die beiden Wörter *yglaar* und *yrlaar* lautlich sehr ähnlich klingen, kommen sie vielleicht in der Dichtung immer zusammen. Also beim Weinen, glaube ich, schämt sich bei uns keiner vor dem anderen, weil das als etwas Natürliches angesehen wird. Im Gegenteil, von Leuten, die nie weinen, spricht man nicht gut: hartherzige Menschen müssen das sein!

Mir ist manchmal danach in die Steppe hinauszurennen, um mich dort auszuweinen. In jeder Familie gibt es ja wahrscheinlich Meinungsverschiedenheiten. Diese kleinen Streitigkeiten halte ich für schwerwiegender in ihren Auswirkungen als die viel selteneren, großen Explosionen, wie zum Beispiel eine mögliche Schlägerei. So etwas wäre natürlich sehr häßlich, aber das ist vielleicht nicht so schwer verletzend wie die ständigen kleinen Bemerkungen und unfreundlichen Gesten. Ich nehme so eine unfreundliche Geste, so eine böswillige Bemerkung wie einen Stein auf, der mir zugeworfen wird. Und in dem Augenblick sehe ich in mir immer einen Hund, der öfters geschlagen wird und daher schon gar nicht mehr jault und winselt, sondern stillhält und nur geduckt dahockt und bei jedem Steinwort, das auf ihn zufliegt und ihn trifft, nur zusammenzuckt. Ich habe die Erfahrung gemacht, daß man in solchen Fällen kein Steinwort zurückwerfen darf. Tut man dies, dann kommen die nächsten Steine, und am Ende steht man unter einem Hagel von Steinworten. Ich bleibe still, sage nichts dazu, aber obwohl meine Augen ganz trocken bleiben, weine ich innerlich ätzend bittere Tränen. Und ich will einfach losrennen und mich draußen ausweinen. Mit der Zeit spürt man in sich so eine schwere Menge von Tränen, die man loswerden müßte.

Ich glaube, in jeder Familie ist so etwas mit drin. Und in jedem Menschen sitzt so eine Menge ungeweinter Tränen, die von Zeit zu Zeit ausgeweint werden möchten.

Dazu ein Sprichwort: Den Lachenden frage immer, den Weinenden nie. Dann heißt es auch: So groß das Leid auch sein mag, weine niemals im Bett liegend. So groß die Freude auch sein mag, singe niemals im Bett liegend. Dies soll in eure Sprache übersetzt heißen: Bleib bei Leid tapfer, laß dich nie knicken; bleib bei Freude wach, werde nicht übermütig! Der tiefere Sinn des Sprichwortes ist aber wohl: Vergiß nie, daß du ein Mensch, Wasserauge und Fleischherz eben, bist!

Für mich sind Geister wirkliche Kräfte. Wollte ich wissenschaftlich sein, so müßte ich von Schwingungen reden. Sie sind für mich auch Lichter, etwas Kraftauslösendes. Ich kann sie nicht fassen, kann sie aber alleweil fühlen. In dem Augenblick, in dem ich auf einem Berg sitze, da bin ich ein Stein, ich ruhe. In dem Augenblick, wie ich über die Steppe gehe, da bin ich ein Stück Wiese, ich wachse. In dem Augenblick, in dem ich durch einen Fluß komme, da bin ich Wasser, ich fließe. In dem Augenblick, wenn ich im Wald liege, bin ich Baum, ich rausche. Und diese Fähigkeit, mich zu verwandeln, geschieht dank der Geister. Ich kann die Kräfte wirklich fühlen, dafür aber muß ich den Quellen nah sein, in der Steppe liegen und in den Himmel hinaufschauen. Es ist, als würde durch mich hindurch Wind wehen und ich würde bis in alle Ecken und Enden meines Körpers davon erfaßt. Ein gewisses Etwas fließt also durch mich hindurch, und in dem Augenblick fühle ich mich körperlich ausgeruht und seelisch gereinigt. All die kleinen Ärgernisse des Alltags vergehen, und ich werde wieder zum Ich, zu dem, was ich einst gewesen bin. Wenn ich längere Zeit in der Stadt gelebt habe oder durch die Länder haste, von Tag zu Tag, ständig unter Druck, dann fühle ich in mir drückenden Ballast in alle Richtungen hin, komme mir vollgestopft vor. Das ist ermüdend, ja erstickend, und wenn ich jetzt in meine Steppe zurückkomme und mich dort ausstrecke und ruhe, neben mir das Pferd, über mir der Himmel und unter mir die Erde, da werde ich wieder das sein, was ich gewesen bin: Ich, nur ich, so wie Regenwasser nur Wasser, Höhenluft nur Luft, durchsiebt und entschlackt.

Nun, es hilft auch, wenn ich hier in Europa auf die Berge steige. Nur ist hier die Wiese anders, mehr Schlamm als grasbewachsene Erde, auf diese kann ich mich nicht hinlegen wie zu Hause. Es gibt dennoch einige Stellen, wo man sich hinsetzen kann. Und dann fühlt man sich um einiges erleichert. Da erfühle ich dankbar die haltbietende Erdmutter.

Die Erde kann man nicht aufteilen. Es gibt nicht deine Erde, meine Erde, es ist unsere Erde. Dieser Erdteil, der gerade mal Deutschland heißt, der ist nur ein anderer Fleck des Körpers unserer gemeinsamen Mutter, es ist vielleicht die rechte Zehe. Mein Altai ist dann der linke Daumen. So könnte man die Einzelteile benennen und voneinander unterscheiden. Aber alles zusammen ist der große lebende Körper, den man nicht teilen kann, wollte man ihn nicht töten. So ist es auch mit dem Himmel. Er ist unser aller Vater. Die Wolken, die heute über Europa schweben, werden in wenigen Tagen über meinem Altai stehen. Also kein nur-deutscher, kein rein-mongolischer Himmel, er ist unser aller Vater. Daher schmerzt es mich an der Seele, wenn ich Himmel und Erde, die mich angeblich nichts angehen sollen, weil davor Grenzzäune stehen, herzlos behandelt sehe.

Wie ihren großen Vater, unser aller Himmel, und wie ihre große Mutter, unser aller Erde, behandeln heutige Menschen manchmal auch ihre eigenen alten, gebrechlichen Väter und Mütter: stecken sie ins Altersheim, während sie ihre rostigen Autos oder antiken Möbelstücke putzen und pflegen. Aber auch sich selber vergessen sie oft. Sie stehen unter Zwang, meinen, sie müssen sich dieses und jenes anschaffen, Dinge aufhorten, mit Erfolg glänzen. Sich selber als Menschen, für die das Leben ein Recht ist, vergessen sie darüber.

Ihr habt Städte, Straßen, Kirchen, Museen. Europa ist eine einzige Stadt, ein einziges Museum – kommt mir manchmal vor. Und eine einzige, gewaltige Insel, vollgestellt mit Kirchen! Aber habt ihr euern Gott nicht in diese spitzen Käfige mit den lärmenden Glocken eingesperrt? Unser Gott ist das ganze All, und wir halten ihn frei. Da er frei ist, schwebt er auch über der ganzen Erde, erfüllt den ganzen Raum. Wenn wir jetzt von etwas Heiligem reden, dann ist das ganz konkret. Mein Heiligkeitsgefühl beginnt bei mir selbst. Also habe ich, da ich ein Teil dieses heiligen Großen bin, niemals das Recht, durch mich hindurch etwas Böses oder Schmutziges fließen zu lassen, ich habe nicht das Recht, in mir, in diesem winzigen Teil des heiligen Großen, Unwürdiges geschehen zu lassen. So versuche ich immer, mich selbst rein zu erhalten. Denn erst dann, wenn ich rein bin, wird auch das Universum rein sein können.

Bei den Christen scheint es folgendermaßen zu sein. Sie teilen: Hier ist Gott, und der ist dem Menschen fern; und dort ist der einfache Mensch, der nicht gottgleich sein darf. Diese Zweiteilung schafft halt den Gegensatz Gott und Mensch, und das ist für mich schwer zu begreifen. Der Tuwa fühlt sich als ein Teil des Göttlichen, des Ganzen. Er hat niemals das Recht, dieses heilige Ganze zu teilen.

Der weiße Mensch ist schlau. Ich sehe, du willst mich so überrumpeln. Warum willst du mir jetzt aufzwingen, warum soll ich sagen: «Ich fühle mich als Teil des Ganzen, also bin ich das Ganze»? Wenn du so einen Gedankengang hast, dann ist es deine Sache. Du kannst gern glauben, du hättest mich mit deiner Logik nun in die Ecke getrieben. Wenn du solches brauchst, dann tu es nur. Ein jeder steht hierzulande unter Erfolgszwang, ich verstehe. Andererseits bin ich ein Mensch, habe also mein Recht auf Widersprüche, auf Fehler. Wir trennen uns von dem Ganzen nicht ab, wir empfinden uns immer wie ein Zipfel von diesem Großen. Wenn wir Teil sagen, meine ich dahinter keine Schere, kein Messer, das etwas abtrennt. Ich denke an ein Stück, einen Flecken, einen Zipfel. So ist unsere Logik.

Unser Weltbild ist rund. Und der Nomade ist ein Mensch, der sehr viel Zeit und den Hang hat, zu philosophieren. Meine neueste Theorie, an der ich noch schleife, betrifft die runde und die eckige Kultur. Unsere Vorstellung von der Galaxis, vom All, von der Erde ist immer rund. Wir sind bestrebt, uns rund zu bewegen. Also ist das Zackige und Eckige etwas, das wir zu vermeiden suchen. So auch wenn wir auf etwas hindeuten, dann zielen wir niemals mit dem ausgestreckten Zeigefinger auf die Sache. Die Handfläche muß nach oben liegen und die Finger müssen leicht gekrümmt sein. Dies aus einem einfachen Grund: Weil wir meinen, in jedem Körper stecken gewisse Kräfte. Wenn ich jetzt mit dem spitzen Zeigefinger hindeute, besonders in diesem Augenblick, wo ich mein Hirn so anstrengen, mich mit meinem Wind und meiner Hitze in eine Richtung begeben muß, kann es ja passieren, daß mein Kraftstrom mein Gegenüber zu stark treffen und so ihm schaden könnte. Alle unsere Körperteile, alle Organe sind rund. Rund sind die Blutkörper, ob weiß, ob rot. Nehmen wir uns selber. Wir sind alle runde Menschen. Rundköpfige, rundäugige, rundschultrige, rundgesäßige, rundbrüstige, rundherzige und rundnierige. Rund ist die Urform des Lebens. So viel Zeit seit Anfang des Lebens auch vergangen sein mag, etwas Spitzes ist daraus nicht hervorgegangen.

Aber dann ist eine Zeit gekommen, daß die runde Kultur ihren Platz der eckigen Kultur abtreten mußte. Dies ist geschehen in dem Augenblick, als die Städte zu wachsen anfingen. Diese konnten die runde Kultur nicht gebrauchen. Die benötigten schon die Ecken und Kanten, die Linien. Wenn ich eckig und rund sage, dann meine ich damit nicht asiatisch und europäisch. Auch bei uns in der Mongolei existieren diese beiden Kulturformen. Also die Stadt wird eckig angelegt, die Ackerfelder werden eckig gezogen, Häuser werden eckig gebaut. Wenn du dich hier umschaust, ist das meiste eckig. So spitze Ecken sind immer Demonstration der Gewalt nach außen, in welcher Form auch immer. Ecken stehen für die Macht. Wenn ich jetzt durch deine Welt reise und mich so mit verschiedenen Leuten unterhalte, dann stoße ich nicht nur auf wohlwollendes, ermunterndes Verständnis. Hin und wieder regen sich Gegenkräfte, und ich stoße auf Mißverständnisse. Wenn ich mich jedem gegenüber friedlich, also durch und durch rund zeige, dann glauben manche, daß in dieser meiner Rundheit Schwäche liegen muß. Aber wir nehmen an, die Kugel, die angeflogen kommt, trifft und tötet, die Bombe, die fällt, explodiert und zerstört, der weiche Wassertropfen, der gefrierend und siedend sein Gefäß sprengt, sind alle rund. Also sehen wir, daß auch das Runde seine Kraft hat und daß diese im Unterschied zum Eckigen in sich ruht.

Laß mich noch ein anderes Bild zeichnen. Anhand von Gläsern kann ich es dir verständlich machen, was es damit auf sich hat. Wenn du vier Kognakschwenker in einen Karton verpackst, dann findest du in der Mitte so einen freien Platz. Die europäische Architektur bezeichnet diesen als den toten Raum. Aber für uns ist das gerade der Lebensraum, weil das der Freiraum ist. Wie das nun mit viereckigen Gläsern ist, willst du jetzt wissen? Die gehen gut rein. Aber lassen wir es dabei.

Du merkst, mein Weltbild ist schlicht. Wenn ich mein sage, so meine ich damit die Nomadenwelt im allgemeinen und mein altgewordenes Volk der Tuwa, das wahrscheinlich aus der Geschichte gehen wird. Aber dennoch ist es sonderbar: Bislang war das große Weltohr taub, das große Weltauge blind, uns Nomaden gab es nicht. Nun sehe ich, allmählich hört man uns, schaut auf uns. Und ich sage heute, es wird nicht lange dauern und wir werden, ob wir das wollen oder nicht, zusammenkommen: Wir müssen das einfach. Unsere beiden Kulturen müssen einfach zusammenfließen und einander ergänzen.

Es wird letztlich der seelische Notstand sein, der euch in die Knie zwingen wird. In der Hochzivilisation der Neuzeit sind alle Lebewesen neurotisch geworden. Du kannst bei den Bäumen anfangen. Wir haben uns Wälder angeschaut, da sind neurotische Bäume. Die sind wurzelschwach. Nur ein kleiner Sturmwind, und wieviele Bäume stürzten um! Wen erstaunt das noch? Die haben keine festen Wurzeln. Mutter Erde hat diese Bäume nicht aus sich heraus geboren. Der Mensch hat sie ihr aufgezwungen. Mit dem Gras ist es ähnlich. Europa hat längst keine Wiesen mehr. Das, was so ein bißchen grün schimmert und wo Gras wächst, ist doch keine Wiese.

Die Erde wird kahl und fahl. Du darfst nicht mal darauf treten, sinkst ein.

Nimm die Pferde, den Stolz derer, die sich als Bessergestellte erhaben fühlen. Als Stalltiere sind sie längst neurotisch. Sie sind es, weil ihnen die Bewegung fehlt. In einem jeden Pferd wohnt viel Kraft, die will und muß herausdringen. Nur kann dies nicht geschehen, da sich das arme Tier nicht mehr bewegen darf. Also wird es krankhaft nervös.

So sind auch die Kinder. Weil ihnen die Bewegung fehlt, weil sie eingesperrt sind, äußerlich wie innerlich, sind sie neurotisch, werden zerstörerisch. Schon im Säuglingsalter werden sie ständig unterhalten, von den Müttern, von den Babysittern. Denn man glaubt, Kinder müßten unterhalten werden. Für uns sind Kinder Wesen, die frei von selbst wachsen müssen. Daß ein Kind stolpert, hinstürzt, sich wehtut und schmutzig macht, weint und zwischendurch ein wenig Hunger und Durst spürt, gehört einfach dazu. Es soll die Welt, das Leben kennenlernen, eigene Erfahrungen sammeln und wachsen, körperlich wie auch geistig und seelisch. Aber das dürfen die Wohlstandskinder längst nicht mehr, sind der Gewalt der eigenen Eltern und der Babysitter ausgeliefert. Jedes Kind ist ja eine Art Pflanze, die wachsen und dafür freien Lauf haben muß. «Bitte, laß die Pflanze der weißen Milch frei wachsen!» möchte ich so manches Mal die Wohlstandfrau anflehen. Allein diese ist so verliebt in ihre Schöpfung, das Kind, und macht daraus lieber einen Gefangenen, und dies ihrer eignen kleinen Eitelkeit halber.

Laß mich bitte an dieser Stelle zu den Hunden etwas sagen. Der Hund als Allegorie: Hier hast du einen Hund! Das sei dein Kind! Den hast du verdient! Darum behandeln viele Männer, viele Frauen zudem das Hundevieh anstelle eines Kindes so stolz. Die fetten Stadthunde haben längst aufgehört, zu fressen: die essen. Die haben aufgehört, zu krepieren: die sterben. Und so oft, wie die Stadtwelt Hunde hat, gibt es dann auch den bejammernswerten Tod. Daß manch ein Hund hierzulande fünf, sechs Betten hat, finde ich nicht nur übertrieben, sondern auch unverschämt. Damit beleidigt der dummstolze Hundebesitzer Heerscharen von Kindern, die kein eignes Bett haben.

Du kannst das alles vom Verstand her gut nachvollziehen, du pflichtest mir immer bei, und doch läuft bei dir alles anders. Du bist mein Abendland. Ich bin dein Nomade. Unser Grundwiderspruch liegt, glaube ich, in unserer Abstammung, unseren Wurzeln. Ich bin nomadisch, asiatisch, und du bist europäisch, intellektuell. Du bist bürgerlich-elitär. Und ich bin obendrein sozialistisch-proletarisch angehaucht. Und bei mir sind es die Nomadenwelt und das Schamanentum, sie lodern in mir, stellen die Luft dar, die ich als Individuum atme. Du hast dir darüber auch eine Menge Wissen angeeignet zwar, aber weder der Wind der Bergsteppe noch der Gesang des Schamanen bestimmt deine Pulsschläge.

Weißt du, wie es mir bei meinem ersten Besuch im Westen erging? Ich will es dir erzählen, dann wirst du mich vielleicht ein wenig besser verstehen. Das war 1990, kurz nach dem Mauerfall. Eigentlich war ich auf deine Welt vorbereitet. Hatte gelesen, gehört, ferngesehen, hatte auch schon so manchen Westkontakt. Dennoch war ich einer direkten Begegnung mit deiner Welt nicht gewachsen. Ich war mit Frau und Tochter zusammen und wir besuchten Coburg. Damals standen hier und da die Grenzzäune noch. Derjenige, der uns mitnahm, meinte: «Vielleicht haben wir Glück, versuchen wir's!» Dann hieß es: «Wir sind im Westen!» Da kamen mir selbst die Wiesen grüner vor. Ja! Mich hat es am meisten beeindruckt, daß die Wege zwischen den Feldern asphaltiert waren. «Mensch, das gibt es doch nicht!» meinte ich. Ja, ja, das gibt es, und es gibt noch viel mehr, kommentierte der Freund, du wirst jetzt gleich alles sehen!

Dann waren wir in Coburg und haben uns die Stadt angeschaut und gingen anschließend in ein Warenhaus. Ich wollte mir ein kariertes Hemd kaufen. Zu einem Verkäufer sagte ich: «Entschuldigen Sie!» – das sagte man immer in der DDR, wenn man in so einem Laden stand. Der Verkäufer darauf: «Wofür?» Da war ich sprachlos. Ich sagte dann, daß ich ein Hemd kaufen wollte. War ganz klein, wollte vor lauter Freundlichkeit vergehen. «Ja, natürlich. Welche Größe haben Sie? Hier können Sie wählen.» Schon das erste Hemd gefiel mir. Ja, ich nehme das, meinte ich. Nein, nein, wir haben ja noch viel mehr hier. In der Tat, Hunderte von Hemden, und dort drüben noch mehr. Und er gibt mir nicht mein Hemd, der Hund. Er will mir immer neue zeigen. Ich werde so unsicher. Dann spüre ich so einen Schweißausbruch kommen. Nein, meine ich, dieses Hemd gefällt mir, das nehme ich. Und immer noch will er mir das Hemd nicht geben. Indes fühle ich mich wie vor einer Lawine, die auf mich zukommt. Plötzlich sehe ich, da türmt sich ein Meer von Waren auf. Solches waren wir nicht gewohnt. Da gab es vielleicht drei Hemden oder bestenfalls zehn. Oder es gab nur eine Farbe. Nun bekam ich doch mein Hemd. Und zu Frau und Tochter sagte ich: «Ich gehe raus, ihr könnt hier alleine einkaufen.» Da merkte ich, daß die Frau in einem ähnlichen Zustand war. Die Tochter kam schon besser damit zurecht, die hatte schon zwei Jahre in Deutschland gelebt.

Das war nun wie ein Gang durch die Hölle. Seitdem bin ich nie mehr in einem Kaufhaus gewesen. Einkäufe machen die Tochter oder die Bekannten.

Auch zu Hause kaufe ich nicht gerne ein. Wenn es sein muß, gehe ich hin und wieder irgendwo rein, aber die mongolischen Verkäuferinnen sind derart unfreundlich, und dann komme ich mir wie selbstentwürdigt vor. Ich frage mich, wer bin ich und weshalb mißhandeln mich diese Personen, wenn ich solche Erniedrigungen immer am eigenen Leib spüre. Du wirst das selbst erlebt haben, in einem mongolischen Kaufhaus einzukaufen ist ja so etwas Beleidigendes. Du mußt dich klein und niedrig zeigen wie der letzte Dreck. Mußt dreimal sagen, was du möchtest und dich dazu entschuldigen: «Guten Tag, entschuldigen Sie! – Bitte Genossin, entschuldigen Sie! – Darf ich Sie mal stören?» Die steht da und redet vielleicht mit einem Bekannten, die erzählen sich irgendwelchen Klatsch. Du mußt lange warten, kannst dann noch einmal Entschuldigung sagen, bis sie endlich kommt: «Ich möchte gerne so ein Hemd kaufen.» – «Welche Größe?» – «Neununddreißig.» Und die klatscht dir etwas auf den Ladentisch. «Wieviel kostet das?» Und sie herrscht dich an: «An der Kasse zahlen.» Und du stellst dich nochmal an, diesmal an der Kasse. Es kann dort eine lange Schlange sein, das kann dauern, zehn, zwanzig Minuten. Und dort an der Kasse bekommst du einen Bon. Und mit diesem kommst du dann noch einmal zu jener Frau. «Was wollen Sie?» – «Ich hatte das Hemd dort gekauft.» Die guckt dich nicht an, nimmt es hervor und klatscht es dir hin. Das ist Einkaufen in der Mongolei. Dennoch werden mich keine zehn Pferde in ein eurpäisches Kaufhaus mehr bekommen. Was sagt denn da der Nomade? Ein Höllentier fühlt sich in der Hölle wohl!

In der DDR war das gut, da habe ich gerne eingekauft. Da war ich als junger Mensch gut hineingekommen, war bald ein Teil dieser Gesellschaft. Jetzt diese andere Welt, ich werde schnell nervös und unsicher. Ich fange regelrecht an zu zittern. Für uns waren die DDR-Verkäuferinnen einfach der Inbegriff der Freundlichkeit. Zuhause haben wir dann erzählt, wie freundlich man dort wäre, alle Menschen, auch die in den Geschäften, die lachten sogar.

Weshalb lacht man? Dann fand ich es recht bald heraus, was es damit auf sich hatte. Es ist nur eine Maske. Ich habe mir das Lächeln bis jetzt nicht angewöhnt, ganz bewußt. Ich bleibe lieber so, wie ich bin. Ich sage ja selbst jetzt auch nicht so ohneweiteres Dankeschön. In ganz vornehmen Familien, bei diesen Bankiers, den Generalsekretären oder Präsidenten, da muß man das mitmachen.

Während jeder Lesereise durch Europa lerne ich eine Handvoll Leute kennen. Und es ist als Endsumme schon ein gutes Stück Westen. Mir gefällt es: Deutschland an allen seinen Enden und Ecken anzufassen. Aber es ist eine Rolle, die ich hier spiele, in die ich hineingedrängt werde. So eine Dichterlesereise erweckt eine ganz bestimmte Erwartung. Spielen muß ich vor den Leuten. Das, was ich während einer solchen Lesereise bin, bin nicht ich, oder es ist bestenfalls nur ein Teil von mir. Ich mache mir keine Illusionen und bin mir bewußt, daß die Menschen, die nach einer Lesung begeistert auf mich zukommen, mich nicht eigentlich kennen und nur von dem ersten Eindruck von mir getragen werden. Was sie meinen, ist nur ein Teil von mir, und zwar derjenige, den der zivilisierte Westen am besten gebrauchen kann. Ich stelle mich heraus für die Menschen. Und aus diesem Grund muß ich immer viel reden. Ich bin ja von Natur aus ein schweigsamer, stiller Mensch; zu Hause höre ich gerne zu. Aber in diesen Tagen, in diesen Wochen und Monaten, wenn ich auf Lesereise bin, muß ich ständig reden, reden, reden. Das gefällt mir nicht, aber ich muß es einfach tun. Ich habe mich gestern über mich selbst gewundert. Eineinhalb Stunden lang habe ich ohne Pause erzählt, als wäre das nichts. Ich könnte mir schon eine gute drei geben als Zensur. Wenn ich jetzt schweigen würde, dann wäre ja alles aus. Dann gäbe es keine Lesereise, dann gäbe es diese Gespräche nicht, die die Menschen brauchen.

Die Gespräche haben in dieser europäischen Welt andere Gegenstände als sie bei uns haben würden. Bei uns redet man viel vom Vieh, sehr viel von den Kindern. Und dann ist da der Himmel, die Erde, die Sonne, der Mond, und die kommen in unseren Gesprächen immer wieder vor. Die Sterne spielen eine wichtige Rolle. Die Winde sind in diesen Gesprächen ständig zu Hause. Der Sonnenstrahl, der Regen, der Schnee, die Steppe. Derartiger Gesprächsstoff fehlt in der europäischen Welt vollkommen. Wovon redet man? Da sind Hunde, Autos, Häuser. Da ist das Geld, das große Gesprächsthema. Peinlich und unverständlich für uns.

Was mich in europäischen Welten sehr stört, ist, daß die Menschen so verschlossen und einsam sind. In einem Eisenbahnabteil sitzen fünf, sechs Leute und schauen aneinander vorbei. Jeder negiert den anderen mit dem Blick, keiner will von dem anderen etwas wissen. Ich versuche, diese eiserne Ordnung, die eigentlich eine Unordnung ist, sogleich immer zu durchbrechen. Und es gelingt mir meistens. Ich brauche die Leute nur anzusprechen und darauf etwas von mir aus zu erzählen, und schon bricht das Eis. Das ist wahrscheinlich eine angeborene nomadische Fähigkeit. Also stecke ich Leute mit meiner Unmittelbarkeit und meiner unverschämten Freundlichkeit, ja mit meiner unerwünschten Brüderlichkeit an. Und das funktioniert. Dann gibt es wahrscheinlich auch einen anderen Grund. Die Menschen sind im Grunde ihres Herzens einsam und haben nicht die Möglichkeit, sich mit ihren Artgenossen auszutauschen, weil es sich angeblich nicht gehört. Aber ich bin ja, wie man sieht, ein Fremder, und mit einem Fremden können sich die Leute viel leichter unterhalten als mit einem Einheimischen. Also erfahre ich in kürzester Zeit viel über die ängstlich-vorsichtigen Menschen und ihre Welt im Glanze des Wohlstands.

Schnell werden Lebensgeschichten erzählt. Hier kann ich eine kleine Kostprobe davon geben, das, was ich gerade in der letzten Woche auf dem Bahnhof in Augsburg zwischen Zug und Auto erfahren konnte. Von Stuttgart kommend, wurde ich von einem Mann abgeholt, der einen großen schwarzen Hund mit sich führte. So einen hatte ich noch nie gesehen, er war groß und zottig wie ein dreijähriges Yak und wedelte ständig mit dem Schwanz, und dieser traf mich hart wie ein Polizeistock. Und ich bemerkte: «Der Hund ist ja riesig!» – «Ja, nicht wahr?» pflichtete er mir bei und fuhr darauf gleich fort: «mein einziger Freund und Mitbewohner. Ich wohne in einem Schloß, leider so einsam. Habe in diesem Schloß zehn Jahre meines Lebens verbracht, und jetzt habe ich vor, trotz meiner dreiundfünfzig Jahre wieder zu heiraten. Ich werde eine Marokkanerin ins Land holen, ein Kind aus einem guten Haus.» Dann bittet er mich, zum Ende des Jahres wenigstens einen Neujahrsgruß zu schicken, um ihnen zum Neubeginn zu gratulieren. Darauf gibt er mir seine Visitenkarte.

Bei den Tuwa wird eine einzige Sache nicht geschenkt. Willst du mir eine Nähnadel geben, legst du dazu einen Grashalm. Also möchte ich eine weitere Geschichte hinzufügen, die ist allerdings etwas länger.

Eine Elisabeth B. kam vor ein paar Jahren zu mir als Gast. Sie kam mit einer größeren Gruppe. Sofort konnte man sehen, daß etwas mit der Frau nicht stimmte. Sie war irgendwie völlig verwirrt. Ich sah das und nahm mir vor, ihr zu helfen. Und so behandelte ich sie anders als andere, das heißt, ich vertraute sie der Familie meines Bruders an. Die sollten sie in die Familienrunde hineinholen und wie eine eigene Schwester, wie ein Kind behandeln. Das taten sie dann auch. Und die Frau sah und spürte dies wohl, zeigte sich entgegenkommend und befreundete sich mit denen, die sie umgaben. Wichtiger war dabei jedoch: Sie wurde mit jedem Tag und jeder Nacht ruhiger, genas. Und bevor sie heimreiste, lud sie uns alle zu sich nach Hause ein. Das war eine höfliche Geste, die von Dankbarkeit zeugte. Verständlich aber, daß im günstigsten Falle ich allein der Einladung folgen konnte. So geschah es auch, im darauffolgenden Herbst. Und wie kommt man nach Europa? Immer in seinen besten Klamotten, natürlich! Doch meine Gastgeberin zeterte gleich, als sie mich sah: «Unmöglich, so kannst du dich in dieser Welt nicht bewegen! Hierzulande wird man auf das schauen, was du anhast, und nicht, was in dir steckt. Also kaufe ich dir Ordentliches anzuziehen!»

Ich protestiere, doch nichts hilft. Sie ist nun einmal so wild entschlossen, und sie will tüchtig Geld für mich ausgeben. Also muß ich mich irgendwann geschlagen geben: «Gut, dann kaufst du mir vielleicht zwei Oberhemden mit einer Krawatte!» Darauf gehen wir in ein sehr teures Zürcher Geschäft, und ich merke, das ist schlechthin die vornehme Welt. Da gibt es schöne Krawatten, und sie will mir eine für den dreifachen Preis des Anzuges kaufen, den ich anhabe. Das ist natürlich für meine Begriffe der reinste Wahnsinn. So einen überteuerten Lappen will ich nicht haben. Sie aber bleibt eisern: «Auf den Preis schaust du nicht! Gefällt dir die Krawatte oder gefällt sie dir nicht?» Schön ist sie schon, also nicke ich. Aber damit hört es nicht auf, damit beginnt es erst! Socken, Strümpfe, Unterwäsche, alles in zwei Exemplaren und einen Anzug, dessen Preis mich einfach aus dem Sattel haut. Ich will davonlaufen, zu ihr nach Hause fahren und unter die Dusche gehen, denn ich bin klitsche- und klatschenaß verschwitzt. Doch vergebens. Mir kommt vor: Wer Geld hat, der hat auch den Willen. Nun gut, ab da schweige ich und mache alles mit. Das Ergebnis ist ein schwerer, dicker Koffer. Irgendwann stehe ich dann in all den neuen und teuren Sachen da, gleiche einer Schaufensterpuppe – fühle mich elend.

Die Geschichte geht damit zu Ende. Ein Jahr später kehre ich erneut in Zürich ein. Aber diesmal nur für wenige Stunden, muß gleich weiterfahren. Also rufe ich sie an, will ihr wenigstens Guten Tag sagen. Sie bedauert es sehr, daß ich nicht zu ihr kommen kann, erzählt aber schnell am Telefon: «Vor zehn Tagen war ich in Hongkong, und dort habe ich zufällig meine große Liebe wiedergetroffen. Er war vierundzwanzig, ich war zwanzig, und dann ist er plötzlich eines Tages weggeblieben. Ich habe einfach nicht begriffen, warum er nicht mehr kam. Vielleicht war er tot, habe ich damals gedacht. Nun haben wir uns nach dreißig Jahren wiedergetroffen. Wie gesagt, zufällig. Und er hat mich gleich nach Hause mitgenommen. Er hatte eine kleine Chinesin zur Frau, die wurde schnell ins Ausland geschickt, und da hat er mich gleich in sein Ehebett genommen. Mit dreißig Jahren Verspätung also hatten wir unsere erste, zweite, dritte, vierte, fünfte, sechste Liebesnacht!» Da stehe ich natürlich am anderen Ende des Telefons, sprachlos. Und dann muß ich mir noch Wichtigeres anhören: Sie hat im Alter von fünfzig Jahren angefangen, Chinesisch zu lernen. Denn sie will nach Hongkong umziehen! «Habe meine Angelegenheiten hier geregelt, meinen Kindern ihren Anteil bereits abgegeben und alles, was ich an Zeug habe, werde ich verkaufen und mich dann da unten in Blick- und Hautnähe von Edi niederlassen!»

Mit dieser Elisabeth verband mich gleich am Anfang, als sich unsere Wege kreuzten, eine für mich komische und für sie tragische Geschichte. Am dritten Tage ihrer Ankunft in der Mongolei war es. Ich betrat ihre Jurte und fand die Bewohner, alles Gäste aus Deutschland, in bester Laune. Sie lachten und witzelten. Einer erzählte, alle schauten auf den gerade beginnenden Tag mit großer, Elisabeth aber mit der größten Erwartung, da sie ihren Mus-Tag erwarten würde. Wieso? wollte ich wissen. Am Morgen würde sie Apfelmus, am Tage Pflaumenmus und am Abend zum ersten Mal in ihrem Leben einen Orgasmus bekommen. Alle lachten darauf echt deutsch, nämlich sehr laut. Ich als Gastgeber freute mich über die gute Stimmung natürlich, wußte aber nicht, was es da zu lachen gäbe. Am Abend sitzen wir wieder in der Jurte, nun einander schon näher gerückt, bei einer Flasche sogar. Der Erzähler vom Morgen kommt erneut auf die Elisabeth zu sprechen, die ihren Mus-Tag erlebt. Darauf fragt er mich, ob ich überhaupt wüßte, was ein Mus wäre. Ich bejahe die Frage, sage dazu noch, Äpfel und Pflaumen wüchsen auch hierzulande, bei Orgassen sei ich mir nicht sicher, nähme aber an, es müsse sich hier um eine Südfrucht handeln. Wieder ein lautes Gelächter. Darauf werde ich aufgeklärt. Nun gibt es ein Gebrüll, ein vielstimmiges und langanhaltendes. Elisabeth röhrt am heftigsten mit, scheint mir. Ich aber kann nicht mitlachen, werde auf die blasse, unruhige Haut ihres hageren Gesichtes aufmerksam, und von Stunde an nehme ich sie unter meine Fittiche.

So bin ich immer versucht, zu helfen, von meinem Licht und meiner Wärme abzugeben. Mit Licht meine ich das Licht des Geistes, es sitzt nach unserem Empfinden im Kopf, und mit Wärme meine ich mein Herz in der klopfenden Brust. Nach unserem nomadischen Empfinden nun, sind Licht und Wärme Dinge, die nicht alle werden können, im Gegenteil, sie vermehren sich gerade durch Geben. So hörst du von mir häufig: Ich gebe dir ab von meinem Licht! Ich gebe dir ab von meiner Wärme! Und in diesem Tenor schreibe ich auch Widmungen in Bücher.

Wie aber sind nun meine Widmungen? Sehr persönlich und flüchtig. Kann ich mir bei einer Leserin oder einem Leser, der mit einem Buch zu mir kommt und mich um eine Widmung bittet, mehr als eine Minute Zeit nehmen? Wohl kaum. Das muß auf die Schnelle geschehen, die Leute stehen lange, es ist spät geworden, die Lesung hat schon zwei Stunden oder länger gedauert. Vor den Leuten, die ständig unter Zeitmangel leiden, wird mir angst, sie müssen schnell nach Hause. So muß ich mich beeilen und gleichzeitig konzentrieren. Hatte ich doch wiederholt, zumindest scherzhaft gesagt: «Ich weiß nicht, ob ich ein wichtiger Dichter bin oder ein nichtiger, aber ein tüchtiger Dichter von Widmungen bin ich wohl schon!» Denn ich signiere in der Tat gern und anders, als alle meine Berufskollegen, die ich kenne; also schreibe ich niemals nur: Galsan Tschinag. Schreibe doch wenigstens einen Satz, der wirklich Licht und Wärme hat und der diesen Menschen wenigstens bis nach Hause begleiten soll. Du weißt, daß ich ein langsamer Denker, ein langsamer Redner bin. Ich könnte schon schneller denken und auch reden. Könnte auch ein perfektes Babababa drehen. Aber das will ich ja gerade vermeiden. Das Langsame paßt zur Steppe, zum Nomaden besser, meine ich. Nun aber steht der Mensch mit seinem Buch vor mir, wartet, und es soll schnell geschehen, in einem Atemzug.

Und es sind Sachen, die mir in den Sinn kommen, und zwar in dem Augenblick, wie ich einen Menschen an mich herantreten spüre, sehe, rieche. Meistens frage ich: Für wen soll ich signieren? Für Anna, für

Sara ohne H, für Klaus mit C. In dem Augenblick, in dem ich den Namen höre und einen kleinen Blick auf den Menschen werfe, fällt mir immer etwas ein. Wem ich was gewidmet, wie ich mich dabei ausgedrückt habe, vergesse ich dann meistens. Aber die Leser vergessen solches nicht, mehr noch, sie nehmen die Aussage wörtlich. So kommen eines Tages Sympathiebriefe, die eigentlich Liebesbriefe sind. Oft stehe ich erschrocken da und weiß nicht, was ich angerichtet habe. Viele Leute schicken mir Kopien der Widmungen wieder zu, um mich beim Wort zu nehmen. Da bin ich der Dumme, erst einmal ratlos. Du hast das ja neulich bei der Lotte mit den brennenden Augen selber gesehen. Was ist da geschehen? Das ist ein klassischer Fall, tragisch-komisch. Nach der Lesung wurde ich von ihr nach Hause eingeladen. So etwas kommt immer wieder vor. Das ist immerhin eine, mit der mich ein gemeinsamer Bekannter verbindet. Wir kommen hin, es gibt zu essen, zu trinken, wir sitzen einen Abend lang da, dann wollen wir nach Hause fahren. Da hält sie mir ein Buch entgegen, will es signiert haben, was ja nichts Ungewöhnliches ist, oder? Und wessen Wein getrunken und wessen Brot ich einen Abend lang gegessen, dem fühle ich mich wohl um so mehr verpflichtet, und nun kann ich unmöglich: in Dankbarkeit, Galsan Tschinag hineinschreiben. Es soll etwas Freundliches sein. Und so schreibe ich ein, zwei Sätze nieder, an die ich mich heute nur sinngemäß erinnere: Einen Abend lang sah ich in deinen Augen zwei Feuer, an denen ich mich erwärmen konnte. Ich denke, dieses Feuer wird mich durch Jahre und Länder begleiten … Und schon war es geschehen! Du hast gesehen, wie erfreut sie darauf reagierte und schnell wissen wollte, was ich am nächsten Tag mache. Du hast abgelenkt, ich habe abgelenkt. So ging es zu Ende. Ich finde es tragisch, wie die Leserinnen und Leser alles wörtlich nehmen und finde es mehr als komisch, in welche Lage ich manchmal gerate.

Es gibt Momente, in denen wir Menschen aus zwei Kulturkreisen aneinander vorbeidenken. Beim Küssen scheint dies zu geschehen. Ich habe mir immer eingebildet, ich werde von diesen Damen – älter oder jünger, aber immer so gutausschauend, wohlfrisiert und mit viel Duft, Wohlstand und Freundlichkeit ausstrahlend – auf der Bühne oder woanders geküßt. Und habe mich darüber immer gefreut. Und – nicht nur Freude allein, denn irgendwie fühle ich mich verpflichtet – schon erwidere ich den Kuß mit einem Gegenkuß: auf die Wangen, auf den Hals – es gibt lange Damen, wie dich, da kann ich doch nicht hochspringen – oder wo ich gerade hinlange, manchmal recht flüchtig, aber meistens, gestehe ich: langsam und bedächtig. Ich nehme mir eben Zeit. Und dann stehe ich wieder da und werde falsch verstanden. Das muß von manchen anders empfunden werden, als ich es gemeint habe, denn es kommen dann so zweideutige Briefe, Einladungen, und wenn ich sie nicht annehme, oder wenn ich sie annehme, mich aber dann doch anders verhalte, gibt es Enttäuschungen, Bemerkungen, ich sei unbeständig, sei gar anders geworden ... So manche kommen darauf zu reden, wollen mich an meine Worte, meine Gesten erinnern, die diese im Unterschied zu mir nicht vergessen hätten.

Traurig, daß ich das alles erst heute durch deine Aufklärung begreifen muß. Daß ich eigentlich gar nicht geküßt worden bin, entmutigt und erschrickt mich. Ich komme mir arg betrogen vor. Denk bloß an deine Freundin Clara gestern! Ich glaube, sie hat mich, seitdem wir gemeinsam im Hohen Altai waren, wenn ich mich nicht täusche, sechzehnmal geküßt. Immer ist es sie gewesen, die auf mich zukam und mir jedesmal zwei Küsse auf beide Backen drückte. Nun also mußte ich sie nachträglich fragen, um mir Klarheit zu verschaffen: «Hast du mich echt oder nur in die Luft geküßt?» Die Hexe sagte: «Natürlich in die Luft!»

Gemein, sie hat mich um ganze sechzehn Küsse betrogen! Ich frage, warum hat sie das getan? Warum dieser Beschiß? Küssen ist ja so etwas Schönes! Alle Lebewesen beschnuppern sich, küssen sich, bei allen Vögeln, bei allen Hirschen siehst du es, selbst bei den Wölfen, am deutlichsten bei den Pferden. Sehen wildfremde Pferde einander zum ersten Mal, kommen sie nicht mit dem Hintern, sondern mit der Kopfseite aufeinander zu. Die Hälse werden ausgestreckt und sie beschnuppern sich. In die menschliche Sprache übersetzt: Sie berühren sich mit den Lippen und küssen sich. Wenn ich es mit jemandem freundlich meine, warum soll ich es da nicht tun? So gebe ich von meiner Wärme dem Menschen etwas ab. Meine Lippen sind meistens warm bis heiß. So will ich zum Abschied ein wenig Wärme von mir abgeben. Daß man dafür am Ende noch mißverstanden werden muß!

Soll ich mich nun deswegen ändern? Ich denke nicht daran! Die Leute haben ja genug Dichter, die jetzt die Attrappen, die Ersatzliebe und die Ersatzhöflichkeiten perfekt beherrschen. Ich kann doch nicht immer schreiben: Galsan Tschinag. Oder: In Dankbarkeit, Galsan Tschinag. Oder: Ich wünsche Ihnen alles Gute, Galsan Tschinag. Es lebe die Völkerfreundschaft! Galsan Tschinag. Ich möchte versuchen, den Leuten etwas von mir abzugeben. Vielleicht ist es ja auch gelungen, wenn einer die Lesung nach Tagen, nach Wochen, ja nach Jahren nicht vergessen kann und Briefe schreiben muß. Briefe schreiben ist heutzutage keine leichte Arbeit, die Menschen sind schreibfaul geworden, und sich auszudrücken, fällt ihnen irgendwie schwer. Dennoch schreiben sie. Das scheint mir der beste Beweis dafür, daß ich den Menschen doch etwas zurückgelassen habe von mir. So kleine Schwingungen, vielleicht sind es auch kleine Bazillen, die sich von mir auf die Zivilisationsmüden übertragen haben und ihnen keine Ruhe lassen, im Herzen sitzen und immer ein wenig zwicken. So fühlen sie sich verpflichtet, mir zu schreiben.

Wir, die materiell ärmeren Nomaden, halten uns nicht für Nur-Nehmer. Wir sind auch Geber. Was ich euch geben kann, ist letzten Endes das Wort. Ich glaube an die Kraft, die in jedem Wort wohnt, an den Wind, den ein jedes Wort auslösen und der durch einen Körper hindurchwehen kann. Ich glaube an das Licht, das das Wort in den Kopf bringt. Ich glaube an die Wärme, die das Wort dem Herzen geben kann. Denn der Mensch ist ja ein Wesen, das sich eigentlich nur danach sehnt, sein Herz voll Wärme und seinen Kopf voll Licht zu haben. Das ist schwer. Aber es ist machbar.

So eine Lesung ist etwas Anstrengendes. Fast umwerfend deutlich spüre ich das Heranstürmen von guten Schwingungen. Ich verausgabe mich. Aber ich stehe am nächsten Morgen sehr aufgeladen, erfrischt auf, je mehr ich mich verausgabe, um so aufgeladener werde ich. Ich muß mich entleeren. Das ist von Tag zu Tag gleich, muß mich entschlacken. Und je mehr ich gebe, umso mehr kann ich aufnehmen. Denn ich glaube, daß Geben nur dort möglich ist, wo Nehmen ist, und daß vor allem nur der nehmen darf, der geben kann.

In den Stunden meiner Lesungen bin ich wenigstens der Nomade, bin das große Kind meiner Berge, und die kleinen Kinder, die Kieselsteine meiner Berge, sind meine Begleiter. Schau nur, hier! Ich führe immer ein Häuflein Heimaterde und einige Steine mit mir, wenn ich in die Fremde reise. Daran rieche ich und halte mich fest.

So halte ich durch, auch auf diesem Flughafen Zürich. Habe von diesem Wohlstandsparadies natürlich erwartet, daß alles so wie geölt laufen wird. Das wird einem zumindest versprochen, mehrmals, von jedem Schild, das man sieht: alles wird termingerecht, sollte zeitgerecht laufen. Aber das ist ja – dem Himmel sei Dank! – bis jetzt nicht der Fall. Wir kommen an, möchten 9.40 Uhr fliegen, der Flug ist annulliert. Da geht man eine halbe Stunde lang suchen, wen fragen? Der Himmel ist weit, und die Schalter sind unfreundlich. Hinter den Schaltern sitzen Automaten, und die scheinen auch nicht viel zu wissen, die schieben es auf das Wetter. Nach einer halben Stunde erfährt man gnädigerweise, daß der Flug irgendwie weitergehen soll, über eine andere Strecke, also nicht direkt nach Hamburg, sondern über Frankfurt nach Hamburg. Dazwischen liegt natürlich eine fette, dicke Stunde Zeit, und dadurch kommt alles durcheinander. Und am Ende des Weges wartet einer. Und daß dieser einer der reichsten Männer dieser Erde ist, selbst dies hilft nicht.

Hier sitzt man nun, und man fühlt sich wie in einem Riesenaquarium. Es ist alles künstlich hier. Und die Menschen? Die scheinen nichts dagegen zu tun. Sie versuchen natürlich höflich, freundlich zu sein, aber höflich und freundlich sind sie am allerwenigsten zueinander. Es sind menschenüberdrüssige Menschen, und in ihrem Blick hinter dem Schalter sieht man schon, sobald sich einer nähert, wie sie entgeistert ausschauen. Jetzt gibt es eine weitere Verspätung. Erst hieß es, anstatt 9.40 Uhr sollte es 10.35 Uhr sein. Jetzt gibt es weitere zehn Minuten Verspätung. Und ich möchte fast erwarten, innerhalb der nächsten halben Stunde wird es eine dritte Verschiebung geben. Also sehe ich, daß Vater Himmel immer noch, auch hierzulande, allmächtig ist. Er hat Eisregen geschickt.

Das ist für mich schon ein Signal. Etwas wird kommen. Die Europäer leben in froher Erwartung, die wollen nichts von dem wahrhaben. Aber ich habe das schon viele Jahre zuvor gesehen, die Stunde X wird bald kommen. Dann werden wir erst einmal sehen, wie wenig die menschliche Schläue bedeutet und wie allmächtig Himmel und Erde immer noch geblieben sind. In meinen Anschauungen finde ich mich hier zunächst einmal bestätigt. Und das zeigt sich am ehesten in Frankfurt. Mir kommt es jedesmal so vor, wenn ich zum Frankfurter Flughafen komme, daß dieser Flughafen größer sei als Frankfurt. Und wenn ich dann in der Bankenstadt Frankfurt bin, kommt es mir vor, daß diese Stadt größer sei als Deutschland. Und wenn ich ein bißchen Deutschland bereise und besonders bei vermögenden Leuten bin, die sich Raum und Reichtum leisten können, dann denke ich, Deutschland ist das größte Land.

Nun sitzen wir hier auf Bestellung in Wartestellung. Man hat nichts zu tun, und da man es sich so gewöhnt ist, andere zu betrachten, ihr Aussehen, ihre Kleidung zu begutachten, selbst auch kritisiert wird, tut man es nun aus Langeweile. Ich habe in all den Stunden auf dem Zürcher Flughafen keine Zeile gedichtet, und ich glaube, es ist wirklich die dichtungsfeindlichste Atmosphäre, die es geben kann. Habe also auch Zeit, die Leute zu beobachten. Und finde, die Menschen sehen alle doch sehr verschieden aus, wenn man einen jeden genauer betrachtet. Und ich fand Menschen, an denen so kleine Unebenheiten zu sehen sind, irgendwie sympathisch. Einen perfekten Menschen gab es bis jetzt nicht, ich meine so einen wie hinter einem Schaufenster, eine Schaufensterpuppe. Selbst wenn mir nun so einer begegnete, dann würde ich mich wahrscheinlich vor ihm fürchten oder ihn einfach übersehen. Man lasse mir meine kleinen Unebenheiten. Bin, was ich bin: Das nomadische Leben hat sein Siegel auf mich gedrückt, möchte mit diesem Siegelabdruck und meinen nomadischen Musterungen leben. Den Ehrgeiz, irgendwie einen perfekten Europäer, gar einen preußischen Deutschen mit einem asiatischen Gesicht abzugeben, habe ich längst nicht mehr.

Und nun beobachte ich dich. Du bist eine liebenswerte Person, eine belesene obendrein und sogar eine begabte von Natur aus, aber sobald du in diesem Aquarium unter deinen Artgenossen bist, wirst du natürlich nur ein Exemplar der Massenabfertigung. Schon fühlst du dich verpflichtet, dich so zu benehmen wie der Nullmensch sich zu benehmen hat. Und du meinst, du würdest von allen beobachtet. Aber ich sehe bei den Leuten, keiner beobachtet keinen. Keiner hat die Kraft, einen anderen zu beobachten. Hier ist alles so künstlich, so gewaltsam mit Mühe geschaffen, und die Luft fehlt. So ein großer und moderner Flughafen hat eine Klimaanlage, das schon, aber vielleicht gehen zuviele Menschen da rein und raus, und es fehlt ganz einfach der Sauerstoff und die Lebenslust. Die Menschen sind irgendwie gezwungen, sich gekünstelt zu zeigen. Die Annahme herrscht vor, in der Öffentlichkeit müsse man sich anders benehmen. Wenn nur einer sagen würde: Ich pfeife darauf und ich werde so sitzen oder gehen, wie es mir am liebsten und bequemsten ist. Wenn nur einer anfangen würde, der zweite machte mit und der dritte folgte auch, dann gäbe es vielleicht eine Lebensatmosphäre. Es ist – so still auch die Menschen hier in der Cafeteria sitzen – ein Überlebenskampf. Wenn ich jetzt in der Steppe die schwerste körperliche Arbeit tue oder in meiner Wohnung in Ulaanbaatar dichten müßte, wäre das nicht so anstrengend, wie einfach hier dazusitzen: in diesem Aquarium. Es ist lebensfeindlich, sinnzersetzend, wider den Seelenfrieden und die Lebensfreude. Mir erscheint das moderne Leben wie ein Fahrzeug, das jetzt immer schneller fährt und bei dem keine Hoffnung besteht, daß es irgendwann halten wird.

In dir sitzen mehrere Menschen. Wenn du jetzt in einer derart künstlichen Sphäre der Gesellschaftsmensch sein willst, erwacht in dir die schreckliche Variante Mensch. Das ist der Mensch, den ich am liebsten abtöten will in dir, einfach beseitigen, ungelebt machen. Wie beseitigt man einen solchen Menschen in sich? Man geht einfach von hier weg, man will mit dem nichts zu tun haben. An deiner Stelle würde ich dieses Leben hier zurücklassen und irgendwoanders hingehen. Hin und wieder muß der Mensch woanders wieder von vorne anfangen, wenn er nicht zu einem Automaten werden will.

Ich kann in dieser großen, lauten Welt der Hochzivilisation nicht rechts und nicht links blicken. Ich bin ständig versucht, mich abzukapseln, aus mir einen kleinen Igel zu machen. Stelle alles bei mir ab, schalte mich aus, will nicht sehen, nicht hören, nicht riechen. Das ist meine Überlebenstechnik. Wenn ein Nomade, plötzlich in diese flimmernde, lärmige Welt hineinkommt, was glaubst du? All die Geräusche, das Getöse um einen, all diese beweglichen unzähligen Bilder, die vielen Informationsbrocken, die auf einen zufliegen! Müßte er all das aufnehmen, würde er zugrundegehen. Das ist typisch nomadisch, er ist zwar mittendrin, aber hat sich so abgekapselt, daß er davon nichts sieht und hört. Mittendrin sein, in der Stille und Zurückgezogenheit vor der großen Menge, darauf gründet die echte Sicherheit. Ich will nur dich sehen, und die anderen Millionen Menschen Europas schalte ich aus. Verlasse mich auf dich. Du bist überhaupt, wenn wir hier reisen, mein verlängerter Arm, mein weiterreichendes Auge, mein gespitztes Ohr. Du bist mir jetzt Ufer. Nur mit dir und durch dich kann ich durch die Hochzivilisation fließen. Sonst wäre ich Wasser ohne Ufer: verloren.

Die Leute fragen immer: Tuwiner, Tuwinen, Tuwa, wie heißt es nun? Die Bezeichnungen Tuwiner und tuwinisch sind nicht ganz korrekt, denn unsere Eigenbezeichnung heißt ja Tuwa. Tuwinisch, also diese in-Endung kommt aus dem Russischen, da heißt es ja Tuwinskij. Als ich damals vor dreißig Jahren diese Bezeichnung ins Deutsche einführte, war ich einfach noch zu jung und zu unerfahren.

Die Tuwa stammen von dem Toba-Reich ab, das vor eineinhalb Jahrtausenden in Zentralasien existierte. Zu diesem Reich gehörten mongolische und türkische Stämme, so auch die Tuwa. Allerdings haben sich die einzelnen Stämme voneinander wegentwickelt, so daß sich Mongolen und Tuwa inzwischen sprachlich nicht mehr verständigen können. Die Tuwa sind wie durch ein Wunder dort stehengeblieben, wo sie waren, haben sich zum Beispiel in der Sprache nicht mehr fortentwickelt. Toba kann man in altmongolischer Schrift auf vier verschiedene Art und Weise lesen. Das kann also Toba, Doba, Tuba, Duba sein. Daß das Reich Toba geheißen hat und daß wir es heute Tuwa heißen, ist demnach kein Widerspruch. Die Konsonanten b und w wechseln sowieso, nicht nur in unserer Sprache. Später erging es den Tuwa ziemlich schlecht. Da sie einen mächtigen Stamm darstellten, hat die Gegenseite, das ist die Zentrale des Mandschu-Kaisers, Maßnahmen getroffen, daß die Tuwa voneinander getrennt wurden, daß der Monolith, den der Stamm darstellte, auseinanderbrach. Man hat absichtlich Zungen überall in das Land der Tuwa hineingeschoben, das waren andere, mongolischsprachige Stämme. Heute leben in drei verschiedenen Staaten der Erde annähernd 300 000 Tuwa, die meisten davon in der ehemaligen Sowjetunion, in der heutigen Republik Tuwa mit der Hauptstadt Kyzyl. Die übrigen Tuwa leben in der Mongolei und im Nordwesten Chinas.

Von 1755 bis 1757 gab es einen Aufstand gegen die mandschu-chinesische Fremdherrschaft. Er wurde von dem Feldherrn Amarsanaa geführt. Sechszehn seiner insgesamt sechsundzwanzig Kriegerstämme waren Tuwa. Nach zwei Jahren wurde der Aufstand blutig niedergeschlagen und alle Aufständigen wurden hingerichtet. Die Tuwa, die heute auf der Erde leben, sind Nachfahren von Leuten, denen die Flucht in der letzten Stunde doch noch gelungen ist oder von Leuten, die von dem Aufstand gar nicht erfaßt worden waren. Das war damals möglich durch die Weglosigkeit der hohen Berge und Schluchten, die Leute haben davon gar nichts erfahren, und so konnten sie sich auch nicht daran beteiligen.

Die Tuwa waren seit Jahrhunderten die Grenzwächter des mongolischen Staates gegen Chinesen, Kasachen und andere Eindringlinge. Und Kämpfe hat es immer gegeben. Und obwohl die Tuwa tapfere Krieger waren, wurden sie im Laufe der Zeit von Schlacht zu Schlacht immer weniger.

1959 wurde der Tuwa-Nationalkreis Zengel Hairhan dem kasachischen Kreis einverleibt. Das führte zu Reibereien zwischen den beiden Völkerschaften, und die Folge war, daß die meisten Tuwa auswanderten. Heute leben drei Viertel der Tuwa außerhalb ihres eigenen Territoriums.

Interessant, wie die kasachische Leitung die Spuren ihrer verbrecherischen Taten zu verwischen wußte: Gleich nach dem Zusammenschluß der zwei Kreise war das Archiv des Tuwa-Kreises verbrannt, und als zwei Jahre später, 1961, landesweit kleinere Kreise zusammengeschlossen wurden, hat man den bereits getanen Schritt nachträglich noch dahinein zu lenken gewußt. Im Ergebnis all dessen sieht heute die Beseitigung des Tuwa-Kreises ziemlich nach einer gesetzlichen Handlung aus. Interessant auch, wie das Territorium des Tuwa-Kreises in den letzten Jahrzehnten von Karte zu Karte immer kleiner geworden ist. Die kasachische Leitung im Bezirk konnte auf das schönste Territorium einfach nicht verzichten. Alle paar Jahre haben sie einen neuen Beschluß gefaßt und für die benachbarten kasachischen Kreise immer ein dickes Stück abgeschnitten. So haben sie nicht einmal davor zurückgeschreckt, den heiligen Berg der Tuwa, Zengel Hairhan, nach dem der Tuwa-Nationalkreis einmal genannt wurde, dem kasachischen Nachbarn abzugeben.

Wir stehen natürlich weiterhin zu unserem Berg wie seit Jahrhunderten und Jahrtausenden. Dabei denken wir an einen anderen heiligen

----

Berg auf unserem Planeten: Ararat. Daß ihn die Türken den Armeniern weggenommen haben, hindert die Armenier nicht, weiterhin alles, was ihre Seele bewegt, mit dem Namen des Berges zu verbinden.

Die Abwanderung über drei Jahrzehnte hinweg hat jetzt aufgehört, und die Gegenwanderung hat eingesetzt. Die Tuwa sind in den letzten Jahren wieder in Richtung eigene Heimat aufgebrochen. Bis jetzt sind fünfzig Familien zurück in die Heimat gezogen. Es sind in der ursprünglichen Heimat knapp tausend Tuwa geblieben, die haben sich inzwischen vermehrt. Jetzt leben dort etwa tausendfünfhundert Menschen.

Die Tuwa stellen seit langem die unterste Lage in der ethnischen Schichtung der Mongolei dar. Sie sind die Ärmsten und Dümmsten, sind Witzgegenstand. Überall, wo der Tuwa ist, hat er einen Spitznamen. Die Tuwa der Westmongolei werden Montschog, die im Norden Zaatan (Rentierhirten) und alle zusammen werden Urianchai genannt. Während die ersten beiden Bezeichnungen direkt beleidigen, kommt der letzten eine vertuschende Funktion zu: Denn es ist der Name derer, die ursprünglich zwar Tuwa waren, dann aber zu der mongolischen Sprache übergingen. Wer uns als Urianchai bezeichnet, meint also: Es gibt uns nicht! Aber uns gibt es! Laut älteren Statistiken sollen wir in der Mongolei ein 40 000 Personen starkes Volk sein. Allein die letzte Volkszählung vor knapp zehn Jahren hat gezeigt, daß nur ein Zehntel davon den Mut hat, sich zur eigenen Herkunft zu bekennen. Doch was soll das? Auch Viertausend sind viel, es gibt ganze Staaten mit noch weniger Bevölkerung. Wir wollen ja keinen eigenen Staat, wollen nur ein geschlossener Stamm innerhalb des mongolischen Staates bleiben.

Den Tod des Kommunismus haben wir Tuwa schmerzlos, aber leidenschaftlich erlebt. Nicht im politischen Sinne. Das Ende einer Epoche hat auch bei uns ein Gefühl des Kampfes um unsere eigene Identität ausgelöst. Und das ging über Nacht. Der abgeschaffte Nationalkreis war plötzlich in aller Munde. Innerhalb von einem Jahr kamen drei Briefe an den Präsidenten. Den letzten Brief mit 217 Unterschriften überbrachte gegen Ende des Jahres 1990 der Schullehrer Bajarhüü. Ich war mit ihm zusammen beim Präsidenten, der mich anfangs erst nicht zu Worte kommen lassen wollte. Worauf es zwischen uns zu einem heftigen Wortwechsel kam. Ich wollte keinesfalls der Dummtuwi sein, der still zu sein hatte. Ich war der Leithengst, der auf den Wolf losging. Und so legte ich los: «EinVolk kann sehr gut ohne einen Präsidenten bestehen. Ein Präsident aber kann es keinen Tag lang ohne ein Volk. Sie herrschen über uns 365 Tage lang. Und heute ist der 366. Tag. Und da will ich mal den Mund aufmachen!» Der ganze Nationalitätenrat, das sind immerhin siebzehn Personen, war versammelt. Die Leute wurden mucksmäuschenstill. Und dann fing ich an, ihn anzufahren. Woraufhin er sagte: «Gut, Galsan. Rede doch, Mensch. So habe ich es gar nicht gemeint!» Und ich redete, aber lange! Und hörte dann mit den bitteren Worten auf: «Jetzt habe ich mich ausgesprochen. Und wenn Sie vorhaben, mich abführen zu lassen, dann bin ich dazu bereit!» Er war schlau, lachte und ließ Tee bringen. Zum Tee gab es Bonbons.

Darauf wurden in schneller Reihenfolge einige Sachen erreicht. Als erstes eine tuwinische Schule. Tuwa-Kinder fingen an, zum ersten Mal in der eigenen Sprache zu lernen. Schließlich kam es am 6. Mai 1994 zu einem Beschluß der Regierung über die Errichtung eines Kreises Zengel Hairhan; der Beschluß blieb aber nur ein Blatt Papier dann.

Was pflegte der Weise Gök-Anaj mit dem Schlitzohr zu sagen? «Der Hund ist nicht dazu da, den Wolf zu fangen. Es genügt auch, wenn er ihn nur anbellt!» Mir kommt vor, für den Hund genügt es mitunter auch schon, wenn er nur da ist und die Jurte nicht verläßt, zu der er gehört. Der Altai ist unsere große Jurte.

Es hat hin und wieder harte Jahre gegeben. Nicht nur der Winter, nicht nur das Frühjahr, alle vier Jahreszeiten sind oft hart gewesen.

Ein hartes Jahr löst das andere harte Jahr ab. Die milden scheinen sich versteckt und verbraucht zu haben. Ein hartes, schweres Jahrzehnt steht uns bevor, sehe ich. Das Jahrzehnt führt zum Jahrhundert und dieses wiederum zum Jahrtausend hinauf. Es gilt, nun auch diese Jahre zu überleben. Werden wir es schaffen?

Darauf zu antworten, zögere ich. So viel aber steht fest: Sollte die Antwort Nein heißen, sollten wir aussterben, so wird dies das Vorspiel für den Tod derjenigen sein, deren Grenzen wir so lange und so treu bewacht haben, daß wir dabei alle ausgelöscht wurden!

Nun sind wir im Zentrum des Kreises Zengel. Es zählt längst dreitausend Einwohner, das ist die knappe Hälfte der Einwohner, die der Landkreis hat. Und wieviele Häuser da stehen, das siehst du ja. Hunderte von Hütten. Damals, als ich in die Schule kam, gab es hier fünf, sechs Häuser. Genau an dieser Stelle stand das Schulgebäude, ein Holzhaus aus dicken Stämmen. Und unterhalb, da stand das Verwaltungsgebäude des Kreises, und daneben war die Rote Ecke, das ist das Klubhaus. Und oben, wo das Zentrum heute ist, da war das Kaufhaus im alten Kloster. Dann noch das veterinärmedizinische Haus, und das war alles. Gericht, Polizei, Kino, das alles war unbekannt. Aber das Gericht kam zwei-, dreimal im Jahr, und die Polizei kam nur, wenn ein Flüchtling unterwegs war, sonst nicht.

Das Wanderkino kam mehrmals im Jahr. Aber seltsamerweise hatte ich in den ersten drei Jahren meines Schullebens noch keinen Kinofilm gesehen. Erst in der vierten Klasse sah ich mir zum ersten Mal in meinem Leben einen Film an. Das war ein Kriegsfilm, wir heulten vor Angst, als wir sahen, wie Menschen totgeschossen wurden. Auch bedauerten wir es laut, als Pferde zu Tode kamen. Und als unsere Seite, das heißt die sowjetische, siegte, da haben wir applaudiert. Diese Tradition ist bis heute geblieben in den mongolischen Zuschauerräumen: wenn dem Guten ein Wurf gelingt, da wird geklatscht, und wenn der Böse besser daran ist, dann gibt es Buhrufe und gar Jammertränen.

Aber die Zeit dieser Kunst scheint fürs erste vorbei zu sein. Es kommt die andere: Billigkunst durch den Bilderkasten geströmt, und sie will den Menschen durch Herz und Hirn strömen.

Leben könnte ich hier schon. Aber dann wäre ich der Prophet, der zu Hause ist und nichts taugt. Und wenn ich mich dennoch hier niederließe, dann würde ich vieles ändern. Du hast gemerkt, wie sehr mich die Müßiggänger stören, die einfach dasitzen, so blödes Zeug quasseln und darüber noch lachen. Ich habe keine Zeit für solches. Die Faulheit hat nichts mit Tuwatum zu tun. Es gibt auch bei uns Fleißige. Nimm den Mann von Möndür. Du hast ihn gesehen, ein lieber, dazu auch noch fleißiger Kerl, und der hat es in den wenigen Jahren zu einigem Wohlstand gebracht. Das ist ein richtiger Hof, alles so sauber, ordentlich.

Also, im Falle, ich lebe hier. Ich würde bei der Toilette anfangen. Würde dieses ärmliche Ding wegreißen, das Loch zuschütten, woanders ein tieferes Loch ausheben und darüber ein ordentliches Häuschen setzen, in dem man sich in den Minuten des Sicherleichterns wohlfühlt. Das Jurtenhandtuch habe ich schon vorher angeschnitten, es ist meistens schmutzig und hart. Und wenn einer kommt, da werden die Hände gewaschen, das heißt benäßt und daran abgerieben. Weiter: Ich würde den Fleischkult brechen. Jedesmal so einen Hügel von Fleisch zu kochen, ist Gefräßigkeit und Dummheit. Wieviel vergeudet wird bei so einer Mahlzeit! Davon, was sie einmal in sich hineinstopfen, würde ich zwei Tage lang gut leben können, würde so weniger ausgeben, dafür auch, sagen wir, ordentliche Handtücher, ordentliche Bettwäsche, ordentliche Stiefel und Hosen kaufen. Keinen Tabak und keinen Schnaps auch! Also wenn es nach mir ginge, würde ich sowieso das Rauchen und Trinken verbieten. Das ist wieder verkehrt, ich weiß, da kann ich nicht viel erreichen, aber ich würde als ein tausendundeinter edler Dummer den Schritt dennoch tun. Denn es gibt Dinge im Leben, die auch als Fehltritt bewundert und verziehen werden.

Mir tut weh, wenn ich auf die besudelte Erde schauen muß. Ich bin einfach zu solcher Rohheit nicht erzogen worden. Die Generation, deren liebevoller, aber strenger Blick mich durch die ersten Lebensjahre begleitete, hätte solches nicht zugelassen. Hätte ich in all den Jahren hier gelebt, wer weiß, ob auch ich nicht so verkommen wäre wie so manche hier! Wohl hätte mich die Verwandlung mit aufgefressen. Denk nur an meine Cousine Dschetschek, die so vorbildliche Frau! Aber wenn du siehst, wohin sie ihre Asche jeden Tag schüttet? Also so breit darf die Asche nicht liegen. Die muß man in einem spitzen Haufen auf ein Stück kahle Erde bringen – jeder Grashalm ist teuer. Und wie entstellt die Gegend um die Jurten herum aussieht! Kinder stochern mit spitzen Stöcken da und dort herum, während die Eltern an ihnen wie Blinde vorbeigehen. Nein, sagen muß man den Kindern nicht viel. Täten die

Eltern das alles selber nicht, würden sich auch die Kinder anders benehmen. Vorleben heißt das Zauberwort.

Mir ist manchmal, ich stehe selbst unter meinen Leuten, meiner Sippe wie ein altmodischer Kauz da. Daß ich mich mit allem verbunden fühle, dieses Gefühl ist vor allem Ehrfurcht vor jedem Baum, vor jedem Gewässer. Und ein schönes Zugehörigkeitsgefühl: Das ist mein Baum, das ist mein Hügel, das ist mein Berg. Oder einfach: Das ist ein Hügel, das ist ein Berg, das ist ein Stein, das ist ein Baum. Ein Baum ist nicht nur ein Stück Holz. Ist auch ein Beweis der Fruchtbarkeit der Erde, ihrer Langlebigkeit und Ewigkeit. Es ist ein Lebewesen, eine andere Form von mir. Also wenn du ein gutes Verhältnis, eine gute Beziehung zu einem Baum hast, dann fällt es dir nicht schwer, ein gutes Verhältnis zu jedem anderen Lebewesen, vor allem zu den Menschen zu haben. Du kannst nicht jedem helfen, aber du wirst keinem schaden, wenigstens nicht schaden.

Hart sind die Zeiten. Jeder braucht Hilfe. Da sehen viele Menschen in mir so etwas wie einen kleinen Retter. Du hast gesehen, gestern diese alte, arme Frau. Daß sie arm ist, das glaube ich ihr. Sie will die überhaupt ärmste Frau im ganzen Kreis Zengel sein. Und sie will von mir glattweg eine Jurte haben. Ich sage, ich habe keine Jurte. Da sagt sie, das ist schwer, verstehe, aber womit willst du mich dann unterstützen?

Jetzt gären die Dinge im Zeichen des gewaltsam überbordenden Lebens. Etwas scheint sich zu tun, zu ändern, auch hier. Erinnerst du dich, wie du meiner Nichte Galby zwei Fotos gabst und sie gleichzeitig batest dir zu sagen, welches ihr besser gefiel: das, auf dem ich mit dem lammfellgefütterten Deel sitze oder das, auf dem ich einen chinesischen Billigstplastiksportanzug trage? Sie zeigte sofort auf das mit dem Chinesenanzug. Warum? Das Foto sei schön, der Anzug neu. Und sie meinte natürlich neu und neuartig. Als du ein bißchen sprachlos, allerdings nicht besonders überzeugend, zu widersprechen wagtest, lachte sie dich so unbekümmert mädchenhaft an. Du wußtest dann auch nicht mehr weiter!

Wie ich die beiden Bilder finde, hast du wohlweislich nicht gefragt. Ich gehöre dazu und doch nicht. Ich bin drinnen und draußen. In mir fließen Nomadenland und Abendland ineinander. Nur den Begriff Verwandlungskünstler darfst du mir nicht andichten. Ein Wunderwesen, Wunderkind bin ich genauso wenig. Bin, kurz gesagt: der Widersinn in

Person, kann im Wasser leben, in der Luft und auf dem Land. Ich kann mit Luft, aber unter Umständen auch ohne Luft leben, da brauche ich nur an die ersten Leipziger Jahre zu denken und auch an das Vakuum, das nach dem Untergang der DDR im Westen um die Mongolei entstanden war. Ja, da brauche ich nicht von mir zu reden. Es gibt genügend Beispiele für Unkompliziertheit.

Durch das Umherziehen mit den Tieren sind die Menschen innerlich beweglich, und das schwere Leben macht sie widerstandsfähig. Der erste Eindruck, den man als Europäer von den Nomaden bekommt, der trügt nur. Denn der Prototyp-Europäer schaut ja auf die Leute nur von seinem eigenen Standpunkt aus. Und dann verfährt er mit anderen Völkern nur nach eigenen Maßstäben und mißt auch die Menschen an sich selbst. Dieser Europäer redet gerne von der mongolischen Trägheit. Ich würde sagen, das ist keine Trägheit in dem Sinne, das ist eine Ruhe, die von diesen Menschen ausgeht. Die Nomaden sind überhaupt so geduldig und so trainiert, daß sie sich immer zusammennehmen und Ruhe bewahren. Das ist nur das Äußere. Aber geistig gesehen, sind die Menschen, glaube ich, sehr beweglich.

Wir sind ja ein zahlenmäßig kleines Volk und sind ziemlich dicht von der Außenwelt abgeschlossen. Die Lebensregeln und die Urteile, die die heutige Welt der Zivilisation und des West-Kultes ausmachen, sind denkbar ungünstig für uns, sind geradezu gegen uns. Die Menschen werden das schon instinktiv merken, hier muß man sich anders verhalten, hier muß man sich zusammennehmen, um zu überleben. Das ist bei allen kleinen Völkern so.

Es steht, wie du siehst, nicht gut um uns. Aber ein wenig Hoffnung hat man trotzdem – allem zum Trotz wohl. Gut, daß der dumme Nomade gelegentlich auch ein wenig überheblich werden kann. Wir werden uns unserer selbst bewußt. Wir haben geistige Werte. Deine Welt profitiert nicht erst seit heute und gestern davon, sie hat es tausend Jahre zuvor getan. Nur gibt sie es nicht gerne zu. Wenn sie jetzt vom Osten und dem geheimnisvollen Orient redet, meint sie ein bißchen China, ein bißchen Indien, dann ist es zu Ende. Das Nomadentum wird nicht erwähnt, und so kleine Völkerschaften wie wir Tuwa haben gar keinen Platz in der sehr dumpfen Vorstellung deiner Welt. Der Kopf des weißen Menschen ist überfüllt. Wir sind in eurem lautgepriesenen Computerprogramm erst gar nicht eingespeist. Aber tagtäglich profitiert man von uns, entreißt uns schamlos unsere geistigen Werte und saugt uns hohl.

Gerade deshalb brauche ich Leute wie dich. Der Westen ist blind und taub. Der kann, wenn er etwas nicht gerade braucht, ganze Völker, Länder, Kontinente einfach übersehen. Die Mongolei ist eigentlich eine Welt für sich, das Land des klassischen Nomadentums schlechthin. Trotzdem ist sie bisher ein weißer Fleck im Bewußtseins des Westens geblieben. Brauchte er uns – angenommen, die Sintflut ist da und deine Welt braucht Lebensraum –, ach, was denkst du, wie wichtig wir plötzlich für ihn wären!

Im Augenblick brauche ich Augen, Ohren und Zungen. Daher das Liebesspiel mit den Filmleuten, Journalisten. Ich habe zunehmend schlechte Erfahrungen mit ihnen gemacht, leider. Sie saugen das, was in meinem Kopf, in meiner Welt steckt, schamlos gierig aus. Ich komme mir wie ein Bonbon vor. Was in mir steckt, die Erfahrung, ist eigentlich das Süße, das Eßbare, und das, was ich mit meinem Gesicht und meiner Tracht darstelle, ist das Einwickelpapier. Die Journalisten beuten mich aus, essen mich, trinken mich, und zuletzt bin ich das zerknüllte Stück Papier, das sie einfach fallen lassen.

Du kannst sehr leidenschaftlich sein, sehe ich. Und meinst du wirklich, ich sehe die Problematik nicht? Dennoch muß ich darlegen, warum wir Geld brauchen. Wir brauchen Geld, weil es die Industrienationen gibt, die sich gegen uns verschworen haben. In London und woanders sitzen die wichtigsten Herrschaften, und die legen für alle Rohstoffe die Preise fest. Nimm die Geschichte der letzten fünfzig Jahre, da kannst du beobachten, daß die Rohstoffpreise runtergegangen sind oder gleichbleiben. Während die Industrieerzeugnisse unaufhaltsam teurer geworden sind, also die Preise für Autos und Zubehör, die haben sich verzehnfacht und mehr, obwohl die Herstellung immer einfacher wird, durch den wissenschaftlich-technischen Fortschritt. Obwohl die Rohstoffe immer weniger werden, geht der Preis bergab oder bleibt gleich. Der Westen versucht alles, um die Dritte Welt, die Vierte Welt noch grausamer weiter auszubeuten. Wir sind seinem Willen und mephisteuflischen Plan ausgeliefert.

Um nicht zu ertrinken, müssen wir versuchen, daß wir wenigstens am Leben bleiben. Dafür brauchen wir Geld. Mehl braucht der Nomade. Für uns hat sich der Mehlpreis in den letzten fünf Jahren etwa verfünfzigfacht. Mit Textilien ist es genauso. Und das kannst du als Nomade mit der Wolle und den Häuten gar nicht bezahlen. Natürlich hast du Fleisch und Milch. Aber der Mensch braucht mehr. Und aus dem Grunde sage ich immer, wir brauchen Geld. Dann gibt es auch einen zweiten Faktor. Ich bin eben zufällig aus einer reicheren Sippe. Wenn ich nun aus einer ärmeren Sippe gekommen wäre, dann hätte ich wahrscheinlich gar nicht so viele Bedürfnisse wie derjenige, der ich jetzt bin.

Das Nomadentum sollte erhalten bleiben, aber gleichzeitig denke ich, der Nomade verdient es, alles zu haben. Er ist ein Mensch, der es verdient, ständig sattgegessen und gutgekleidet zu sein. Ich gönne ihm etwas. Aber dann gibt es Leute, die sagen, was braucht ein Nomade schon? Der Nomade braucht nicht sehr viel, aber er braucht doch einiges. Deshalb brauchen auch wir Geld. Warum will man uns das Geldverdienen streitig machen?

Der Weg wäre also nicht allein der Verkauf von Rohstoffen, sondern gleichzeitig die Verarbeitung von Rohstoffen. Daher erhoffe ich mir etliche Kleinbetriebe. Tags denke ich an sie und nachts träume ich davon: fünf, sechs Kleinbetriebe. Dann wären wir soweit, ohne uns verändern und betteln zu müssen. Einfach so uns zu ernähren und zu kleiden. Armut ist etwas Schreckliches. Sie macht den Menschen heuchlerisch, erzeugt Unterwürfigkeit. Arme Menschen sind zu allem fähig. Nur wer zuviel besitzt, der ist wieder gefährdeter dran. In unserem Fall ist ja von zuviel nicht die Rede, es geht um das Wenigste.

Nur der Tuwa selbst könnte uns einen Strich durch die Rechnung machen. Zum einen ist er der liebenswürdigste Mensch, den du dir vorstellen kannst: Allem gegenüber ist er tolerant. Das ist der tuwinische Bonus. Das ist aber auch seine Schwäche. Er kann das Fremde gar nicht ablehnen. Er steht dazu genauso wie zum Eigenen. Da ist er gefährdet. Seine Stärke ist gleichzeitig seine todbringende Schwäche: diese Gutmütigkeit, die Gutgläubigkeit, die einhergeht mit Großzügigkeit! Ein Bösewicht kommt und kann diesen Dummkopf, bis ihm nichts mehr übrigbleibt zu geben, ausquetschen und dann wirklich, wie ich vorhin sagte, ausspucken.

Und ob mein Heraustreten in die große Welt hilft und uns bekannt macht? Oder ob es nur den Niedergang unseres kleinen Volkes beschleunigt, wie willst du das beurteilen können? Es kommen ja viele Menschen in die Mongolei in den letzten Jahren, auch nach Zengel. Sie sind hochbewaffnet mit technischem Gerät, machen Videoaufnahmen, Tonbandaufnahmen, fotografieren und gehen dann wieder. Im besten Fall lassen sie ein paar Dollarscheine, ehe sie verschwinden. Das nützt weder dem Volk noch dem Land etwas. Der eine oder andere kann ein wenig Geld verdienen. Die Frage bleibt: Was wird aus uns? Werden wir der Wucht der Konsumgegenstände widerstehen können? Werden wir den Viren, die sich in Form von Kaugummis, Bierdosen und anderem Tand, seltener großzügigen Geschenken, etwas entgegenzusetzen haben? Damit sie nicht weitergedeihen und den gesunden Menschenleib und den Sippen den Lebensfaden zerfressen? Werden wir in uns die urweltliche Ruhe vor dem fremden Sturm bewahren, oder müssen wir uns gänzlich abkapseln lernen?

Was ist Aussterben für uns? Erst wenn unsere Sprache vergessen ist, werden wir ausgestorben sein. Natürlich sind die Menschen da; ihr Blut wird bleiben. Aber ist das Blut *so* wichtig? Das klingt bitter, ich weiß. Auch die Heimaterde scheint nicht *so* wichtig. Die dreiunddreißig Schneegipfel, die fünf großen und zahllosen kleinen Flüsse, die Bergsteppen und die Wälder und die Täler – alles uns so heilig, scheint am Ende doch nicht das Allerwichtigste zu sein. Die Sprache ist unsere geistige Jurte. Sie ist diejenige, in der wir Tuwa sind. Die Sprache ist die Mutter, in der wir als Volk stehen.

Wo beginnt die Heimat? Die Heimat beginnt für den einen da, für den anderen dort, davor aber dies: Sie beginnt in dem Wiegenlied, das dir die Mutter vorgesungen. In den kleinen Märchen, in den großen Epen, in den wilden Schamanengesängen. In der Sprache. Diese ist noch so stark wie ehedem. Man hört vom mächtigen Amerika, vom weißen Australien. Haben aber die Menschen, die den Staat dort bilden, eine eigene Sprache? Wir haben unsere bildhafte, wurzelig-kernige Sprache noch. Sie ist unser kleiner Stolz, unsere letzte Hoffnung.

Manches ist ausgesprochen, vieles wäre noch zu sagen.

An Ausdauer würde es mir nicht fehlen, ist doch in mir in den langen Winternächten im Altai, als wir Kinder dasaßen und den Epen- und Geschichtenerzählern zuhörten, eine zählebige Aufmerksamkeit erwacht. Nächtelang haben wir nicht geschlafen, tagsüber dafür versucht, eine halbe, manchmal eine Stunde zu schlafen, damit wir nachts mitkommen konnten. Wenn ein Kind nun doch beim Epenhören einschlief, lachten es die anderen richtig aus. Wer aber wollte schon ausgelacht werden? Gegen den Schlaf hatten wir so kleine Mittelchen: Nicht an Schlaf denken vor allem. Und wenn der Erzähler sich räuspern oder eine Schale Tee trinken mußte, kündigte er das immer an: «Jetzt trinke ich», und schon rannten alle hinaus, standen oder hüpften in der Finsternis bei der winterlichen Kälte und wollten schnell frieren, damit der Schlaf rausflöge. Oder wir rieben uns das Gesicht mit Schnee ab. Alles das half. Ging das aber nicht und hatte man auch kein Herz, die Erzählung zu unterbrechen, befeuchteten wir die Fingerkuppe mit Spucke und steckten sie in den Höreingang. Die Feuchte im Ohr war unangenehm, du hattest das Gefühl, als ginge ein Wind durch den Kopf von einem Ohr zum anderen. So bliebst du wach.

Jetzt aber scheint die Zeit gekommen, hervorzutreten hinter der Mauer der Vergessenheit. Man will unser Alter, unsere jahrtausendealte Kultur nicht wahrhaben, will uns totschweigen. Also werde ich alles unternehmen, um gesehen, gehört zu werden. Du bist mein willigstes Opfer, deine Sehnsucht macht dich gefügig und empfänglich. Ich sehe, du bist mir eine aufmerksame Zuhörerin, dich habe ich gewonnen, schon auf meine Seite gezogen, du wirst bleiben, so daß ich endlich eine Pause einlegen kann. Werde mich im Schweigen wieder sammeln.

Ach, aber etwas habe ich vergessen, hätte es dir längst sagen sollen. Weißt du, ich bin ein Mensch, der immer auf die Augen achtet. Das Auge altert nie. Auge bleibt Auge. Bei schönen Menschen bleiben auch im hohen Alter die Augen schön. Wahrscheinlich sind die Augen der Wohnsitz der Seele. Die meisten menschlichen Augen sind klar. Aber es gibt Augen, die nichts sagen, trübe sind, undurchsichtig. Vor solchen nehme ich mich in Acht. Nun, du siehst einen Menschen zunächst aus der Ferne, nimmst seine Gestalt wahr, und kommt er näher, schaust du aufs Gesicht, dann erst auf die Augen. Es gibt Menschen, bei denen ich inmitten des Gesichts, in den Augen, hängenbleibe. Da bleibe ich, und es sind zwei Türen, die nach außen offenstehen. Durch diese Türen kann ich in den Menschen eintreten. Und das ist bei dir so gewesen, als ich dich sah. Diese Türen standen weit geöffnet, einladend. Da bin ich eingetreten und in dich hineingestürzt. So. Und nun komme ich nicht wieder hinaus. Und so weiß ich auch: Ich werde dir weiter erzählen, morgen schon oder erst in hundert Jahren.

Sie mutet verwunderlich, streckenweise abenteuerlich an, die Entstehungsgeschichte dieses Buches. Aber sie ist so wahr oder unwahr, wie das, was wir zu berichten haben.

Ohnehin ist dieses Buch nur die Spitze des Eisberges. Wieviel mehr gäbe es noch zu sagen über das kleine Volk der Tuwa im hohen Altaigebirge, im wilden Westen der Mongolei! Aber wir haben Zeit und wollen noch etwas für später aufheben.

Notwendig war es, nun den ersten Schritt zu tun, an die Öffentlichkeit zu treten. Denn wollen sie überleben als Nomaden, dann müssen sie sich bemerkbar machen, sich erklären – jetzt! Und wir sind Sprachrohr.

Dennoch, einiges ist nicht für fremde Ohren, auch nicht für meine, bestimmt.

Das gehört zur Politik der Schwarzen Kiste *(Har hairzgijn bodlogo),* wie sie die Mongolen und ihre Verbündeten zu Zeiten vor der Mandschu-Herrschaft praktizierten. Die Schwarze Kiste birgt die Dinge, die nur den Eingeweihten vorbehalten sind. Die letzten Geheimnisse dringen nie nach außen. Es sind nur ein, zwei Menschen, welche die Feinheiten der Politik des Landes kennen.

Hier zeigt sich die Haltung der kleinen Völker, die sich zunehmend überall auf der Welt notwendigerweise da durchsetzt, wo das Leben an den Rändern der Weltzivilisation in Gefahr ist. Der Untergang droht, und so müssen die Kleinen anfangen, wie Große zu denken, strategische Abwehrmaßnahmen zu entwickeln und nicht wie gutmütige Naturkinder alles mit den netten Weißen zu teilen. Warum sollen die geistigen Güter eines kleinen Nomadenvolkes, ihre wohlgehüteten echten Kostbarkeiten, eine so wohlfeile Ware sein?

Verwunderlich und schön an dieser Geschichte ist auch mitanzusehen, wie zwei Menschen so unterschiedlicher Herkunft, wie wir es sind, sich gegenseitig erzeugen, befruchten, beflügeln, anfeuern, wie einer des anderen Worte in sich aufnimmt und keimen läßt. So entstehen auf beiden Seiten neue Gedankengebäude, und der Mensch, der dahintersteht, wandelt sich: Der Nomade verfeinert sich, wird in den Augen der Europäerin endgültig zivilisiert – aber Vorsicht, der Schein trügt: die wilden Berggeister umwehen wie eh und je seinen Kopf. Daß er gerne Deutsche Bundesbahn fährt und um die Vorzüge des Computers weiß und inzwischen selbst einen zum Schreiben besitzt, ist die Folge seiner Bewunderung für uns, das Abendland, will aber nicht heißen, daß er sich und das Nomadentum leugnet. Ein Stammesoberhaupt darf das nicht. Die Zivilisierte wird geerdet, verliert sich in den Gerüchen der Bergsteppe und trinkt Gletscherwasser, vom Blut der Berge, das forthin durch ihre Adern strömt.

Ursprünglich war alles anders gedacht. Ich sollte den wissenschaftlichen Teil verfassen, ethnografisch kommentieren, was der Erzähler aus dem Hohen Altai und den Jurten vorträgt. Dann kommt es anders. Die Tatsache, daß wir begonnen haben, an einem Buch zu schreiben, holt uns ein. So getrennt, wie wir vorgehen wollten, können wir bald nicht mehr marschieren. Die Wirklichkeit unserer gewachsenen Freundschaft macht uns einen Strich durch die Rechnung. Freunde vermengen sich auf undurchsichtige Art und werden unzertrennlich. Das Ergebnis ist unser Text, in dem alles miteinanderverwachsen ist: Die Gedanken fließen, die Geschichte schreitet voran.

Wäre es nicht einfacher gewesen, jeder hätte sein eigenes Buch geschrieben? Diese Frage kam mir oft. Galsan Tschinag hätte das Buch, so wie es vorliegt, womöglich nicht geschrieben, er schreibt Romane, Erzählungen. Ich wäre es wissenschaftlicher angegangen, vielleicht. Vielleicht aber auch nicht! Ausgangspunkt des gesamten Unternehmens war natürlich unsere Sympathie füreinander, aber bald regierte die Notwendigkeit, mit vereinten Kräften die Sache des Nomadentums zu vertreten und in die Welt hinauszutragen. Geleitet wurden wir von einem langgehegten Traum, den wir sonderbarerweise beide schon lange träumten: eine Brücke zwischen Ost und West, welche Nomadisches und Abendländisches zusammenführen könnte.

Und wie haben wir gearbeitet? Unkonventionell. Zu allen Tages- und Nachtzeiten, überall und irgendwo und irgendwie, zwischen Europa und der Mongolei, im Zug fahrend von Bern nach Zürich, von Hamburg nach Bremen, im Flugzeug von Hamburg nach Zürich, von Ulaanbaatar nach Ölgij; im äußersten Westen der Mongolei; sitzend, stehend, liegend; im Flughafen Zürich, in Frankfurt, auf Sylt, in einem Dorf bei Bremen, am Bodensee, in den Schweizer Bergen, im Fürstentum Liechtenstein, auf Autobahnen in Deutschland und Frankreich, in Goethes Sesenheim, in Beijing, in Ölgij, in Zengel, der Heimat Galsan Tschinags, in Dsaamar; in der Steppe unter blauem Himmel, bei Regen, bei Gewitter; auf den Schneebergen des Altai, am Homdu faulenzend, in unzähligen Jurten, während einer Autopanne auf der Piste zwischen Gobi-Altai und Bajanhongor, in Ulaanbaatar, im Kino, in der Klosterkirche von St. Gallen, auf der Fähre über den Bodensee von Romanshorn nach Friedrichshafen; Milchbranntwein und Schwedenbitter trinkend, Käse essend, Nudelsuppe schlürfend, am Computer, per Satellitentelefon, und zuletzt haben wir über elektronische Post die 10 000 km zwischen der Schweiz und der Mongolei in Sekundenschnelle überbrückt. Ich staune selbst. Und nichts ist erfunden. Die moderne Welt durchdringt die Kontinente, und wir mit.

So hat sich alles gefügt: Die Machart ist weder eindeutig nomadisch noch eindeutig abendländisch, auch die Inhalte, es geht zwischen den Kulturen hin und her: der Bergsteppe und den Gletschern im Hohen Altai im äußersten Westen der Mongolei, der Heimat von einem Teil des großen Tuwa-Volkes; dort über die weiten Steppen und Wüsten ostwärts bis in die Hauptstadt der Mongolei, nach Ulaanbaatar, hinein und schließlich in die großen und kleinen Städte und aufs Land in Europa. Nomadenland und Abendland treffen aufeinander und gehen zusammen. Und so ist auch das Buch: zusammengefügt aus vielen kleinen Happen und Bissen von hier und dort, aus Elementen, Sentenzen, Episoden und Nebensächlichkeiten, aus langen und kurzen, traurigen und amüsanten Geschichten, wahren und legendären, mit Zwischentönen und Kontrapunkten, in lichten und traurigen Farben, im Wechselspiel zweier so unterschiedlicher Temperamente, aber auch nicht ohne Liebeserklärungen an die Kultur des jeweils anderen, vor allem aber auch unter Gezeter und Sticheleien zwischen uns gereift, ja in uns gewachsen. Dank dem Himmel und den Geistern, die auf beiden Seiten hilfreich gewirkt haben müssen.

Wer von uns beiden steckt wo dahinter, in welchen Gedanken, Formulierungen? Manchen Stellen haftet bestimmt der Geruch des schwarzen männlichen Leders an, das immer fest und straff bleibt, unverwüstlich eben. Das muß der Nomade der Bergsteppe sein. Riechen Sie es? Anderen entströmt wohl eher ein Parfüm, das nicht fremd riecht, aber auch nicht mehr nach Milch und Honig, sich schnell verflüchtigt, aber etwas Bitteres, Metallenes, einen Anflug von Trauer und Sehnsucht, wenn das überhaupt zu riechen ist, zurückläßt. Das muß die Europäerin sein, die den Hang zum Verrat hat und gerne fremdgeht – mit den Kulturen der Welt.

Galsan Tschinag ist Erzähler, genauer Sänger unter seinem Tuwa-Volk. Und so war er es auch hier. Ich bin zunächst nur die Zuhörerin, damit fing ja alles an. Später erst bin ich die Aufzeichnende, eigentlich Völkerkundlerin von Beruf, allerdings – oder gottseidank? – oft meiner Rolle abtrünnig. Statt genau zu verzeichnen, aufzuzeichnen, lasse ich mich nämlich viel lieber vom Fluß der Ereignisse in den Erzählungen, in den Jurten, auf den Fahrten über die Steppe forttragen und füge mich dem Willen des Himmels und der Erde statt der Exaktheit und der Wissenschaftlichkeit einer Disziplin – ja, und dies sogar mit Lust und Freude. Entgegen aller Vorgaben, entgegen jeglicher Wissenschaftsmoral, sich frei bewegend zwischen Nomadenland und Abendland, mit dem Kopf zwar oft im Himmel, aber mit den Füßen noch auf dem Boden, das ist ganz nach meinem Geschmack. Ein Rumpf von Arbeitstechniken und das Wissen um die Wirtschaftlichkeit der Angehensweisen bleiben immer, kurzum das Handwerkliche, im Studium der Völkerkunde nie eigentlich erlernt, dann aber sich erkämpft im Ringen mit sich selbst, mühselig, manchmal unter Tränen und Wut, weniger durch Erfolge, als vor allem durch Mißgeschicke und Fehlschläge bei der Feldforschung – welch hartes, martialisches Wort übrigens für meines Erachtens die womöglich schönsten, aber auch schwierigsten Zeiten eines Völkerkundlers.

Aber ein Stück Ethnografie ist es am Ende dennoch geworden, möchte ich behaupten. Wenn auch ein eigenartiges, wird hier doch absichtlich und bewußt leidenschaftlich Position bezogen: für das Nomadentum. Vielleicht ist die Zeit, in der wir, die unterschiedlichsten

Kulturen, aufeinander zugehen werden, nicht mehr so weit entfernt. Andere Kulturen verstehen wollen, das wurde einem Völkerkundler immer schräg angesehen, möglichst verweigert. Fern bleiben, bei sich bleiben, betrachten, notieren, darstellen, abbilden – nicht aber außer sich geraten, sich gar von den Dingen anstecken lassen –, das bedeutete Sauberkeit in der Methode. Doch auch hier scheinen sich die Zeiten zu ändern. Ich ließ mich anstecken, das blieb nicht aus.

Nomadisches Leben ist hart. Es fordert alle Säfte im Menschen heraus. Man lebt dort schlicht und genügsam, nicht aber arm. Für arm wird der Nomade nur von dem eiligen Ausländer gehalten, der mal eben diese Weltecke bereisen muß, da sie in seiner Reisesammlung noch fehlt.

Arm und notdürftig, nein, so lebt er nicht, und daß er sich nur um das tägliche Fleisch sorgen müßte, nein, dem ist auch nicht so. Ihm ist Muße reichlich, Naturbetrachtung ist seine allererste und höchste Pflicht.

So steht er mittendrin im Schalten und Walten der Natur, die ihn unentwegt erneuert und idealerweise frisch hält in Körper und Geist. Und etwas von dieser Unmittelbarkeit und Unverbrauchtheit, ein Hauch von Ursprünglichkeit möge auch durch diese Seiten wehen und die Leserinnen und Leser bewegen.

Was dieser oder jener für sein Geschmacksempfinden als romantisierend und ein anderer als zu überhöht von sich schieben möchte, ist aber womöglich genau das, was als dunstige Ur- und Vorform zu der Dingwelt im Geiste schlechthin gelten kann.

Die nomadische Weltsicht will immer dahinterkommen: Was hat es mit den Bergen, den Tieren, den Bäumen, dem Wind, den Wassern, den Gestirnen auf sich? Ich denke mich in die Graswurzeln hinab, in die Schlucht hinunter, versickere mit dem Quellwasser, träume mich in den Himmel hinauf, fliege mit den Wolken, orakle in den Eingeweiden und mit dem Schafschulterblatt, und ich erdenke und ersinge mir die Welt immer wieder von neuem.

Galsan Tschinag im Waldgut

Der Wolf und die Hündin *Erzählung*
Wolf und Hündin haben sich zusammengetan, sind ein ungewöhnliches Paar. Auf ihrer Jagd haben sie buchstäblich aufs falsche Pferd gesetzt, nämlich auf ein gesundes, das den beiden die letzten Kräfte abverlangt. Schwach und mit vollgeschlagenen Bäuchen werden sie nun von den Menschen verfolgt. Es wird eine qualvolle Flucht, die, Wolf und Hündin wissen es, nicht gut enden kann.
Die Erzählung ist sowohl packende Liebesgeschichte wie realistische Parabel zu den Menschen und ihrem Überlebenskampf.

Alle Pfade um deine Jurte *Gedichte*
Galsan Tschinags Gedichte entstehen sowohl in der mongolischen Steppe als auch während seiner Aufenthalte in Westeuropa. Dies ergibt die Spannung zwischen den Themen Liebe, Lebensalltag, Anforderungen der Steppe und westliches Lebens- und Kulturverständnis.

Nimmer werde ich dich zähmen können *Liebesgedichte*
»Es ist einer der Schwanengesänge meines Volkes, der Tuwa«, sagt Tschinag. Doch wenn Abschiede so farbig und so lebensvoll erscheinen, dürfen sie weiterhin wirken.

Wolkenhunde *Gedichte*
Das Fortschreiten des Dichters mit seinen Gedichten – und mit seinen Lieben, der Natur, dem weiten Himmel über der Mongolei …

Sonnenrote Orakelsteine *Schamanengesänge*
Die schamanischen Gesänge, bestehend aus langen und kurzen Balladen, aus Klagerufen und Beschwörungen, zeigen den Dichter und Sänger als einen Meister, der mit den Elementen umzugehen und ihre Urkräfte den Menschen zu erschließen weiss.

Zusammen mit **Amélie Schenk: Im Land der zornigen Winde**
Die Originalausgabe des vorliegenden Taschenbuches, *mit dem farbigen Bildteil – Fotos von der Mitautorin Amélie Schenk.*

Verlag Im Waldgut, CH 8500 Frauenfeld